伊丽莎白二世及其时代

Clive Irving
[英] 克莱夫·欧文 ◎著   吕红丽 ◎译

THE
LAST
QUEEN

Her Majesty Queen
Elizabeth II

中国友谊出版公司

图书在版编目（CIP）数据

伊丽莎白二世及其时代 /（英）克莱夫·欧文著；吕红丽译. -- 北京：中国友谊出版公司，2022.4

书名原文：The Last Queen

ISBN 978-7-5057-5412-6

Ⅰ.①伊… Ⅱ.①克… ②吕… Ⅲ.①英国－现代史－研究 Ⅳ.① K561.5

中国版本图书馆 CIP 数据核字 (2022) 第 025826 号

著作权合同登记号　图字：01-2021-5102

Simplified Chinese Translation copyright
by Beijing Standway Books Co.,Ltd
arranged with Andrew Nurnberg Associates International Ltd
Original English language edition Copyright © 2020 by Clive Irving
All Right Reserved.
Published by arrangement with the original publisher, Clive Irving and Brotherstone Creative Management

书名	伊丽莎白二世及其时代
作者	[英]克莱夫·欧文
译者	吕红丽
出版	中国友谊出版公司
发行	中国友谊出版公司
经销	新华书店
印刷	天津旭丰源印刷有限公司
规格	880×1230 毫米　32 开　12 印张　258 千字
版次	2022 年 4 月第 1 版
印次	2022 年 4 月第 1 次印刷
书号	ISBN 978-7-5057-5412-6
定价	88.00 元
地址	北京市朝阳区西坝河南里 17 号楼
邮编	100028
电话	（010）64678009

致吾妻米米·欧文，本书协作者，为本书的写作做了大量研究，给予了独到见解与指导，功不可没

前　言

　　伊丽莎白二世是英国历史上在位时间最久的女王，并有可能成为英国的最后一代女王。英国历史上没有哪位君主如伊丽莎白二世女王一样，历经如此长久的历史变革与社会动荡。女王虽已倾尽全力，但似乎有些力不从心。她的顾问团也并无太大建树。在她的整个统治期间，接二连三爆出的王室丑闻使君主制几近崩溃。王权幕后，两条王室血统明争暗斗互争影响力；女王的王位继承人和次子争相为王室带来污点，成为绯闻的宠儿。有时，眼看着君主制似乎已到了岌岌可危的地步，但却总能挺过难关，得以存续。

　　我作为记者的职业生涯恰巧与女王的统治期平行，因而形成了我对女王的个人视角。女王统治期间，就王室的隐私而言，那些曾经基于谄媚恭维和自动顺从的报道已退出了历史舞台，取而代之的是一针见血、切入实质的全面审查。王室新闻一跃而成名人新闻的主流，利润丰厚，王室家庭层出不穷的各种闹剧则演变成观众津津乐道的肥皂剧。那些对王室一举一动紧抓不放的街头小报，其报道中的选词用字无非是为了哗众取宠，因此我们很难从中公平、公正、清楚、客观地了解女王的生活。本书内容主要涵盖了王室家庭中的种种冲突、君主制的艰辛历程以及漫天新闻背后隐藏的真实故事。

目 录
CONTENTS

第一部分

第一章　机缘巧合成女王 / 003

第二章　放荡不羁的女王之妹 / 018

第三章　王室之家庭价值观 / 030

第四章　王权背后的权谋之争 / 039

第五章　"君主制难以存续……" / 049

第六章　托尼荣登王室舞台 / 059

第七章　突如其来的变革之风 / 070

第八章　劲敌卡米洛特 / 081

第九章　嘲讽大不列颠权威人物 / 096

第十章　麻烦缠身的菲利普亲王 / 108

第十一章　金钱惹的祸 / 125

第十二章　居心叵测之拥王者 / 138

第十三章　从沉睡中苏醒 / 154

第十四章　行走的秘密库 / 166

第二部分

第十五章　一代巨人陨灭，一场悲剧爆发 / 181

第十六章　不忠的婚姻能走多远？ / 198

第十七章　一场伟大的盛会和一部消失的纪录片 / 214

第十八章　把秘密带入坟墓的国王 / 227

第十九章　耻辱之年 / 242

第二十章　迪基·蒙巴顿漫长的丑闻史 / 249

第二十一章　光芒四射的王妃 / 259

第二十二章　与托尼的最后午餐 / 269

第二十三章　稳坐政坛顶峰的两个女人 / 275

第二十四章　世界最知名的人 / 286

第二十五章　女王在哪里？ / 303

第二十六章　下一任国王 / 319

第二十七章　戴安娜的儿子们 / 331

第二十八章　苏塞克斯夫妇说再见 / 343

第二十九章　没落中的君主制 / 359

后记 / 367

参考书目 / 369

索引 / 370

第一部分

第一章　机缘巧合成女王

2018 年 5 月 19 日　温莎城堡

哈里王子和梅根·马克尔大婚，婚礼的气势与场面不亚于任何一场英国皇家盛会。世界各地的电视评论员争相追捧，无不感叹英国王室婚礼的盛大与隆重。当天恰逢天公作美，天空蔚蓝如洗，古朴的温莎城堡倍显气势恢宏，恍如身临《权力的游戏》抑或是《圣城风云》的剧情之中。温莎城堡本身就是一部寓意深刻的童话——充满传奇、幻想、悲剧、阴谋和坚韧。

然而，今天真正的明星并非在婚礼上宣誓的王妃，而是衣着鲜亮、头戴礼帽、正襟危坐在长椅上的女王。女王伊丽莎白二世作为君主，在位时间甚至超过了尊敬的维多利亚女王，无人能及。

我是一名记者兼评论家，几十年来一直致力于王室相关信息的报道。此时，我正在为纽约《每日野兽》[①]报道哈里王子与王妃的婚礼盛况，眼前的景象令我震撼。

[①]美国著名新闻网站。（译者注——本文脚注均为译者注）

温莎城堡圣乔治教堂在其悠久的历史长河中，首次如此鸾翔凤集，从步履蹒跚的高龄公爵到朝气蓬勃的唱诗班，五行八作同聚于此，齐声共唱"伴我同行"。这一切都与戴安娜王妃分不开——从某种意义上说，戴安娜王妃打破了那些试图束缚她的陈规旧俗。哈里和梅根的结合一方面得益于这种对世俗的勇敢反抗精神，同时也是对这种反抗精神的一种彰显。

许多围观婚礼的人不禁感受到：高雅美丽的戴安娜王妃，被誉为"人民的王妃"，如今虽已逝去不能参加婚礼，却仍是一种精神存在，是温莎王室巨大转变的灵魂，也是这场传统仪式下世纪之爱的精神支柱。不过哈里王子也深谙潜在的现实：之前他曾说过，成为国王或女王只是一份工作，头脑清醒的人没人想要这份工作。他的哥哥威廉王子别无选择——总有一天会轮到他当国王，而哈里王子和他的新娘也需在这一体制中各就其位。然而，对于女王伊丽莎白二世来说，她从来就没有过任何选择，因此若要问她是否后悔当这个女王，完全是徒劳无益之举。在圣乔治教堂中的那一刻，她向世人证明了她作为女王力行君主立宪制，虽几经风雨和磨难却依然傲然挺立的风骨。她一定也心知，自己或将成为这个国家的最后一代女王。

* * *

其实，伊丽莎白继承女王之位实属机缘巧合。由于爱德华八世逊位，伊丽莎白二世的父亲乔治六世顺位继承王位。乔治六世只有两个女儿，作为长女的伊丽莎白公主和父亲的命运相同，自然而然地成了王位继承人。实际上，温莎家族历史中调整王位继承人的渊源远比逊位本身深得多。这些渊源植根于英国王室家庭的特质之中，对年轻的伊丽莎白继位前后的生活产生了重大影响。

值得注意的是，20世纪头几十年王室的家庭私生活从不允许公之于众。实际上，根本不存在王室私生活这一概念。如果以我们现在的思维来说，这种掩饰王室私生活的行为其实是为了控制信息和掩饰丑闻的阴谋，但是这样说又未免有些强词夺理。总之，王室坚信只有君主制完美无瑕才能成为体制——为了君主制得以存续，王室必须完美无瑕。

然而爱德华八世的逊位行为打破了这种完美无瑕的状况。此次逊位事件的相关报道传遍世界各地。国王逊位其实就是王室中的一个严重道德问题，但是报道却都将这一事件升级为一场宪政危机。只不过这一道德问题从一开始就是不可避免的，是当时一家之首的乔治五世和妻子玛丽王后在白金汉宫营造的令人窒息的家庭氛围导致而成。正因这种家庭氛围，国王的四个儿子才会形成这样的品行，逊位才成为一种选择。一个儿子不适合做国王，一个儿子不得已而为王。

乔治五世的四个儿子分别是：威尔士亲王爱德华，生于1894年；约克公爵阿尔伯特（后来的乔治六世国王），生于1895年；格洛斯特公爵亨利，生于1900年；肯特公爵乔治，生于1902年。乔治五世国王和王后作为父母，在养育孩子方面可谓一败涂地。乔治五世是一个沉闷单调、性情暴躁之人，从未尽到一个父亲应尽的责任。他脾气火爆，几个儿子都惧怕他。他甚至会在用餐时对王后大吼大叫，常常气得王后和孩子们弃桌而去。王后也不是一个称职的母亲，一名朝臣曾这样评价她："她是我所见过的最自私的人之一。"

随着年龄的增长，几位年轻的王子深受所谓的世界大战之害，内心留下了永久的创伤。这所谓的大战无非就是欧洲王室之间的你争我夺，毫无意义可言，一场根本不应该发生的大屠杀导致整个欧洲的经济陷入大萧条。乔治国王的四个儿子中最桀骜不驯、鲁莽冲动的就是继承人威尔士亲王爱德华王子。

与白金汉宫中王子们压抑无情的生活相比，王宫外面的生活充满疯狂和享乐。20世纪20年代末至30年代初的伦敦多少有些德国魏玛的味道：社会环境嘈杂放荡；上层阶级畏惧革命；文学艺术领域充满活力，激进的文化运动层出不穷；工人阶级惨遇经济大萧条，生活窘迫，抗议之声此起彼伏；极端政党竟然使用欧洲法西斯政权的制服和徽章。当时四个王子均未成家，受环境影响，普遍认为与德国纳粹相比，苏联对于资本主义（以及对他们自己）的威胁更大，特别是当和他们从小一起长大的表亲罗曼诺夫一家被布尔什维克在一间地窖中暗杀后，他们更加憎恨苏联。

乔治四子中的二儿子阿尔伯特王子结婚最早，1923年就结婚了，迎娶的妻子具备他母亲所不具备的特质——贤良淑惠。伊丽莎白·鲍斯-莱昂骨子里就带有苏格兰人坚毅不屈的品德，对丈夫的两个兄弟爱德华王子和肯特公爵即乔治王子臭名昭彰的道德品行嗤之以鼻。实际上，当爱德华王子混迹于伦敦社会绯闻不断时，他最小的弟弟的所作所为可谓危险至极，无异于飞蛾扑火。

  总的来说，乔治王子是众王子中最聪明、最有魅力的。他在艺术、设计和戏剧方面都有一定审美能力。对艺术的追求使他接触了大量不落窠臼、放荡不羁的人，这些人在王室中是百年难遇的。他弹得一手好钢琴，会说法语和意大利语，和爱德华王子一样热衷于时尚，喜欢把自己装扮得时髦新潮。同时，他又是一个双性恋者，生活混乱，吸毒成瘾。由于缺乏父母的关爱，作为长子的爱德华王子则尽己所能照顾乔治，帮他收拾生活中的烂摊子，重整旗鼓。然而直至1934年，乔治王子迎娶了美丽的希腊和丹麦公主玛丽娜后，他混乱的生活才得以收敛。夫妻俩在贝尔格莱维亚①开办了一个艺术沙龙，吸引了当代众多极富创意的人才——但是与当代布鲁姆斯伯里团体（the Bloomsbury Group）相比，沙龙中聚集的主要都是一些王公贵族和纨绔子弟。只可惜婚姻只是一个挡箭牌，乔治王子仍然无所顾忌地沉浸在自己的秘密世界中。他亲眼见证了哥哥遇到新欢华里丝·辛普森（Wallis Simpson）夫人时，深陷恋情之中不能自拔，变得和他一样鲁莽草率。辛普森夫人是极其危险的人，超越了乔治所追求的一切。

---

① 位于伦敦市中心以西，是伦敦的一个上流住宅区。

1936 年 12 月 3 日……

小报①时代的到来

爱德华八世加冕为国王后与华里丝·辛普森夫人生活在贝尔维德尔堡,这是一座仿哥特风格的城堡,建在温莎大公园旁边的小山上。爱德华王子之前就在贝尔维德尔堡与两个情妇厮混过,这里远离白金汉宫,远离公众视野,显然成了他的秘密爱巢。辛普森夫人是一个美国人,感情史非常丰富。因此他俩的绯闻在英国掀起了一场巨大危机,最终导致他退位。

这天早晨,国王正在餐厅焦急地等着辛普森夫人吃早饭。他在回忆录中这样写道:"华里丝走进了客厅,手里拿着一份伦敦报纸,上面还附着她的照片。'你看今天的报纸了吗?'她问。'看了,'我说,'情况不妙。'"

国王哀叹道:"让一个脆弱的女人在毫不知情的情况下看到自己的画像被肆意扩大刊登在风靡一时的报纸头版上,我想世界上再没有比这更残酷的事情了。"这件事确实是一个分水岭,一个转折点。家庭丑闻被小报完全曝光于天下,这对君主制国家的王室来说还是头一次。华里丝·辛普森拿起那份《每日镜报》时,心情沉重沮丧,而这种沉重沮丧在她之后的王室成员都有深切体会,

---

① 英国的报纸可分为两大类,一类是比较严肃认真,关注时事新闻的主流报纸,称作大报纸 broadsheets;另一类是小报,称作 tabloids,内容覆盖娱乐八卦、食品旅游、小说故事等,题材很丰富。

也是戴安娜王妃悲剧的罪魁祸首。爱德华形容华里丝夫人的画像"被肆意扩大"有些夸大其词。《每日镜报》上刊登的其实只是辛普森夫人在摄影棚里画的一张肖像，只不过放大了一些而已。

当时英国的大部分严肃报纸都掌握在一小撮白手起家的人手中，这些人通过舞文弄墨起家，靠政治赞助发家致富。他们的影响力极大，足以扶持或者摧毁一国之政，只不过直到现在这些报业巨头的总体立场都是维护君主立宪制，视其为立国之必要机制。虽然他们也会报道一些王室中无伤大雅的花边新闻来促进报纸的发行量，但是决不会触碰任何王室丑闻——除非这个丑闻已经到了纸包不住火的地步。

爱德华王子于1931年遇到辛普森夫人，那时她还是已婚状态，在伦敦主持一家沙龙。据国王后来回忆，参加沙龙的人主要谈论的都是希特勒、墨索里尼、斯大林、罗斯福新政，以及充斥在他们世界中的一些新思想。这位未来的英国国王被希特勒的"新思想"深深吸引，错误地认为——这种思想当时十分盛行——法西斯主义将成为有利于欧洲发展的一种社会体制。爱德华王子所不知的是，他的这位新情妇早就与纳粹关系密切。她和驻伦敦的德国外交大使约阿希姆·冯·里宾特洛甫关系暧昧。爱德华王子对法西斯主义所抱有的幻想与里宾特洛甫的幻想不谋而合。他幻想着英国上层阶级不会真的愿意与希特勒开战，还能说服整个国家的人民跟着效仿——这也是辛普森夫人所主持的沙龙所倡导的思想，最终爱德华王子接纳了这些思想。

伦敦的报纸没有报道与两人恋情相关的任何消息。1936年，辛普森夫人借口丈夫与人通奸提出离婚并得到批准。该离婚案在伊普斯维奇市审理，国王与新闻界人士达成协议，对此事严格保密。正如爱德华后来所说："这正是我所期待的奇迹——与报社编辑们达成'绅士协议'，不对此事进行渲染。"协议的确持续了一段时间，但是美国媒体可没有签订这份协议，于是派出记者到辛普森夫人位于伦敦的家里四处打探消息。虽然最后这些记者被一名警司和两名警员押送出去，但是这场闹剧却勾起了记者们的胃口，开始挖掘他们的故事，很快记者们就探知国王给辛普森夫人送了一条价值12.5万美元的翡翠项链。

这在我们现在看来很不可思议，但是当时整个大西洋基本就没有八卦新闻的交流，以至于英国公众对所发生的事完全不知。与此同时，美国记者很快就捕风捉影地获得了最轰动消息：国王决定迎娶辛普森夫人。10月16日《纽约新闻报》的报纸上赫然印着《国王即将大婚》的大标题。

政客、报业巨头、英国国教和宫中朝臣之间掀起了一场忠与诚的激烈斗争，只是这些斗争依然不为公众所知。《泰晤士报》一直被视为是一份高于普通大众的报纸，是国家正义的捍卫者、王室行为的仲裁者。该报纸的编辑杰弗里·道森对首相斯坦利·鲍德温具有重大影响力。他对国王的婚姻将会带来的影响深感忧虑。鲍德温也有同感，但是在绯闻爆发时，两人都默契地保持了沉默。一个政府部门的部长后来指出没有哪个"严肃"报纸愿意第一个爆料这条消息——他们都在等政府的指示，没有政府的首肯，《泰晤士报》也不敢发声。

与之相比，《每日镜报》却不受政府约束，时刻探寻着报道此条新闻的时机。12月1日，布拉德福德大主教在其教区会议上发表讲话时公开谴责国王："请你们祈祷我主赐予他恩泽吧，他急需上帝的恩泽……如果他还能够知己任，笃君行，请予以我们明示。"12月3日，让爱德华和华里丝备感头疼的《每日镜报》编辑于凌晨3：53发布了他们结婚的新闻。深更半夜，报社的总编哈里·巴萨罗穆连睡衣都来不及换，套了件大衣火速赶到报社，重新编排了当天报纸的头版内容。经过五次编审，最终稿终于得以印刷。由于时间太晚了，报纸只来得及在伦敦和伦敦周围各郡流通，其他地区的读者们对这场婚姻引起的危机仍一无所知。

报纸头版赫然写着《天佑吾王》的大标题，现在看来，里面的内容未免有些夸大其词和虚张声势。报道中这样写道：

> 本周之前，《每日镜报》由于受到种种限制，对此事一直采取的是不评不报的态度。虽然我们已经掌握了全部事实，但依然按住未发，直到现在东窗事发，问题已严重到无法用外交手段进行解决，才不得已将此消息公布于众。我们之所以这样做完全是为了人民和帝国的利益。形势已然如此，人民有权利知悉所有事实的真相。

在制造爆炸性新闻方面，巴萨罗穆可谓才华横溢。他受够了舰队街的集体自我审查制，带领《每日镜报》站在了反对国王婚姻的这一边，主要是出于对执政政治阶层幕后黑手的本能厌恶之情，而非出于对国王的不忠之心。巴萨罗穆在报纸上使用了他首创的黑色大字体，他发声的语气好像是代表了整个民族的声音："人民有权知道国王的全部要求和条件"。这种犀利的语言风格，以及直指君主和政府的方式是前所未有的——震慑了统治阶层。

在这场危机中最具有争议的角色就是温斯顿·丘吉尔，他当时只是被视为一个特立独行但没什么发展前景的人。他和所有人一样坚信君主制，也正是出于这一原因，他始终支持国王——不过他认为爱德华对辛普森的爱只是一时的激情，并不赞成他们的结婚。他的密友比弗布鲁克勋爵，也是《每日快报》的报业主，也认为如果能把辛普森夫人吓跑，让她离开英国，国王"就会回归温莎城堡。然后关上大门，拉起吊桥。就看鲍德温有没有胆量把你扔出城堡"。

可是，谁会去吓唬她呢？实际上，人们还真想出了不少吓唬辛普森夫人的办法。有人朝她住的公寓窗户上扔砖头；有人给她寄恐吓信，语言尖酸刻薄。多年后，有人问丘吉尔是不是也亲自朝辛普森夫人的窗户上扔过砖头，他回答说："我没有，不过麦克斯（比弗布鲁克）肯定扔过。"比弗布鲁克否认自己扔过砖头，但是他说有可能《每日快报》的某个人扔过。"真让人忍俊不禁。"他说。如这次逊位危机的许多其他细节一样，这件趣闻轶事也是时隔多年才浮出水面的。直到1985年约翰·"乔克"·科尔维尔爵士（Sir John 'Jock' Colville）的日记出版后，才为人所知。约翰爵士曾是战时丘吉尔最亲密的助手之一，也是伊丽莎白女王继位后王室的新闻发言人。

《每日镜报》自以为掌握了事件的全部事实，但实际上远非如此。因为不论他们的行为多么厚颜无耻、倒行逆施，也没有能力透视王室的生活。爱德华八世的逊位揭开了未来诸多问题的序幕，在公众自以为了解的君主制和现实之间掘出一条巨大的鸿沟。那时，但凡是掌权之人，无论教会的或非教会的，都认为屏蔽公众对王室家庭生活的了解是至关重要的，因为这样才能确保王室的体面。若非如此屏蔽，王室的私生活定会让公众瞠目结舌。

此外，当时也没有严肃媒体致力于改变这一现状。《每日镜报》中的小报新词汇虽然语气傲慢，但都只不过是一些嘈杂声音——并无严肃内容予以支撑。也没有哪个报业主和编辑认真对待或支持过共和制；他们都还是本能地倒向王权这一边。

多年以后，《每日镜报》的一名编辑回忆，当时有关爱德华与辛普森夫人之间关系的报道都遭到了压制，他提醒报社："欲得读者信任，揭批信息方面必须铁面无私，笔下不留情。"当今许多编辑都乐意将他的这句话奉为座右铭，然而那个时候却没有几个人真正做到这一点。

与记者相比，王室历史学家们的笔下对温莎家族则显得更加宽容。这并不是说他们都是圣贤传记作者（有些的确就是），而是因为王室在家族档案控制和丑闻保密方面一直都极为谨小慎微。20世纪50年代，詹姆斯·波普-轩尼诗为玛丽皇后撰写了备受赞誉的传记，最后将手稿交给了艾伦·拉塞尔斯爵士。艾伦·拉塞尔斯爵士人称汤米，是一位长期供职王室的全能朝臣，如守望在伦敦塔的乌鸦一般忠心耿耿地守卫着温莎王室。拉塞尔斯爵士看了手稿后批复："书中有没有任何诋毁或者有损于女王本人或其家庭成员的内容？——答案是，没有。整本书行云流水，品位高雅——实为君子之作，旷世少有……"

诚然，若将君子视为掩盖真相的代名词的话，这的确是一部旷世大作。几经审查与删减后的传记早已名不副实。难得的是，我们仍能发现一些有关维多利亚女王的信息，这些信息使她看上去比矗立在前帝国各城市中的那些雕像所描绘的残暴可憎的形象更具人性化——比如，我们现在有充分的证据表明她很享受健康的性生活。

当时希特勒的扩张野心已然彰显，而英国却没有做好应对准备，在这种时局之下，爱德华的逊位无论是对政府还是对人民来说都是火上浇油。此时的国王却显出一副可怜样，完全无能为力。他是个自私自利、性情暴躁、唯妻是从之人，作为一国之君，对于自己的失职竟不以为然。特勒处了解到辛普森夫人与当时的德国大使有染，还了解到国王对墨索里尼和希特勒等人的独裁统治情有独钟。

公平地说，20世纪30年代所采取的绥靖政策倒是得到了各阶层一致认可的——至少持续了一段时间——包括贵族或贫民，爱国者或卖国贼。但是这并没有减轻爱德华逊位成为温莎公爵后人们对他的憎恶之情。他的道德品行远不及一位贤君之所需——尤其缺乏挺身而出拯救西方文明于战火的威严大气。

值得一说的是，温莎公爵与纳粹之间的纠葛在当时并不为公众所知，甚至多年以后都是一个秘密。爱德华八世逊位后的几十年，王室的顾问们更是处心积虑地在公众面前掩饰公爵和公爵夫人在欧洲旅行期间与纳粹分子的频繁会面，抹灭一切细节。如我们所见，战争结束后，丘吉尔非常担心公爵的叛国行为一旦被揭露，君主制会受到损害，于是他专门指派公务员对德国档案进行梳理，找出并删除一切可疑文件。

1937年，新国王乔治六世（George VI）入住白金汉宫时，国家和君主都需要一段平静时期进行调整。阿尔伯特亲王加冕后故意选择"乔治六世"作为王号，以示他与父亲统治的延续性，同时也微妙地暗示哥哥倒行逆施的行为。英国媒体已经做好充分准备迎接这个健康的家庭：母亲伊丽莎白王后和蔼可亲，两个女儿迷人可爱，分别是10岁的伊丽莎白公主和6岁的玛格丽特公主。

阿尔伯特亲王一家以前生活在一个建于18世纪的宏伟府邸中，位于梅菲尔区郊边的皮卡迪利大街145号，远离王宫的聚光灯和各种创伤。府邸中虽然有25间卧室和一个宴会厅，但是相对王室住所来说，还是比较简单低调。新王室家庭为新闻媒体呈现出一幅君主制欣欣向荣的完美画面，丑闻似乎不可能发生在他们身上。

仓促继位后，国王曾向他的表弟路易斯·蒙巴顿勋爵祖露："我根本就不想当国王。我连一份国家文件都没有看过。我就是个海军军官，其他的我一无所知。"

事实证明，国王在处理国际事务方面的确需要指导。我们最近获悉，在1939年9月，也就是第二次世界大战爆发后不久，他问过丘吉尔（时任英国海军大臣），英国与德国联盟共同抗衡布尔什维克，是否更好。他的这一想法显然与他的兄弟们曾经的想法一致，未免令人吃惊——人们以为乔治六世没有受到其前任倾心于独裁统治的影响，是一位爱国者，但是他的这种想法显然破坏了人们对他的认识。但是鉴于我们现在对乔治五世几个儿子的了解，以及他们阴沉压抑的成长环境，恐怕产生这样的思想并非毫无可能。乔治王子、肯特公爵和爱德华一样，对希特勒都比较宽容豁达，还可能有过之无不及。爱德华本身并非清白之人，因此完全有可能是故意被当作替罪羊，以转移公众对其他王子的注意力。肯特公爵在英国皇家空军服役时，于1942年死于苏格兰的一场空难，才算是颜面未失。在温莎王室服务了很久的一个人这样评价他："算他走运，以英雄之名而亡，否则……"这一个"否则"别有深意，后面我们自会知道。战后丘吉尔急于从德国档案中删除有关爱德华的一切可疑证据，可能也是出于他心知肯特公爵有过类似思想，再加上1939年国王对他所说过的话，使得他不得不采取行动。如果这段历史传出去，那对温莎家族将是毁灭性的灾难。

由于德国突然袭击法国，公爵和公爵夫人最终去了葡萄牙，生活在埃斯托里尔度假胜地的一栋别墅里，离里斯本不远。德国特工一直试图拉拢公爵，并承诺英国战败后立他为王。丘吉尔得知此事后，责令他立即前往巴哈马，并给他安排了一个总督的闲职。尽管如此，在英国人民最黑暗的日子里，丘吉尔还不得不忍受公爵夫人的控诉，控告他把他们困在了英国殖民地。我在国家档案馆中发现了一张字条，是公爵亲自写的，内容是请求丘吉尔允许公爵夫人去纽约购物，丘吉尔没有批准。

* * *

那个时代对王室的种种猜疑以及王室成员是否忠于国家的问题，一直延续到伊丽莎白二世统治时期。直至2018年，在一本由安德鲁·罗伯茨撰写的丘吉尔传记中才披露了女王父亲当年与丘吉尔谈论共产主义是否比法西斯主义更具威胁性的谈话。女王在一次圣诞节电视讲话中回忆其父亲攻打德国的功绩时，巧妙地回应了此事：

一战期间我的父亲曾经在皇家海军服役。1916年日德兰战役中，他是皇家海军科林伍德铁甲舰军官候补生。在那场战事中，英国舰队损失了14艘舰艇和6000名士兵。我的父亲在一封信里写道："我无法解释为什么我们没有被击中。"

实际上，真正的故事要比女王的版本更戏剧化。她的父亲当时生病躺在船舱里，当科林伍德铁甲舰被鱼雷击中时，他被震下床，然后直接下令用机枪炮塔回击。在写给父亲乔治五世的一封信的末尾，他以一种沙文主义的热情写道："能挺过来实属不易，说明战争已经开始，德国随时可能向我们开战。"

第二章　放荡不羁的女王之妹

对于我们这些对历史还记忆犹新的人来说，一定不会忘记1952年2月伊丽莎白即位时，英国严峻的国内形势。战争耗尽了英国的国库，人民身心疲惫。伟大胜利带给人们的高涨情绪很快消失殆尽。丘吉尔和保守党被迫下台。克莱门特·艾德礼领导的工党政府设计了一个宏伟蓝图——将英国建设成为一个福利国家，对医疗和教育进行彻底变革，同时还要保持全球帝国的地位。6年的战争结束后，英国经历了9年的财政紧缩，并采取了粮食定量配给制。凡是年满18岁、身体健康的男性全部被征入伍，服两年兵役。他们中许多人都参加了战争，如平息马来亚叛乱之战，更致命的是，很多人成了冷战期间朝鲜战争中的牺牲品。1946年至1947年的冬天是50年来最酷寒的一个冬天。威斯敏斯特的泰晤士河都结了冰[①]。整个国家燃料供给短缺，不得不实行煤炭定量供应。1947年年末，在经历了数月的苦难之后，伊丽莎白公主和菲利普·蒙巴顿中尉的

[①] 英国属于温带海洋性气候，最冷月平均温度在0摄氏度以上，所以英国境内的河流冬季一般无结冰期，除非出现极寒天气。

婚礼给人们带来了些许轻松。英国海外共同体以结婚礼物为名义，向英国运送了数百吨不易腐烂的食物。这些食物全部由伊丽莎白按她认为最合适的方式进行分配。在她的安排下，这些食物被送到白金汉宫的厨房里进行分类后包成小包，分给那些丧夫守寡者和养老金领取者。收到食物的同时，每个人还收到了公主的一封亲笔信。

因此，若对伊丽莎白长期的统治进行评价的话，不得不提的就是她以及她的子民在英国形势最严峻时所发挥的洞察力，以及她对英国王权（那时已摇摇欲坠）概念的重新定义。对她而言，即位前与即位后的生活将截然不同。她的记忆一定比大部分人的记忆更加深刻，因为在她还是一个涉世不深的年轻女子时，她就被迫扮演起统领国家这样一个举足轻重的角色，虽然荒唐但却无奈。她别无选择。这样的记忆她怎能忘记？

表面上看，1953年举行的伊丽莎白加冕典礼似乎是一个能够体现国泰民安的重要时刻。那个时候英国只有不足200万家庭拥有电视，其余2000多万人只能通过英国广播公司的广播收听加冕盛况。人们聚集在图像模糊、不停闪烁的黑白小电视机屏幕前，对于这举国同庆的罕见大典，似有一种身临其境的感觉。这与150年前纳尔逊海军中将取得特拉法尔加战役胜利后，在全国各市、镇和乡村举行的庆祝活动有异曲同工之效，为了传递胜利的消息，每条山脉上的灯塔同时被点亮，让所有人都感受到了胜利的喜悦。

年轻的女王完成了神圣的中世纪加冕仪式，整个全过程首次全面地呈现在她的子民眼前，既新颖又引人入胜。电视转播加冕仪式是王室政策迈出的重大一步。这一步体现了君主的平易近人，展示了王室的开明。这一壮举，因与时代格格不入而更具魅力，吸引了全世界人们的眼球。

对于电视转播女王的加冕仪式，还存在一种更加愤世嫉俗的观点，那就是伊丽莎白是被政治家利用了，期望通过电视转播在《新伊丽莎白时代》的标题下，重塑王室形象。她年轻貌美，这一点毋庸置疑，因此是这个角色的完美选择。加冕仪式经过精心筹划，尽可能不露奢华，因为那个时候英国数百万普通民众还生活在冰冷的房屋中，仔细盘算着食物配给制度下的每一顿餐食。

丘吉尔是加冕仪式的策划人之一，战后下台后再度出任首相。他没有听从粮食大臣限供食物的建议，而是下令在加冕仪式结束前糖果供应不受限。大臣警告他这样会引起食物短缺的混乱局面，但是他们的建议都被首相驳回了。

女王现身于电视转播嘉年华之中，旨在强化伟大帝国的形象，给人们以良好的感觉。这一刻，整个国家的人民似乎都热情高涨、激动不已。女王乘坐一辆黄金马车（乔治三世在1762年加冕时首次使用）从威斯敏斯特大教堂缓缓驶来，护卫队都来自军营（军营虽然新粉刷过，外面看着光鲜，里面却如肮脏的贫民窟一般）。随后女王检阅了皇家海军舰队，在温莎城堡举办了盛大的宴会并燃放烟花；在科文特花园皇家歌剧院观看了《荣光女王》的首映礼，这部歌剧是由作曲家本杰明·布里顿专为君主加冕加班加点拼凑而成的。

伊丽莎白加冕时期所创下的票房是好莱坞可望而不可即的。此外丰富多彩的舞会、宴会以及聚会，尽显奢华，是战争前的人们闻所未闻的。电视转播庆典仪式时，即便其奢华程度已然有所控制，但其气派程度仍然是其他国家不可超越的。整场盛会犹如一场由塞西尔·德米勒[①]负责导演，诺埃尔·科沃德[②]负责作曲，佩勒姆·格伦维尔·沃德豪斯[③]负责服装，在鲁里坦尼亚王国[④]上演的一场浪漫史诗。

3年后，人们便对新伊丽莎白时代的承诺失去信念。王权的大厦随着英法入侵埃及争夺苏伊士运河开始崩溃坍塌。这场战争英国耗资约3亿英镑，权威与声望扫地。看来糖果限量的警告只是个幌子——糖果其实很充足。

* * *

加冕典礼上，几双敏锐的眼睛发现了两个嘉宾之间的亲昵举动，女王的妹妹玛格丽特公主轻轻拍掉了王室侍官彼得·汤森德制服上的一点灰尘。这一举动所暗示的爱慕之意，成了王宫中的一颗定时炸弹。英国媒体的编辑们虽然完全明白这一动作的含义，但是并没有将大众的注意力转移到这件事上。然而，两人在欧美的

[①] 演员、导演和制片人，20世纪电影业的巨人，以《十诫》等史诗闻名。
[②] 英国演员、剧作家、制片人、导演、流行音乐作曲家。
[③] 英国小说家，被认为是20世纪英语世界成就最大的幽默作家。
[④] 在中世纪西方文化中代指梦想之国，又称浪漫国。

一个熟人却对他们俩的关系观察了很久,还在一个八卦栏目中对此事进行过暗示。美国驻伦敦大使的女儿沙曼·道格拉斯和玛格丽特是密友,告诉过她大教堂中的那一幕在纽约引起了轰动。从某种程度上说,爱德华和辛普森夫人的故事再次上演,国外数百万人已在茶余饭后津津乐道公主与汤森德的故事时,英国公众却都被蒙在鼓里。

对于女王而言,这将是公众对她进行的首次审判,定会对她造成伤害。自己亲妹妹的私生活突然成为全世界的关注焦点,还有什么比这样的事更敏感、更私密的呢?然而决定结果的道德标准并不是由女王制定的。更糟的是,女王既是姐姐又是君主的双重身份让她备受折磨。按照传统,她作为英国国教最高统治者必须捍卫最严格的行为准则。她的朝臣们也没有给她提出什么切实可行的建议,因为总的来说,他们根本控制不了公众的情绪。

* * *

早在1944年2月,离盟军的诺曼底登陆仅数月之遥时,一名身材纤细、略显憔悴的英国皇家空军军官被召进白厅[①]空军部。这个人就是彼得·汤森德,一位退伍战斗机飞行员,曾参加过不列颠之战[②]。一线飞行员的劳动强度很大,汤森德看上去比实际年龄

[①] 指英国政府。
[②] 1940年7至10月英德空军的一系列战斗。

更显苍老，并患有我们现在所说的创伤后应激障碍[①]。晋升为上尉之后退出现役，被派去给一个训练小队当教导员。之后通过动用一些关系，他被空军参谋长查尔斯·波特尔爵士召回，告诉他乔治六世正在寻找新的贴身侍官。汤森德根本不清楚贴身侍官的工作是什么，波塔尔向他解释说，他每天的工作就是从国王醒来那一刻起一直到国王就寝，照顾国王的生活起居。此外，国王目前的贴身侍官们都是从家族或军队严格按照传统选出来的，国王对他们很不满意，因此想招募一名有丰富战斗经历的人。这符合乔治六世的性格，他喜欢与那些未受王宫这个金丝笼束缚、了解外面世界的人为伴。

国王亲自面试了汤森德之后，后者的生活发生了彻底改变。面试结束，王室管家皮尔斯·莱格爵士——关系亲密的朋友们都称他"乔伊"，带领汤森德从白金汉宫的王室公寓离开时，遇见了两名年轻女孩。莱格向汤森德介绍了当时17岁的伊丽莎白公主和14岁的玛格丽特公主。

事实证明汤森德十分胜任这份工作，最后成了王室不可或缺的副管家。1952年2月，国王去世后，他的遗孀，即现在伊丽莎白女王的母后，让汤森德去她的新家克拉伦斯宫担任审计官。汤森德接任该职几个月后，与妻子罗丝玛丽离婚，两个儿子交由

[①] 一种创伤性综合征，由于患者遭受意外、暴力和其他突发恐怖事件的困扰而存在心理问题，并被所遇到的事情所困扰。

前妻抚养。两个月后，前妻嫁给了肖像画家菲利普·德·拉斯洛的儿子约翰·德·拉斯洛。

汤森德在王宫的工作严重影响了他的婚姻，尤其是在国王从生病到去世期间。玛格丽特公主与父亲的关系非常亲密，父亲去世后她与汤森德相互慰藉，不顾后果地坠入爱河。加冕仪式结束前，伦敦报纸都自觉地掩盖了这一新闻，期望王室能主动承认这一事实。中校约翰·科尔维尔在战争期间曾担任白厅政治要员，服务于丘吉尔。伊丽莎白即位之前他被任命为伊丽莎白的私人秘书，亦被误认为是报社编辑和王宫之间的官方联系人。他一开始还心存侥幸地期望这事能不了了之，却没想到已经发展到不可收拾的地步。

加冕大典结束后不到两个星期，这条新闻便传遍英国大街小巷。《人民报》[①]的头版醒目地写着：

> 英国的公众应该知道，现在欧洲和美国的报纸上已经公然断定公主爱上了一个已婚男士，并意欲下嫁此人……每份报纸都指明此已婚男士就是空军上校汤森德。

《人民报》还特意指出"英国官方未对此消息做出否定回应"，这里的官方实际暗指的就是科尔维尔。

对于女王的子民来说，大部分人看到这个消息非但没有表现

[①] 一份在星期日出版的英国小报，该报纸也被称为《英国星期日人民报》。

出震惊，反而认为他们之间的爱情是一个感人且温暖的浪漫故事。汤森德虽然比玛格丽特年长15岁，但这也算不上是什么不光彩的事；而玛格丽特当时芳龄23，也到了可以为自己做主的年龄。此外，在汤森德的离婚案中，他并不是过错方。汤森德在王宫中的上级是女王的私人秘书汤米·拉塞尔斯。当汤森德告诉上级他深爱着玛格丽特时，拉塞尔斯引用了英国首相夫人卡洛琳·兰姆夫人评价拜伦勋爵①的一句话："你不是疯了就是脑子坏了。"在电视剧《王冠》中，拉塞尔斯被塑造成了一个滑稽的反派角色——一个保守分子，容不得丝毫违背维多利亚朝代标准的行为。他的装扮传统守旧，十分契合这个角色，一套深色马甲西服配西裤，口袋中挂着手表链，衬衫的领子坚硬笔挺，留着"一战"将军的标志性胡子。他出身名门，把为王室服务视为一种职业，必须做到一丝不苟，严阵以待。他在王宫服务的时间足够长久，必然深知抑或隐藏了众多王室丑闻。汤森德和玛格丽特都很讨厌拉塞尔斯。她后来甚至说过："我诅咒他快点进坟墓。"

汤森德在1978年出版的回忆录中说，温斯顿·丘吉尔非常反对他们的恋情，但是7年后出版的科尔维尔日记中叙述的情况却与之相反。科尔维尔在日记中写道，拉塞尔斯开车去了丘吉尔位于肯特郡的乡间别墅查特韦尔庄园，向他报告了玛格丽特欲下嫁汤森德一事。拉塞尔斯离开后，丘吉尔当即评论道："真爱之河

---

① 英国浪漫诗人，19世纪初著名的热血革命家。

就应顺流而下。"还说"什么都阻挡不了这'天造地设'的一对"。丘吉尔夫人却不敢苟同,并警告丈夫小心犯下与逊位危机时选择支持国王的相同错误。

国家的当权者们与她的观点不谋而合。他们坚定地认为,这样的丑闻一定有损于女王的威严。同时他们还搬出了《皇家婚姻法》和《英国国教法令》第107号教规,婚姻法规定玛格丽特25岁之前结婚必须得到姐姐的许可,而教规中有禁止离婚的规定。王室权贵普遍反对两人结婚,最后汤森德被发配到布鲁塞尔,在英国大使馆当一名空军武官。

一边是政治、法律和教会施加的高压,一边是亲妹妹的感情,女王也备感无奈,实难两全。刚得知妹妹的浪漫爱情时,女王和菲利普王子还邀请玛格丽特和汤森德到王宫共进晚餐,就好像家长对孩子们的恋情不放心,通过吃饭来考验年轻恋人之间的感情是否认真一样。当然,汤森德的人品无须考察,毕竟他已经为王室服务了近12年。菲利普和汤森德的渊源在汤森德来王室之前就开始了:菲利普曾经在一艘皇家海军驱逐舰服役,当时的舰长就是彼得的哥哥迈克尔·汤森德。无论是在白金汉宫还是在温莎城堡,菲利普和汤森德经常在一起打壁球和羽毛球。晚餐期间,菲利普认为两人之间的年龄差距并不是什么问题,还时不时地开一些男人之间的玩笑。总体来说与女王相比,他对这对恋人的态度更为乐观,认为一定有办法让两人结为伉俪。玛格丽特后来说:"在这件事上他是站在我们这一边的,是我们真正的朋友。"

然而,还有一个声音对女王的决定产生了重大影响:女王的母后。没有谁比女王母后更了解汤森德——毕竟,她曾把他从宫中带回去打理自己的家。在这之前,她也见证了汤森德对国王的忠心,国王和他相处得也十分愉快。然而这些都只是过去的回忆,并没有影响太后对他和玛格丽特公主之间恋情的看法——她相信,国王如果在世,是绝对不会同意小女儿与汤森德结婚的。至于女王,历史没有记载她究竟是如何平衡萦绕在她脑海中的各种声音的。最后,她建议妹妹再等两年,等到了25岁,她就可以和汤森德结婚了。玛格丽特相信了她。困扰玛格丽特终生的两幕悲剧中的第一幕就此结束。然而这两幕悲剧被一些胆大妄为的八卦报纸盯上,开始以一种全新的、咄咄逼人的架势审查王室。

* * *

在玛格丽特的第二幕悲剧上演前夕,我来到了伦敦,更细致地了解了相关情况。1955年夏,我在一个小报社《每日简报》中谋得了一个副编辑职务。报社位于律师学院和鲁德门广场之间,人们把这里统称为舰队街。还真没有哪种行业能像英国新闻业这样因为一个具体的地点而引人注目;自18世纪以来,这个地区———开始叫葛拉布街[①]——就是国家的情报站,上到政治经济下到市井八卦,收集的情报简直包罗万象。就是在这里,像丹尼尔·笛福[②]

[①] 伦敦一条旧街,过去为穷苦潦倒文人的聚居地。
[②] 17—18世纪英国作家。

和威廉·科贝特这样的小册子作者也开足马力猛烈抨击君主制和统治阶层。查尔斯·狄更斯也在此悄无声息地当起了记者，揭露各种低劣不端行为。19世纪末期，第一批流行日报产生了。随着新中产阶级的出现，这些日报的发展蒸蒸日上。1955年，新闻行业的发展达到了顶峰。对于一个从外省来的年轻记者（我曾是利物浦的一个小报记者）而言，这里是开创事业最具诱惑力的地方。

如那个时代的诸多报纸一样，《每日简报》现在早已销声匿迹。当时，我很快就发现报社的记者们都喜欢对劣势群体穷追不舍，这与我在利物浦所经历的情况类似。舰队街最出类拔萃的小报当属《每日镜报》，被誉为小报之母。巴萨罗穆的小报自成一格，曾经动摇了爱德华八世的统治，后来发展成为英国最畅销的报纸。报纸的编辑休·卡德利普极具远见卓识，在他的带领下，小报与工党结盟形成了一支强力有的政治力量，每天都有爆炸性新闻爆出。《每日简报》的编辑伯特·冈恩名气虽然没有他当诗人的儿子托姆那么大，但是在1955年，他也曾是一位经验丰富受人尊敬的编辑。《每日简报》表面上与《每日镜报》很相似，但是缺少对市场的把握。冈恩不断从比弗布鲁克爵士创办的《每日快报》中挖掘人才，以期为报社增添活力。他的思路是想将《每日快报》高端复杂的特点与《每日镜报》强大的"普通人"魅力结合起来。我当时进了报社的职能部门。

1955年8月21日，我进报社工作几周后，玛格丽特公主迎来了她25岁的生日。

和舰队街其他报社一样，我们了解到汤森德已经从国外回来。

随着公主生日的临近,他与公主的爱情故事将再次点燃公众的热情。汤森德没有王宫的约束,因此记者们每天如影随形。玛格丽特公主当时在加勒比地区进行皇家访问,在那里能读到美国报纸。公主的爱情故事对于美国的报纸而言,是逊位事件后又一条重大王室新闻。《纽约邮报》上印着《公主与飞行员即将大婚》的大标题,似乎比那对情侣本人更加确定这段姻缘的可能性。

《每日简报》的编辑们也意识到,就在汤森德被逐于布鲁塞尔期间,玛格丽特精心策划了一场伪装大戏。当时不断有"玛格丽特已安定下来"的报道出现,她还挑选了一大群王公贵族围在她身边,这群人中不乏男性追求者。然而,我们没有意料到的是玛格丽特和汤森德每个周末其实一直在密友们的别墅中幽会。生日时间到,然后就结束了,什么也没有发生。

冈恩引用了一位不愿透露姓名的线人的话,说首相安东尼·艾登(丘吉尔的继任者)极力反对这场婚姻。他在此事中有多么虚伪无需强调:艾登本人就离过婚,又娶了一位比他年轻很多的女人。但是王宫中所有老资格的朝臣和教会教士都再次结成统一战线,反对玛格丽特和汤森德的婚事。没人知道女王心里的真实想法,但是显然君主制会因此走向分崩离析的边缘,并将成为各大报纸舆论的焦点。

第三章　王室之家庭价值观

伯特·冈恩以为艾登是反对玛格丽特公主与汤森德婚姻的，其实不然。实际上，首相想出了一个可以规避《皇家婚姻法》的办法，只是这件事只有几个王公大臣知道，外人无从知晓。这些事实真相一直到2004年，也就是差不多50年后，随着一些官方文件的公布才为人们所知。这一方面说明舰队街真正获得的信息是多么匮乏，另一方面也让我们看清女王的感情和角色是如何被她身边那些无能的官员所左右的。

艾登建议玛格丽特继续保留公主的头衔以及每年6000英镑的王室津贴，结婚后还可以再得9000英镑的津贴。问题的关键就是要修订《皇家婚姻法》，取消她的王位继承权，也就是说她结婚可以不需要征得姐姐的同意。艾登是这样向英联邦各国首脑解释的："女王陛下不愿阻碍妹妹的幸福。"

艾登收到了大法官兼政府首席法律官基尔穆尔勋爵（Lord Kilmuir）①写来的一封信，他认为修订后的《皇家婚姻法》不适用

---

① 英国上议院的一位大法官。

于玛格丽特的情况:"此《婚姻法》并非祖先所传,内容粗糙,效力堪忧。"艾登看了气得咬牙切齿。

10月31日,艾登完成了修订草案,准备上呈议会说明《皇家婚姻法》"已不再适用于现代社会"。然而三天后,玛格丽特竟然宣布取消婚约。

8月,玛格丽特给艾登写信说她尚不确定对汤森德的感情:"只有见到他,我才能确定自己是否愿意嫁给他。"当然这些信息也是到2004年官方文件公布后才为人所知。汤森德在回忆录中并没有提到过玛格丽特对他有所冷落的情况。他描述了在克拉伦斯宫客厅与她团聚时的情况:"我们彼此一见面,就知道我们之间的感情依然如故。时间并没有消磨我们之间的那份甜蜜情感。"

虽然科尔维尔中校并没有打算向媒体隐瞒他们这次会面的情况,但是仍和两年前一样没起什么实质作用。他对媒体说"目前就此问题暂不发表任何评论",但是之后也没见他发表过什么相关评论。

《每日镜报》反映了大众的普遍意见:从未有人向王室提出过如此骇人听闻的建议。"如果'目前'不发表言论,什么时候发表?"柏林小报《摩根邮报》也发表了同样观点:"舆论被官方牵着鼻子走,毫无专业可言,这样的基础性错误实在令人难以置信。"

汤森德的回忆录中还提到他其实挺享受这样的闹剧:"只要我和公主见面,或者和朋友一起用餐时,各种猜测怀疑便层出不穷。"女王曾邀请这对恋人到克拉伦斯宫一起喝茶,当时的气氛一定很紧张。至于其间他们说了些什么,汤森德从未透露过。玛格丽特也没有。汤森德知道内阁正在听取《皇家婚姻法》的修订报告，但是却被解读为玛格丽特若要结婚"就要付出惨痛代价"。

《每日简报》对首相为这对情侣的姻缘所做的努力仍毫不知情，但是却能感受到公众的情绪已经越来越焦躁了。人民期望早点结束这场闹剧，大部分人还是希望有情人能终成眷属。但是仍然没有人知道女王心里的想法或者打算。当女王身边的朝臣告诉她，在这件事上她根本就没有选择时，她心里怎么想或怎么打算的突然间就不重要了。10月26日的《泰晤士报》有一篇社评认为，问题的根本所在既不是神学上的也不是法律上的，而是与女王的身份息息相关——成千上万的人都把女王当成一面镜子，而她的家人理所当然应为广大人民树立榜样。《泰晤士报》高调宣扬这一标准，因此女王的绝大多数臣民根本不会把玛格丽特和汤森德的婚姻视为正常人的婚姻。

很难说女王是否也有同样的想法。这种对王室的攻击引发了一种普遍观念，这种观念至少已经过时30年了，同时也说明这种普遍存在的社会观远远落后于首相的社会观。然而无论女王喜欢与否，《泰晤士报》就是代表了女王的权威。在《每日简报》报社的我们不知道威斯敏斯特究竟发生了什么。《泰晤士报》发表社论那天，汤森德去了克拉伦斯宫见玛格丽特，为她起草了一份公开声明，内容是："我决定不与汤森德上校结婚"。10月31日，也就是一周后，玛格丽特发表了修订版公开声明："我决定不与汤森德上校结婚……教会的教规规定基督教徒不能离婚，我也意识到我对英联邦所担负的责任，我决心将国家的利益放在第一位。"

玛格丽特的这番话多少有些口是心非。传记作家克里斯托弗·沃里克说,他与玛格丽特相识的22年中,每当有人问起她和汤森德的恋情时,她总是闭口不谈,只是轻描淡写地说:"那是很久以前的事,我已经忘记了。"1980年,她对另一位传记作家、《每日邮报》专栏作家奈杰尔·登普斯特更直白地说:"要不是拉塞尔斯说我们有希望结婚,我根本就不会考虑这件事。我和彼得也就不会发展下去,他也能平静地过他的生活。然而,我们等了这么多年后,才发现根本不可能结婚。"

玛格丽特与汤森德的爱情故事在整个舆论界传得沸沸扬扬,众说纷纭。其中有一个久经沙场的伪君子,利用这次婚姻危机将玛格丽特包装成一个令人同情的角色。通过他的叙述,她成了一个受害者,被政党内阁所欺骗(她本人也赞同这一说法),但这一说法最终不攻自破。《泰晤士报》虽然平复了上一代人的齐声抨击,但也把汤森德折磨得心力交瘁了。

玛格丽特对最终的结果应该感到高兴。是非不断的一周总算过去,周末时她打开《星期日泰晤士报》看到了一篇赞颂她的美文,这篇颂文出自亚瑟·布莱恩特爵士之手,英国最受人尊敬的历史学家之一。他赞美玛格丽特心系国家、牺牲自我之举是崇高的行为,甚至牵强附会地将她比作英国的英雄,与以下这些英雄齐名,如伊丽莎白一世、托马斯·贝克特[①]、海军上将纳尔逊勋爵、弗洛伦

---

① 英格兰国王亨利二世的大法官兼上议院议长,坎特伯雷大主教。

斯·南丁格尔——更让人瞠目结舌的还有——南极的司各脱①。亚瑟·布莱恩特爵士断言玛格丽特最终做出的决定"具有历史意义，必将对我们时代的发展有着不可磨灭的影响"。

"受伤的爱人"这个角色非常适合玛格丽特的余生，只不过这个角色是建立在谎言的基础上罢了。艾登本来的计划是同意她与汤森德结婚，付出的代价其实微乎其微；毕竟伊丽莎白那时已经生了查尔斯王子和安妮公主，因此玛格丽特基本已经没有继承王位的可能性了。那个时候，就连最保守的臣民都开始妥协，准备接受他们的婚姻，主要因为汤森德堪称遵规守矩的模范。

不过玛格丽特已经放下了汤森德：离开并没有让她心生太多思念。当他从布鲁塞尔回来时，两人的年龄差异也更加明显。与她现在结识的人相比，他太缺乏激情。她已经准备好了找点儿乐子，要是嫁给汤森德就没有乐趣可言了。

整件事彻底改变了玛格丽特，不是因爱受伤、难以愈合改变了她，而是她因此成了一个名人这件事改变了她，关键她还十分享受这种改变。然而，名气高、是非多，所付出的代价也是致命的。在整个事件过程中，王室在处理家庭危机和国家危机方面显得不尽如人意。之后，两姐妹的生活差别也越来越大。一个逃离了王室这个琉璃笼的束缚，另一个却完全被禁锢其中。

不言而喻，女王显然是受到了伤害——她给人留下了背叛妹妹

---

① 英国探险家。

的不良印象，也没有人为她正名。如果玛格丽特本人诚实可信，所透露的有关两姐妹之间的事真实可靠的话，那么她的版本将让我们对两姐妹之间的关系有新的认识。这个版本又是多年后由奈杰尔·登普斯特公之于众的。他在玛格丽特的传记中直接引用了她的话："在家里，我们俩之间没有什么裂痕。我们俩高高兴兴地大吵一架，事情就过去了。我只和姐姐吵过两次架。""高高兴兴地大吵一架"一听就是玛格丽特的风格。她没有具体指出这"两次架"是因何而吵，但是登普斯特明确地指出，第一次是发生在汤森德事件的最后一周，第二次是因为另外一件事，玛格丽特与女王讨厌的一个人传出了绯闻。实际上，玛格丽特—汤森德事件就是一个明显的前兆，预示着女王的整个统治期间这种隐瞒信息的处事方法始终是一个问题：如果王室对公共信息采取的始终是保密原则，那么我们得到的版本就只能是真假难辨了。

王室坚持这样的原则可谓是费尽心机，朝臣们打着保护王权的口号，将任何含有敏感信息的国家文件隐藏至少50年，因为50年后，相关人员差不多都已经不在人世了。王室将家族档案保存在温莎城堡，严格保密，外人难以接触。在玛格丽特和汤森德事件中，有些涉事人包括玛格丽特本人，都把大量通信信件束之高阁，结果就阻碍了我们对事件真相的了解。

王室朝臣唯一尊重的媒体就是《泰晤士报》。它扮演的好像是体制发言人的角色，高高在上、不可一世。为什么在这件事的结束上它能够发挥决定性作用？令人惊讶的是，在整个事件过程中，这份报纸对这场危机之前只字未提。对那些没有看过其他报纸的人来说，那篇震撼人心的社论是第一次提到这件事。

当时《泰晤士报》的编辑是威廉·哈雷爵士，曾在曼彻斯特当过一家报社的编辑，42岁时被任命为英国广播公司（BBC）的局长，1952年51岁时成为《泰晤士报》的编辑。哈雷爵士以其独特的方法引领着在该国文化和社会监管中占有特殊地位的两个机构。英国广播公司是一家政治独立的公共广播机构，业务涵盖广播和电视，并赢得了"大姑妈"这个亲切的绰号，由于其肩负着自省的责任，因此不能播放粗俗的通俗新闻和娱乐节目。《泰晤士报》其实就是文字版的英国广播公司。

《泰晤士报》的头版上从来不会报道任何新闻；报纸共有8个专栏，空间本就紧张，头版这一页反倒成了广告栏，为那些想雇用保姆、厨师或管家的上层阶级打小广告。广告上方发行人一栏的正中心印着王室纹章，好像是专为君主家定制的报纸一样。为了突显王室权威，每一期报纸上都载有当天的宫廷公报，列出王室成员的活动以及王室任命情况。

哈雷爵士虽然迅速上位并掌握了机构权力，但是公众几乎并不知道他的存在——他也乐于保持这种状态。正因为他的低调不露身份，权力反而越来越大。他是一个非常腼腆之人，报社的很多员工都把他当成一个谜，害怕他对细节的极致追求——如，他会责问国际新闻部为什么会漏掉隐藏在德国报纸内页的独家新闻。他是一位杰出的官僚型管理者，如白厅和王宫中的许多要员一样，注重传统道德观。到了20世纪50年代中期，对于公众对国家体制如君主立宪制的情绪完全不闻不问。没人要求他熄灭汤森德迎娶玛格丽特的希望——他的那篇异乎寻常的社论完全是因为他太过自以为是。

虽然《泰晤士报》的办公室离我们的办公室只有几个街区之遥，但是无论从哪方面来说，它都不属于舰队街。《泰晤士报》的编辑们是帕尔摩街①的座上宾，时常光顾雅典娜神庙俱乐部、变革俱乐部和旅行者俱乐部；而舰队街的编辑们常去的则是深巷里的记者俱乐部，或者埃尔维诺酒吧，这里就是一个黑暗的巢穴，还存在着微妙的友谊等级。编辑们经常累得精疲力竭，反复无常的老板权当他们是一次性用品。舰队街是一台24小时连续运转的绞肉机，馅料就是流氓无赖题材的新闻，不过我喜欢。

《每日简报》到处雇用内部情报贩子，从苏格兰场到"老贝利"中央刑事法院②，无孔不入。在苏活区③，记者常与经营妓院靠给警察交保护费过活的黑帮分子混在一起。在东区④，像克雷兄弟⑤这样靠收取保护费发家的暴徒与一些报道犯罪新闻的记者有着亲戚关系。我发现这些记者中有的人开着豪华汽车，这样的汽车仅靠他们微薄的工资是不可能买得起的。

从这些线人中搜集到的许多故事都是不能出版的，因为涉

---

① 伦敦一条街名，以俱乐部众多而出名。
② 英国最古老的法院，也被称作"老贝利"。
③ 位于英国伦敦西部的次级行政区西敏市境内，曾是当地的红灯区。
④ 英国首都伦敦东部、港口附近地区。曾是一个拥挤的贫民区。
⑤ 20世纪五六十年代伦敦东区的地下统治者，无恶不作。

很多知名政治家、法官以及其他一些显要人物。这些所谓的正人君子，没事就到贫民窟寻求刺激，深知没人敢曝光他们的行径。听了这些记者的描述，我看到了国家道德仲裁者的虚伪，也给我上了重要的一课，使我终生难忘：在一个阶级分层精细的社会里，最值得信赖的往往是生活在最底层的人，而不是上层的人。

对于像科尔维尔和其他负责阻止舰队街记者鲁莽行为的人来说，玛格丽特和汤森德事件引发的危机将他们置于最糟境地。社会发生了变化。面对社会变化的压力，国家开始摇摇欲坠，而王宫和国家其他机构竟然都没有察觉到当前形势之恶劣。然而新闻大亨之间心照不宣掩盖丑闻的默契不复存在。世界其他地方都有舆论的自由，英国公众也没那么容易再被排除之外——不过与其他地方相比，英国的诽谤法执法范围更广、执法更严格，并会继续禁止舰队街编辑报道涉及权势人物的丑闻。

哈雷爵士认为王室为整个国家家庭价值观树立了神圣标准，这不仅是荒谬可笑的，更是强加在王室成员身上的巨大负担。科尔维尔和拉塞尔斯生活在他们自己制造的泡沫中——同时把女王也束缚其中。

第四章　王权背后的权谋之争

女王在疲于应对妹妹引起的危机之前，就已经面临着一场由丈夫带来的危机。不过不像玛格丽特事件众人皆知，丈夫引发的危机在那时候一直对外保密。舰队街对此事一无所知。此时，王位已经后继有人：出生于1948年的查尔斯王子和出生于1950年的妹妹安妮公主。随着新一代温莎成员的降临，孩子们姓什么的问题突然引起了极大争议。

1952年2月底，也就是乔治六世去世不久，汉诺威的恩斯特·奥古斯特亲王①引起王宫的一阵恐慌。他曾是布罗德兰兹庄园家庭派对中的嘉宾，这座庄园是海军上将蒙巴顿伯爵的一座帕拉第奥式乡村别墅。有一天，恩斯特亲王义愤填膺地向玛丽太后②告状说，晚宴期间蒙巴顿上将当着大家的面宣布说乔治去世了，王室就不能再继续沿用温莎这个姓，而要变成蒙巴顿了。听到这个消息，玛丽太后当天彻夜难眠。第二天，她将科尔维尔中校召进宫，告

---

① 女王众多德国亲戚之一，仍在王室自由活动。
② 乔治五世的遗孀。

诉他蒙巴顿上将所说的话。科尔维尔中校当时刚刚担任温斯顿·丘吉尔的首席私人秘书。丘吉尔和整个内阁明确表明态度，决不能容忍这种思想存在。

这一点毋庸置疑。温莎这个姓是1917年乔治五世下令使用的，以表与德国断绝一切关系的决心，那个时候德国与大英帝国正在开战。蒙巴顿这个姓本就是编造出来的，用于给那些有欧洲血统但姓巴滕伯格①的人，还有俄罗斯、丹麦、德国和希腊王室的混血一个新身份；现在有人提出用蒙巴顿这个姓氏来取代温莎，这不仅让玛丽太后震惊，整个英国娘家这边的成员都感到难以接受，尤其是女王的母后。

这一插曲对王室的家庭内部和政治动态都产生了极大影响，长久地困扰着女王的生活，达到前所未有的程度。这些事也突显出蒙巴顿伯爵在女王在位的几十年中所扮演的独特角色。蒙巴顿伯爵，密友们都称他迪基（Dickie），但实际上他的名字中根本就没有"理查德"这三个字②。在总统共和国中，如法国或美国，蒙巴顿伯爵在军事上取得的荣誉足以使他竞选国家元首，第二次世界大战时期，他的同僚夏尔·戴高乐和德怀特·艾森豪威尔就是先例。具有讽刺意义的是，作为伊丽莎白二世的表叔，他深知在君主立宪制的体制下他是不可能成为君主的。即便如此，他仍然能孜孜不倦地为王室

---

① 德国人姓氏。
② Dickie 是 Richard 的变体形式，意思为勇敢的统治者。

尽己之能，兢兢业业，在政治方面和王室中所产生的强大影响力和获得的权力无人能及。

1952年蒙巴顿伯爵试图改变王室姓氏的时候，他正在海军服役，担任第四海军军务大臣，是皇家海军主要指挥官之一。这一职位的影响力远不如二战期间给他带来国际声誉的那个职位，即东南亚盟军最高司令。那时他扭转了日本攻击马来西亚的局面，日本投降交出新加坡，为英国在二战期间遭受奇耻大辱的那场败仗报仇雪恨。

1942年，英国对法国迪埃普港进行了一次两栖袭击，结果英军损失惨重，60%的士兵（大部分是加拿大人）不是被杀就是被俘。这场灾难性战争虽然蒙巴顿伯爵负有很大责任，但是丘吉尔还是在1943年任命他为东南亚战区总指挥。在指挥东南亚战区多国部队协同作战方面，蒙巴顿伯爵比其他军事精英更适合，主要是因为其更懂外交，更善于推销自己。迪基英俊潇洒，在战时取得了极高声誉，甚至自负地认为可以与诸如蒙哥马利和艾森豪威尔这样的伟大指挥官相媲美。

然而，到了1952年他就失去了丘吉尔的信任。原因有二，但最终这两个原因又融汇成一个重大原因。1945年日本投降前，丘吉尔一下台，蒙巴顿伯爵转头就开始公开支持新首相克莱门特·艾德礼。鉴于迪基显赫的背景，他的这一做法让许多人百思不得其解，结果原来是迪基发现社会主义存在许多优点。不过，丘吉尔对他的不满，远不只是他与艾德礼结盟这么简单。当时的工党政府急于解散大英帝国，首先批准了印度的独立。艾德礼任命蒙巴顿为印度总督。丘吉尔对印度有着强烈个人情感,将其视为帝国王冠上的宝石。蒙巴顿的上任势必瓦解这一切。令丘吉尔沮丧的是,事实证明,印巴分治已不可避免,最终诞生了印度和巴基斯坦两个独立的国家。丘吉尔(以及其他人)都认为这是蒙巴顿行事草率,盲目听命于艾德礼而导致的。

1951年,就在乔治六世去世不久前,艾德礼政府下台。丘吉尔重返唐宁街时,已步入耄耋之年——许多人,包括他的妻子克莱门蒂娜都认为他已不能胜任首相之职。但是"丘吉尔回来了"的呼声响彻国内外,从某种程度上增强了他的自尊和信心。

丘吉尔开始重新审视他的军事领导人,有几个人参加过大战。然而随后发生了一件事,使他仍对蒙巴顿心存疑虑。在丘吉尔乘船前往美国与杜鲁门总统会面前,迪基应邀参加了一次参谋长和高级官员的聚会。科尔维尔在日记中写道,蒙巴顿"发表了许多政治言论,全是彻头彻尾的鬼话:谁知道他是不是在《新政治家》上看到了哪位领导人的言论……他的一派胡言激怒了聚会上的参谋长们。首相也嘲笑他。"这种不满并非单方面的。当被告知内阁已排除任何改变王室姓氏的可能性时,蒙巴顿放言说女王之所以反对,一定是被"那个老酒鬼丘吉尔"所逼。

菲利普亲王在姓氏之争中扮演的角色也是显而易见的。菲利普很难接受"女王夫君"这一角色。这一心态表明他在乔治六世去世前的5年婚姻中,并没有认清现实:妻子成为女王、身负重责后必将改变他们的生活。王宫中的日常生活,有太多与他原有生活格格不入的地方,这令他备感沮丧。他自己也承认君主立宪制的机制是他无法挑战的。他自嘲自己虽然是个现代人,但却受制于生活在过去的朝臣们。他开始针对女王,时常抱怨:"我是这个国家唯一不允许把自己的姓氏传给孩子的人。"

但是这种思想本身似乎就有些传统守旧。在寻求个人存在的意义时所遭受的种种挫折中,菲利普传续自己姓氏的愿望显然与现代人的使命并无太大关系。一个广为人知并接受的名字,一个起源于一座诺曼城堡的名字,一个未被历代合法称王者玷污过的名字,究竟有什么令人无法忍受的?王室的族谱枝繁叶茂,名号众多。这些名号听起来就像是把19世纪消失殆尽的部落名和特权阶级名称杂糅在一起了一样。永远保留某个名号的想法本身就有些荒唐可笑。但是菲利普就是执迷不悟。当局政府为了明确表示他这一行为是徒劳之举,专门起草了一份官方公告,宣布王室仍沿用温莎王朝这个名称。他仍不死心,给唐宁街写了一封抗议信。有人怀疑这封信就是蒙巴顿鼓动他写的。结果抗议被无情地驳回了。

* * *

菲利普在1921年6月10日出生于科孚岛①。父亲是希腊的安德鲁王子,母亲是希腊的爱丽丝公主。他的本名叫菲力普斯,从法律上说是希腊王位的第六顺位继承人。然而这一切都只是泡影。希

---

① 位于希腊西部伊奥尼亚海中的岛屿。

腊君主制根基不牢，从未真正获得过永久掌控这个国家的权力。希腊王国成立于1832年，巴伐利亚的奥托王子成为这个新独立国家的国王。奥托国王专横暴虐，1862年被废黜。1924年至1935年期间，希腊经历了23次政府更迭，1次独裁政权和13次政变。王室成员四处流亡。1952年，菲利普自称"难民丈夫"，其实这个词用来形容他的直系亲属过去的经历更合适——他现在来之不易的生活很大程度上还应归功于蒙巴顿的干预。

菲利普于1930年来到英国。他极不负责的父亲和情妇远走蒙特卡洛，只剩他的4个姐妹和母亲留在巴黎。生活在这样一个相对穷困的家庭，靠亲戚的救济生活，总会面临一个紧迫的问题，那就是婚姻。4个女儿个个年轻貌美，知书达礼，又拥有贵族血统，因此她们不用担心会嫁给《哥达年鉴》[①]黄金关系网之外的人。菲利普的姐妹们很受欢迎，欧洲各地的小王子们纷纷前来求婚，最后她们都嫁给了富有的德国皇室成员，其中几个人与纳粹党关系良好——纳粹党致力于清除当时最具威胁性的革命者，即反对共产主义者。

9岁的时候，菲利普就出落得英俊潇洒，家人认为对他而言理想的安家之地应该是大不列颠，那里有欧洲最富有、君主制最稳固的温莎王朝。蒙巴顿承诺做他的导师。蒙巴顿看到了菲利普身

[①] 1763年—1944年间，在哥达出版的有关欧洲王室、贵族和外交官信息的年鉴，1968年恢复出版。

上的特质，相信经过自己的调教定能将他塑造成一个新型的英国亲王。抵达英国后不久，蒙巴顿就将菲利普交给了兄弟乔治，即当时的米尔福德·黑文侯爵和他的妻子纳迪达负责，生活在林登庄园，这是位于梅登黑德附近的一处广阔庄园。夫妇俩有一个11岁的儿子，名叫大卫，很快就成了菲利普最好的朋友。从那以后，菲利普就由米尔福德·黑文侯爵夫妇抚养长大。

在巴黎时，菲利普曾就读于位于圣可卢①的一所美国学校，能说流利的法语。对于那些能够负担得起先进"国际"教育的家庭来说，这算是一种保守的选择。但是，菲利普在英国接受的教育与传统教育大相径庭。他一开始就读于契姆预备小学，这是英国最古老的一所私立学校，男孩数量少，不足50人，他寄宿在一所改造过的格鲁吉亚农舍里。菲利普到来时大卫·米尔福德·黑文已经上学，后来两人成了形影不离好朋友，人们都叫他们"蒙巴顿兄弟"。两人都热衷于运动，家人们在林登庄园还专门为他们建造了一个羽毛球场。

然而在林登庄园，关于乔治·米尔福德·黑文的个人癖好，他的家人包括孩子们都不知情。他喜欢收藏色情书籍和色情画册。他对外自称是蝴蝶收藏家，以掩饰自己真正的兴趣。他亲自编制了一个索引，涵盖了虐恋、乱伦和恋兽癖等方面的书籍和画册。他还总

---

① 位于巴黎郊区。

结了一个使用手册,描述各种性玩具及其使用技巧。有些书名似乎就是专门针对那些幼稚且充满性幻想的人,比如《卡力皮德家族》(*Les Callipyges*),"书中涵盖了前英国贵妇们所幻想的各种性技巧和秘密性行为"。

一个色情书商网应运而生并长期存在,以迎合像米尔福德·黑文这样的富豪大客户。许多书是按照收藏家的高标准制作的,纸张高级、装订优良。这些内容堕落的书籍无论多么让人匪夷所思,竟都打着学术研究和艺术鉴赏的幌子。这就是社会名流和特权阶层所享有的社会契约。如果是普通大众追求这种堕落腐化的行为那就是罪大恶极,但是如果是上层阶级就可另当别论。20世纪30年代,伦敦掀起德国魏玛式热潮期间,米尔福德·黑文夫妇、蒙巴顿一家和温莎王子们可能——而且确实——在他们的私生活中享受了很大程度的自由。

菲利普在英国最繁华的郡县中过着快乐而且充满冒险的生活,这种生活于1933年被送到德国的一所名为萨勒姆王宫中学的学校而告终。当时这所学校的校长是库尔特·哈恩[①],教育理念与契姆预备小学完全不同。哈恩倡导一种新型"先进"教育制度,在这种教育制度中,严格的身体耐力考试与学习能力考试同等重要。1933年希特勒上台,不幸的是,哈恩是一名犹太人。从表面上看,萨勒姆王宫中学的教育理念完全是日耳曼式的,与希特勒青年团

---

① 教育家,犹太人,生于德国柏林,与马克斯亲王共同创办了萨勒姆寄宿学校,并在1920年—1933年间担任校长。

的斯巴达式教育①理念和方法如出一辙。但是在1933年9月,纳粹发布了一项公告,禁止犹太人担任"文化类"职务。1934年,哈恩逃往苏格兰,在北海海岸建立了一所新学校,名为高登斯顿学校。菲利普追随他到了这个学校。

在这里接受严格学习,磨炼意志,是蒙巴顿把菲利普培养成实干家计划的一部分,也开启了他在皇家海军职业生涯的前奏。在海、陆、空三军中,海军最受社会尊重:最出名的当属皇家海军,极富优越性,完全体现了英国的阶级制度,吸纳了诸多王室成员,包括未来的乔治六世阿尔伯特亲王②。蒙巴顿的海军生涯始于1916年,他一开始是一名海军军官候补生,直到1937年才荣升为一艘驱逐舰的舰长。因为妻子富有,自己的社会地位显赫,蒙巴顿把海军视为能让自己在英国功成名就的地方。他认为菲利普是一个理想的候选人,经他调教指导后也能和他一样事业有成。

库尔特·哈恩为蒙巴顿实现了愿望。菲利普在高登斯顿学校的表现出类拔萃。哈恩总结说:"他年纪虽小,但懂得无私奉献,出身显贵但却不骄不躁。"他还说菲利普是一位"天生的领袖",但仍须"再接再厉才可立身扬名",有时"会因性情急躁和态度偏狭"受人诟病。

1939年夏,菲利普成为一名达特茅斯皇家海军学院的学员。

---

①培养武士的斯巴达教育,以培养凶悍的军士著称于世。
②阿尔伯特亲王的弟弟乔治王子,即未来的肯特公爵,被父亲强迫加入皇家海军,身心饱受折磨,最终不得不更换职业。

他相貌英俊，逐渐成长为年轻军官们的典范。当国王和王后来学院看望他们的两个女儿时，蒙巴顿特意安排菲利普与他们共进午餐。这是决定其命运的一次会面，一旦命中注定，只需勇往直前。有几种说法暗示伊丽莎白公主对菲利普是一见钟情。王室成员的结婚对象都是在特定基因库中精心挑选的，菲利普自身的条件与标准相比有过之而无不及，因此他是女王的首要候选人。后来在1943年，国王看出了伊丽莎白对菲利普的情意，也承认他"聪明、幽默、思路清晰"。那时的菲利普早已深谙世事，阅历丰富；而与他相比，伊丽莎白一直过着无忧无虑的安逸生活，远远没有做好冒险的准备。

* * *

1952年，随着蒙巴顿改变姓氏的计划遭到拒绝，菲利普的情绪失控，同时也验证了库尔特·哈恩对他性格的描述："性情急躁和态度偏狭"。他和蒙巴顿一样恼羞成怒，而这只是他与女王争斗的开始。这场怒火还将燃烧10年，除非能找到一位愿意在这方面妥协的首相。女王因为菲利普的怒火沮丧了很长时间。只不过与她初为人君时所遭受的各种挑战相比，这件事女王是私下独自承受的。公共场合下看不出两人有任何不和。女王在位之初与丘吉尔之间建立了良好关系，身上的重负才有所减轻。她刚继位时，丘吉尔曾对科尔维尔说过，"她还只是个孩子"。他不知对她施了什么魔法：他们俩开会时，朝臣们只能站在门外听，时不时地就能听到他们彼此的笑声。现在，女王需要的就是这种精神。

第五章 "君主制难以存续……"

关于女王的每篇报道，只有一个人从未读过，那就是：女王本人。

20世纪50年代，舰队街新闻编辑们不仅把对王室的报道视为每天必行的义务，更是烦琐累人的工作。随着玛格丽特公主逐渐淡出人们的视线（暂时），就只需一小部分记者前往王室进行专门报道了。没有哪个记者想接这项工作，即使接了这项工作的记者，对王室提供给他们的那些陈词滥调也没有多大兴致。不过，这些记者倒是获得了一些出国旅行的机会，特别是女王去英联邦各国访问的时候。这个曾经的日不落帝国繁华落尽，逐步走向英联邦这条发展道路。女王的巡回访问无非是为了鼓励而非强迫新独立的国家对他们的"母国"，当然还有对女王，保留一种离家不忘本的情感。这些国家与英国能够从隶属关系变成联盟关系（有利可图），一方面是因为女王的认真态度，另一方面也是因为女王丝毫没有维多利亚女王的那种种族优越感。她好像天生就是一个性情温和之人。为期5个多月的巡回访问中，女王发表了102次讲话，从未有过任何不良反馈。讲话稿是现成的，照着念就行了。

然而没有不良反馈也有弊端，女王的讲话风格从此落入窠臼。回国后，即使面对的不是外国人，女王的讲话也显得机械刻板。不论什么场合下，她的讲话都缺乏由内而发的情感或自然亲和力。似乎只有一个地方才能激发她的热情：赛马场。女王对赛马的热情越来越高，远高于对人民的热情。

1957年夏，我从《每日简报》跳槽到《每日快报》当编辑。我的办公地点设在一个20世纪30年代典型的黑玻璃建筑中，正对着舰队街。从位置上说，也就从原来的地方挪了不到400米。从工作内容上说，也就是白天和晚上的差别。比弗布鲁克勋爵要求编辑部在世界主要国家的首府都要派遣常驻记者。这份报纸是流行艺术批评的先驱。报社拥有最犀利睿智的漫画家奥斯伯特·兰开斯特，还有最出色的体育专栏作家。但是报纸仍改变不了受其所有者干预的命运。所有者操纵着政治报道的中每一句话，坚持向人民传递大英帝国既让人愉快又让人为之发狂的思想。正因为如此，报纸将君主视为一种象征，尊其为帝国体系中名誉领袖，有名无实，就像印在货币和邮票上的头像一样。报纸的标志是以女王为首，身后站着比弗布鲁克设计的中世纪人物———位十字军骑士，手持盾牌和剑，坚定地俯视一切外来民族。

1957年夏天，我加入《快报》后不久，编辑部接到一条消息后订购了一本最新季刊杂志——《全国英语评论》（*National And English Review*）———本大家闻所未闻的季刊。杂志到达的那一天正值星期五银行放假，办公室里人员寥寥无几，并且个个昏昏欲睡。大家看到杂志的封面文章后顿时清醒，这是一篇将要动摇君主制的文章。其中的观点如下：

> 君主制将不复存续，更无须谈什么兴盛，除非其领军人能够全力以赴……当女王年华逝去、青春不再时，她的声誉将比现在更加依赖于她的性格品行……不幸的是，乔治五世相对亲民的特质并没有在他的孙女中再现……女王和玛格丽特公主仍然带着上流社会富家女的印记……女王的讲话方式简直令人头疼……尽显其刻板自负……和她的母亲一样，没有现成的稿子，连几个句子都组织不起来……

这篇文章的作者是33岁的约翰·格里格，第二代奥特林厄姆男爵，毕业于伊顿公学，善于攻击自己所代表的贵族阶级。他倡议上议院进行改革，客观地指出许多世袭贵族"未必胜任此职"。还在《快报》编辑部的我们，意识到奥特林厄姆男爵表达的是一种自女王加冕以来持续高涨的情绪，即女王似乎越来越与世隔绝，脱离民众。我们难以评测公众对女王的这种情绪究竟有多么广泛，但是语言如此犀利、针对性如此之强的言论是前所未有的。

《快报》——如其他报纸一样，都没有做好与之合谋共同攻击王室的准备——于是决定随大流见风使舵。报纸的新闻版面中详细引用奥特林厄姆的原话，并将他的言论视为针对女王的人身攻击，耸人听闻。社论专栏更是谴责奥特林厄姆的行为是"消极有害的"和"粗俗无礼的"。《星期日泰晤士报》的评论更离谱，听起来像爱德华七世时代绅士俱乐部委员的语气，评价他是"无赖加懦夫"。

此后，有一次奥特林厄姆在大街上还遭到了帝国忠诚者联盟中一名好战者的人身攻击。坎特伯雷大主教评论他"愚不可及"。

奥特林厄姆还指出，女王"根本没有接受过充分的培训"，因此没有做好当君主的准备。只不过这一观点没有引起人们的太多关注。然而这一说法却巧妙地将问题从女王自身转移到不知名的人身上，最明显的指向就是朝臣，首当其冲的则是拉塞尔斯。但问题肯定不可能只出在一个人身上：我们看到和听到的女王，我们报道过的女王，是一个形式框架塑造的产物。这个框架的整体外观、色调和风格被认定适用于君主，从小就灌输于女王的思想认识中。她就这样毫不反抗、被动地接受这种体系？还是有人劝过她不要用自己的口吻和身份说话？真是这样的话，那么如果她可以做真正的自己，又会是什么样的？

这个根本性的问题无法回答，因为所有的评论，无论是支持奥特林厄姆的还是支持女王的，所指向的都是一个没人真正了解的人。在这个问题上，人们可以说是媒体与王室沆瀣一气共同造就了如今被奥特林厄姆所抨击的女王，因为我们（以及英国广播公司）在许多方面都和王宫的基调一致，共同控制了君主的公共形象。没有哪名记者，当然也没有哪个英国广播公司的制片人敢说女王的演讲风格令人头疼——尽管事实的确如此。一个现代君主应该如何表现，我们这些人还有拉塞尔斯以及其他培育伊丽莎白多年的人确实显得茫然无知。这或许可以解释为什么总的来说，新闻媒体对奥特林厄姆的抨击表现得如此傲慢和恼怒。舰队街和王宫在自认为是合理正确的错觉中故步自封，而承受压力的却只有女王一人。

奥特林厄姆很快得知，女王看到他的抨击，第一反应就是认为他一定是疯了。10多年后，奥特林厄姆就这次的经历写道，女王自从即位以来，一直备受漫天遍地的阿谀奉承和各方崇拜，突然发现自己遭受批评一定震惊不已，这不足为奇。伤害了女王的感情，他深表遗憾，但如果继续助长这种女王永远完美无瑕的歪风邪气，最终她所受的伤害将更加严重。

在大街上攻击奥特林厄姆的那个人，最后只交了一点罚款就被释放了。处理这个案子的首席大都会治安官说，95%的公众都认为奥特林厄姆对女王的批评放诞无礼。然而事实并非如此。一项民意调查显示，35%的受访者支持奥特林厄姆的观点，只有52%的人反对。然而，在年龄为16岁至34岁之间的年轻人中，结果正好相反：47%的人支持他的观点，39%的人反对他。

当时的女王戴着面具，谁又能给出公正客观的评价呢？就连最尽职的报社编辑也不知道谁能胜任这一任务。《快报》编辑部资源丰富，也没有人敢于尝试，其他报社亦是如此，但是显然都感觉到王室叙事的核心对这位女性的评价失之偏颇。事实上，对女王客观的评价恐怕需要60多年的时间才能浮现于世，很难想象用更加精确细致的画笔描绘出的女王画像将是什么样的——肯定与戈雅[①]描绘的《查尔斯四世一家》不相上下——这是有史以来最具批判性的王室肖像之一。

[①] 全名弗朗西斯科·何塞·德·戈雅·卢西恩特斯，西班牙浪漫主义画派画家。

053

与1800年戈雅的杰作不同的是，这样的女王肖像应该永远不会诞生。这句话出自詹姆斯·波普－轩尼诗之手，当时他正在为撰写玛丽女王的传记收集资料，这句话后来出现在2018年雨果·维克斯[①]所著的《玛丽女王的探索》一书中。维克斯是一名王室传记作家，在书中描述了另一位王室传记作家波普－轩尼诗的作品，即波普－轩尼诗采访玛丽女王庞大的欧洲族谱中每一个在世亲戚所做的笔记。以前出版的传记虽然文笔巧妙，但却略去了波普－轩尼诗采访时记录下来的最精彩内容。幸亏有了维克斯，我们才有机会了解这一切。他所著的这本书恐怕是王室传记中最有趣的一本。

在奥特林厄姆发表抨击大论的3周后，波普－轩尼诗首次造访了巴尔莫勒尔堡[②]，当时王室一家正在这里避暑度假。他是一位非常敏锐的建筑批评家（他对桑德林汉姆府[③]的评价简直是毁灭性的，让人听起来那里就好像是一座修建在废弃高山度假村里的衰败豪华酒店），但他对巴尔莫勒尔堡的评价却是"比我想象的要鲜亮得多、白得多、漂亮得多、宽敞得多"。

面见女王时，他内心紧张不安。握手行礼后，波普－轩尼诗对女王简单介绍了自己的来历，女王足足"沉默了三分钟，一直望着窗外低沉的天空。我以为她没听见我说的话，但是这又好像是一种

[①] 英国王室传记作家。
[②] 位于阿伯丁郡，女王的私有住宅。
[③] 位于英格兰诺福克郡，是一座由英国王室家庭私人持有的乡郊府第。

新的交流方式，所以我也保持了沉默"。他接着描述了女王的着装——"格子裙，橄榄绿的小花呢短上衣和一件复杂的红色衬衫"——他为读者们呈现了一幅更为贴切的女王肖像画。在此我详细地引用了他的原话，因为当代对女王的描述没有一个能如此惟妙惟肖：

> 我无论如何也想象不出眼前的这位女王堪称是一位历史人物。女王脸颊的下半部分比人们想象的要突出得多，略微有点像玛丽女王和夏洛特女王，但仅此而已。她看上去有点儿忧心忡忡，鼻子到嘴角上已现皱纹，如果不是因为某种难以界定的因素，她的容貌很容易引起人们的同情——用"装腔作势"这个词来形容她太粗糙刻薄——更准确地说，是她并没有意识到自己的能力不足。她虽算不上腼腆，但是显然肩负巨大压力，没有给人留下很幸福的感觉。她的双手瘦小，显得有些不安。当说到奇闻轶事的时候，她讲得栩栩如生，甚至手舞足蹈，表情时而开心时而感伤，难以自已。感觉她内心的弦绷得太紧。她时而显得活泼，时而容易激动，有时还有一点无礼……她善良、务实但缺点人情味；她的母亲更有女人味，懂得激发谈话人的兴趣，而女王只知道喋喋不休，有时我忙着听坐在桌子对面女王母亲说话时，都没听到她说的什么……总的来说，这是一场机械式谈话，双方都没有感到尴尬。但是另一方面，这次谈话中却没有留下什么值得回忆的、有趣的或值得一写的内容。

波普－轩尼诗没有提到奥特林厄姆抨击女王的结果，但当时一定对女王造成了影响,就像附着在巴尔莫勒尔堡地毯上有毒的雾霾一样,没那么轻易就散去。更重要的是,对波普－轩尼诗这一段描述进行分析有助于我们更进一步了解这位过去和未来的君主:例如"她肩负巨大压力"和"没有给人留下很幸福的感觉"这些犀利明确的评述引人深思。

伊丽莎白当时31岁,成为女王已有5载。她作为女王,在学徒期间所经历的一切,即使对一个经验丰富的君主来说,也是严峻的挑战。处理国家事务方面,丘吉尔是她的第一位导师;1955年退休后,他的长期替补安东尼·艾登取而代之。在艾登的带领下,英国进入了灾难性军事冒险期,成为王权结束前的最后一次痉挛。埃及新总理贾迈勒·阿卜杜勒·纳赛尔将军宣布收回当时由法国和英国共同拥有的苏伊士运河的控制权。这条运河一直是这两个欧洲大国不可侵犯的财产,也是英国从中东运输石油的重要纽带。艾登告诉同僚:"绝不能让纳赛尔扼住我们的咽喉。"于是两国政府与以色列秘密勾结:怂恿以色列入侵西奈半岛,英国和法国借口停战进行干预。

英国官方对公众隐瞒了这一阴谋,导致新闻界和英国广播公司不得不接受战时级别的审查。在这场军事策划中,至少有一个人所持政见不同:第一任海军军务大臣,蒙巴顿勋爵。蒙巴顿直接进谏女王。对一个军事指挥官来说,越过首相直接觐见女王并非寻常之举。但是如我们前面所知,蒙巴顿在王宫一直出入自由,并有相当程度的影响力。在蒙巴顿的建议下,女王要求艾登对苏伊士进行武装干预之前先咨询在野党工党领袖休·盖茨克尔的意见,但是遭到了艾登的拒绝。

侵略战争开始没多久，就被叫停了。美国对这场战争表示反对，称其为幼稚可笑的炮舰外交[①]，艾登的首相生涯因此而毁灭。不过，该国很大一部分人认为纳赛尔就应该被消灭。然而人们很快就忘了苏伊士之战引起的危机（现在英国的脱欧事件与之相同），就是以同样的方式分裂国家，犯的是同样的错误。是否支持艾登竟成了爱国主义的一个天然试金石：反对艾登就是违背英国的世界使命。只有《曼彻斯特卫报》（《卫报》当时的名字）和《观察家报》两家报社从一开始就反对这一冒险行为，但是两家报社都遭到了公开指责——根据编辑们收到的信件统计，就连《观察家报》相对自由的读者群也存在分歧，866人支持艾登，302人反对。《观察家报》所持的立场遭到了合作多年的主要广告商的抵制，转而支持报社的竞争对手《星期日泰晤士报》。《星期日泰晤士报》当时支持侵略战争，并因此而崛起。不过从更高的层面上看，苏伊士战争对英国来说显然是一次耻辱性的惨败。

哪怕女王有一点儿敏锐性的话，目睹自己的国家遭受如此严重的分裂，一定胆战心惊。人们很想知道她是否从经验中吸取了什么教训。这场战争引发的政治危机将是她统治时期最致命的危机之一——整个国家几乎因此而衰亡。在这件事中，蒙巴顿是一个现实主义者，而他周围的人都被狂妄自大所蒙蔽。艾登拒绝咨询

[①] 帝国主义列强凭借武力威胁，推行其殖民侵略的一种外交活动，亦称炮舰政策。

在野党领袖的行为，有可能令女王产生过不满。如果当时她拥有后来在首相们面前表现出的那份自信，那么她肯定不会轻易听之任之。从那以后，唐宁街的朝臣们发现，她总是会认真倾听政治对手的汇报以及他们的政策，同时更倾向于达成共识而不是更深的分歧。 当然，苏伊士运河之战也让她意识到，她太受制于宫中的朝臣，而他们大多终身都是侵略主义者。1957年1月，艾登辞职，取而代之的是哈罗德·麦克米伦。麦克米伦是一位经验丰富的政治家，在他那爱德华七世时代贵族的外表下隐藏着精明与狡猾，能够敏锐地判断公众的情绪——这是女王和她身边的人都缺乏的天赋，即使奥特林厄姆抨击事件之后，女王也没有习得这种能力。波普－轩尼诗对女王的观察是"感觉她内心的弦绷得太紧"。这可能有多种原因，或许是因为家族内部的问题，或许是因为那次关于王室名号的争斗，或许就是因为这个国家本身。

奥特林厄姆断言，基于目前女王与现实"脱节"的状况，除非女王在讲话方式和处事态度上发生变化，否则君主制可能无法存续。王室被指与现实"脱节"的情况反复持续了几十年，1997年戴安娜王妃去世时，这种指责达到顶峰。但是，"脱节"究竟意味着什么——或者更确切地说，怎样做才能"不脱节"？如果有所转变，君主制的传说是否就得以存续？1957年的那时那刻，女王对于她的臣民和世界来说，无异于一位穿着传奇服装的神秘人物，而这位神秘人物却统治着整个国家。

第六章　托尼荣登王室舞台

　　1958年末，比弗布鲁克勋爵认为我若想晋升为特刊编辑的话，还需要积累广泛的世界经验。于是休假时间，他把我派到《每日快报》的纽约部。对我而言这是一次神奇的旅程，眨眼间从一个经济乏力的国度降落到一个富饶梦幻之地。报社办公室设在洛克菲勒中心，这是大萧条时期建造起来的摩天大楼之一，是对美国抗逆力大胆而自信的炫耀。从我的办公桌可以俯瞰下面的溜冰场。11月的夜晚，明月当空，寒冷逼人，但是冰场上滑冰的人却一个个活力无限，引得旁边酒吧里穿着马提尼制服的人不时地将目光投向他们。报社给我在时代广场附近安排了一家酒店，距伯德兰很近，对我这个爵士乐爱好者来说，这里简直就是一个文化圣地。在那里，像贝西公爵①和艾灵顿公爵②那么知名的人士都更愿意享受夜总会这种气氛轻松的场合，而不愿去音乐厅里感受那种备受约束的氛围。我在这里的同事对外面这些充满诱惑的魅力显得不

---

① 爵士乐大师。
② 美国著名作曲家、钢琴家、乐队队长。

以为然。他们在美国生活的时间太久了，早已司空见惯。他们的家多在郊区，每日坐通勤车往返。与英国不同的是，他们的冰箱、洗碗机和洗衣机是标准化的；电视里广告的冷冻食物被誉为一份让生活更轻松的美国礼物。有一次一位记者邀请我去他家，他就为我准备了一顿这样的晚餐——结果我们一致认为冷冻食物只是实验室里的奇迹，而不是什么厨房奇迹。

有一天，我打开了一个文件柜想找些信纸，结果发现里面放了一堆坎贝尔[①]的番茄汤罐头。同事告诉我，这些罐头是比弗布鲁克勋爵在纽约时买来放在里面的，因为他常住华尔道夫酒店，有了这些罐头，他就不用叫客房服务送汤了。比弗布鲁克勋爵有一个习惯，喜欢用回收回来的旧信封，不喜欢用新信封，因此工作人员在把新信封寄给他的秘书之前都会把信封稍加做旧。像其他白手起家的有钱人一样，比弗布鲁克认为即使国家繁荣富强了，也仍应该保持勤俭节约的良好习惯。编辑部本来还为比弗布鲁克准备了礼宾服务，安排了电影票和戏票，帮他购买书籍、去药房取药，但都被他一一拒绝了。

圣诞节就要到了，第五大道百货商店的橱窗里陈列着各种礼物，琳琅满目。每家商店门外都站着一个穿着圣诞老人服装的人，是商家专为吸引孩子而雇用的，圣诞老人手里摇着铃铛，招呼路

[①] 美国罐头品牌名，以生产汤罐头出名。

人进店。我心里想：这些人都是从哪来的？原来他们中的大多数人都住在鲍厄里街①一个由救世军组织②提供的招待所里，当时仍是曼哈顿的贫民区。我提出写一篇相关报道，伦敦新闻编辑部也认为这种题材具有吸引力，于是安排了一个摄影师和我前去拍摄。黎明前我来到市中心的一栋豪宅，寻找一个我从未听说过的人，一位享誉伦敦摄影界的人物。此人显然广结善缘，因为他不用住酒店，而是成为一位知名民主党权力掮客威廉·范登·胡维尔的座上宾，时任纽约州州长埃夫里尔·哈里曼的顾问。

这座豪宅给人一种朴素简洁的感觉。孩子们在庭院里打闹嬉戏。这时一个身材瘦高的年轻人拿着一个照相机和一包设备走了出来。"叫我托尼就行了。"说着和我握了握手，同我一起出发了。在会见安东尼·阿姆斯特朗－琼斯之前，我对他做了一些背景调查和研究。一年前查尔斯8岁生日那天，他分别为女王、菲利普亲王、安妮公主和查尔斯王子拍摄了一张官宣照片。他成功地举办过一场人物肖像展，其中有玛琳·黛德丽③、亚利克·吉尼斯④和伊迪丝·埃文斯夫人⑤的肖像。比弗布鲁克勋爵点名要求《快报》聘请他担任此项报道的摄影师。但是到目前为止，他的工作经历中并

---

① 纽约一个酒徒充斥的街区。
② 于1865年成立，是一个国际性宗教及慈善公益组织。
③ 德裔美国演员兼歌手。
④ 具有传奇色彩的英国演员，有"影坛千面人"之称。
⑤ 电影明星。

没有任何迹象表明他适合这样的任务。毕竟拍摄地不在工作室，外面天寒地冻，而且还是去像鲍厄里街这样的贫民窟。他对这些倒是满不在乎。我们乘坐报社安排的豪华轿车来到市中心，他说他一会儿在招待所拍摄照片时可能需要我的帮忙。

结果，我一点忙也没帮上。他具有新闻摄影师的天赋，拍摄者们根本感受不到他的存在。我和一些人聊着他们的命运是为何如此不济，最终沦落到被救世军救济时，托尼溜进了食堂，拍摄他们吃早餐的情景，然后进到他们的房间拍摄，在那里他们穿上圣诞老人服装，摇身一变成了快乐的叫卖员。托尼操着一口优雅清晰的伊顿公学口音，但是对这些人来说却犹如火星语言一样陌生，他一开口就能把那些人逗得哈哈大笑，始终让他们处于轻松自然的状态。他拍摄的照片令人回味无穷，以至于我只顾着给他的照片添加说明了，结果一篇报道也没写出来。此后我在纽约休假期间没有再见到过他，但是我们约定回到伦敦后再见。

* * *

我并不熟悉托尼在伦敦生活的地方。他住在皮姆利科区的一个由一间五金店改建而成的工作室里。我从纽约一回来，就去拜访了他。工作室的空间相对狭小，但他却能巧妙地安置自己的工作和社交生活：工作室的第一层是暗室和秘书办公室；地下室比较宽敞，露台上摆着一把大折伞，用于拍照时调节灯光。

有时，一条街或一个地方开始形成自己特有的风格时，便是社会转变的前兆。皮姆利科区原有的五金店已完全消失，取而代之的是摄影师的工作室，这就是一种转变。附近又出现了一家卖西班牙瓷砖的商店，接着又开了几家小酒馆。皮姆利科区、斯隆广场①和国王大道②都是城市新风貌的代表和体现。1955年，托尼的两个朋友玛丽·奎恩特③和亚历山大·普朗科特·格林④买下了国王大道的一家街角小店，购进了一些他们所谓的欧洲服装"大杂烩"和流行配饰，并为之取名巴扎⑤。1959年，玛丽·奎恩特开始自己设计服装，并成为时尚革命的核心。传统观念逐渐被打破。"身份地位已经过时了，"奎恩特说，"在我们的商店里，公爵夫人和打字员会挤在一起买同样的衣服。"着同款衣服即视为平等，这种想法的确有些夸张，但托尼清楚地看到了周围正在发生的社会变化，以及呈现给他的机会——其中就有风花雪月的韵事。《快报》诚请年轻的女性读者们提交自己的照片，承诺评出的前三位最有魅力的女性将参加时装模特试镜。获胜者还能有幸获得托尼拍照的机会。最终获胜者就是玛丽·奎恩特口中与上层阶级同行的一个"打字员"。当托尼拿着拍好的照片到我办公室时，我们惊

---

① 位于英国伦敦肯辛顿－切尔西皇家自治市的一个公园，名称来自著名医师汉斯·斯隆。
② 以独立设计师店而出名。
③ 英国时装设计师，被誉为"迷你裙之母"。
④ 玛丽·奎恩特之夫。
⑤ 集市的意思。

叹他一定对照片施了皮格马利翁魔法①。那个女孩简直光彩照人。

"出神入化啊！"我夸赞他。他咧嘴一笑。

有了《快报》的宣传，托尼很快就在特权阶层中声名鹊起。最初摄影只是他的一个兴趣爱好。他本在剑桥大学学习建筑学，后来辍学以摄影谋生。在《快报》提升他的声誉之前，也有一些朋友以低薪但高知名度的工作推进他的事业，伊顿公学的同龄人乔斯林·史蒂文斯就是其一。史蒂文斯曾购买了一本濒临倒闭的社会杂志《女王》，将其转型为一本以新伦敦文化为核心的编年史，熠熠生辉。为《快报》工作时，托尼因其摄影技术灵活而出名，这一点我在纽约和他合作时已见识过。1958年出版的伦敦照片集的前言中，他介绍了自己的摄影理念：

> 我认为照片在技术处理上不应太过复杂，画面应简洁……拍摄时最关键的是要让拍摄对象保持自然放松的状态……我使用的是一个非常小的相机和一些小设备，从不使用人工照明。摄影就应瞬间完成。没必要每次拍照前都先喊一声"别动"，连气都不让人喘，这样反而会失真。

---

① 皮格马利翁是希腊神话中的塞浦路斯国王，善雕刻。他不喜欢塞浦路斯的凡间女子，便雕刻了一座美丽的象牙少女像，他像对待自己的妻子那样抚爱她，并向神乞求让她成为自己的妻子。爱神被他打动，赐予雕像生命，并让他们结为夫妻。这里比喻一个人只要对艺术对象有着执着的追求精神，便会发生艺术感应。

这句话也体现出了托尼的性格。首先，他没有"普通人"的那种无意识势利行为。但是托尼从来就不是普通人。其次，他经常故意破坏传统肖像和时尚摄影的神圣仪式性。说到摄影，没有比王室更传统的地方了。王室并没有官方指定的摄影师，但是塞西尔·比顿在过去的20年里一直是王室的御用摄影师。比顿在王室的摄影风格，与其为电影《窈窕淑女》设计服装和舞台布景的风格如出一辙：尽显华丽。在比顿的安排下，女王、女王的母亲和妹妹身着华冠丽服，佩戴罕世珠宝；菲利普亲王身着海军制服，缀满层层奖章。为拍摄一张照片，仅准备时间就要花几个小时，灯光、服装和妆容，全部几经精雕细琢。最终拍摄出来的照片毫无自然可言，但是却满足了人们对王室成员着装奢华精致的想象。

托尼却不愿遵循这些规则，查尔斯王子8岁生日时托尼为王室拍摄的全家福就打破了陈规。首先，全家福是在室外拍摄，使用的是自然光。女王和菲利普亲王站在白金汉宫花园小溪上的一座小观赏桥上，安妮公主和查尔斯王子坐在桥下的石台上。安妮公主正在翻阅一本图画书。查尔斯羞怯地看着照相机——只有他和父亲的眼睛是直视着照相机的。摄影师巧妙地表现出一种祥和的田园诗景象。王室成员穿着休闲服装，神情轻松。这是王室首次以这种田园形象示人。

显然女王很喜欢这张全家福。1959年夏，她宣布玛格丽特公主29岁的生日照就交由托尼拍摄。这张生日照十分引人注目：整张照片上就只有玛格丽特的脸和裸露的双肩。她眼睛直视照相机。她顺应当时的潮流将头发剪成了短发。一条细长的小钻石项链是唯一的装饰品。玛格丽特21岁的生日照是比顿拍摄的。照片中的她毫无生气，就像摆放在豪华客厅里的一张家具一样。而这张新照片中的玛格丽特充满活力，还透着一点小顽皮。那个被汤森德事件打击折磨，伤心欲绝的姑娘全然不见了。

如所有流行日报一样，《快报》也刊登了这幅肖像画，有人对她大胆裸露双肩存有异议，但特写镜头率真的表现手法广受赞誉。从比顿豪华礼服的约束中释放出来的玛格丽特，展现出了真正的自然美。托尼在暗室里冲洗照片也使用了同样的技术，他将照片的背景全部漂白，形成强烈的黑白对比。当时他为那位模特大赛获胜者拍摄照片时，使用的就是这种手法。那时候，我怎么丝毫没有意识到，摄影师和摄影对象之间其实已经产生了共鸣。

事实上当时并没有出现任何迹象，但是报社的编辑却对我说："托尼一定有什么不为人知的事。他抛弃了很多老朋友，好像连雅基也抛弃了。你去了解一下情况。"雅基全名雅基·陈，来自特立尼达市①，是一名出色的舞蹈家，曾参演过伦敦西区的两部音乐剧。托尼在给演员拍摄宣传画时与她相识。我去皮姆利科区托尼的工作室时，见过她几次，她在工作室显得大方自在，经常在那里过夜。托尼身边从来不乏类似有异国情调的美女与他形影相随。托尼有一个年轻的助手，在暗室里工作，背景略逊于托尼日常交往的阶层。有一次她在一卷胶片中发现托尼的一位模特摆出一系

---

① 乌拉圭西南部的一个城市。

列色情造型，震惊无比，立即辞了职。在那个时代的这个国家，人们异常看重女性的贞洁。皮姆利科区和国王大道已然成为刚"解放"的女性的公共秀场，穿着玛丽·奎恩特首创的迷你短裙和靴子大摇大摆地招摇过市。她们是摆脱束缚的新一代代表，世界各地争相对这一新气象进行宣传报道。

托尼承认雅基离开了他，但他并没有伤心流泪。他们之间的感情本来就不算深厚，两人在一起时也没有限制过彼此的性自由。至于那张王室新全家福，他只说为他的职业生涯创造了奇迹。他还说起了女王举办的夏洛特女王舞会最近刚刚结束。这是每年举行一次的成年礼仪式，400名显赫家族的少女盛装在女王面前屈膝亮相，以示正式进入"社会"。大多数女子都由母亲引见，有一些贵妇还会请来礼仪培训师训练自己的孩子，以确保自己的女儿每年都能榜上有名。

奥特林厄姆对王室的抨击也包括对这一仪式的轰炸，他说，若要建立一个"真正没有阶级的王宫"，这个仪式早在1945年就应该结束。据说女王一开始不愿意向奥特林厄姆示弱，但是犹豫了一年之后，1958年王宫的角色终于发生了转变。托尼引用了玛格丽特的一句话："我们只得停办，因为伦敦的所有妓女都来参加了。"到这个时候，我都没有意识到托尼和玛格丽特之间的亲密关系。托尼说现在那些想让女儿出名的母亲都打电话找他拍照。他很少接这样的工作，但是以他现在作为一名肖像摄影师的名气，无论是政界要员、艺术界名人还是科学界精英，只要编辑安排托尼去拍照，就没人会拒绝。他让我向《快报》编辑转达这一点，仅此而已，没有透露任何秘密。

托尼天性放荡不羁。他是个情场高手，所向无敌，深受男人和女人的喜爱。这些细节信息是他的几个朋友提供给我的，因此可靠可信。他们都是《快报》中威廉·赫基八卦专栏的线人，心知这些信息永远不可能被报道出来。托尼早在伊顿时就患上了小儿麻痹症，导致左腿比右腿短了一英寸，于是专门定制了一些靴子，这样走路也看不出一瘸一拐的样子。他身材苗条，步履如舞者一般轻盈。在剑桥时，他体重很轻——不足九英石[①]——因为这一先天优势，在1950年牛津和剑桥的划船比赛中他担任了一名舵手，表现出色。他带领剑桥队领先牛津队长达三分钟半，决胜阶段时，牛津队的舵手急得破口大骂："你他妈就不能让一让吗？！"只要是托尼立志要得到的东西——比如《快报》的某项任务——他的眼睛就会散发光芒，说话语调清晰和自信。他习惯于志在必得，但均取之有道：他清楚自己的才华所在，鄙视那些自以为操着一口伊顿口音就可以为所欲为的人。

1960年2月26日，白金汉宫发表了这样一份声明："伊丽莎白王太后在此荣幸地宣布心爱的女儿玛格丽特公主与R.O.C.阿姆斯特朗-琼斯伯爵先生与伯爵夫人罗斯之子安东尼·查尔斯·罗伯特·阿姆斯特朗-琼斯先生喜结连理，女王已表赞同。"

看到这一声明，我惊得目瞪口呆。我在《快报》一直被视为

[①] 1英石相当于6.35公斤，因此他的体重当时不足57公斤。

托尼消息的可靠来源,显然此刻这一信誉已不复存在。只有少数人事先知道这件事。其中之一就是托尼的父亲,他花了几个月的时间劝说托尼改变主意,警告他一旦进入王室的怀抱,就不可能拥有正常的生活——从字面意思来说就是他们一家都无法正常生活。其他人也给他提出类似的忠告,但是托尼均置之不理。不过正如公告中所说,女王已表赞同,这起码能表明她相信托尼有办法让他和他的妻子过上一种新的正常生活。

第七章　突如其来的变革之风

托尼和玛格丽特于1960年5月6日在威斯敏斯特大教堂举行婚礼。在白金汉宫举行完接待宴会，两人便乘车沿着林荫大道穿过伦敦金融城熙熙攘攘的街道，到达伦敦塔旁的路堤边，在那里登上了女王特许的皇家游艇"不列颠尼亚号"，他们将在加勒比海度过为期六周的蜜月旅行。婚礼的伴郎叫罗杰·吉列特，是一名神经科专门医师，也是女王的妇科医生之子。托尼本来提名另外两人担任伴郎，但均被王宫拒绝：这两人都是他的密友，一位名叫杰里米·弗莱，巧克力富商的继承人；另一位是杰里米·索普，自由党的一名后起之秀。但他们都在接受苏格兰场审查时，被确定为双性恋，特别是弗莱，被定犯有同性诱导罪。他们蜜月第三周时，弗莱的妻子卡米拉在英国生了一名女孩，取名波莉。2004年，波莉·弗莱做了一次DNA检测，证实她的亲生父亲其实是托尼——托尼和弗莱夫妇三人之前一直保持着混乱的性关系，只因托尼结婚才不得不结束。

托尼都准备好迎娶玛格丽特公主了，却又和别人有了私生子，不过了解托尼的人，对他的这一行为倒觉得不足为奇。这可能是他知道自己将要结束他一直沉迷的风流生活,因此最后放纵一次。他能做到将两个完全不同的生活分隔开来——在伦敦泰晤士河畔的一个世外桃源与玛格丽特公主谈恋爱,而皮姆利科区的工作和生活成为他与玛格丽特公主恋情的完美掩饰。这样的生活充满心机和风险,但他却能应对自如。媒体称他是王室发生转变的重要角色,他本人也乐在其中。王室首次迎来了一个需要以工作维持生计的成员。人们把托尼和玛格丽特视为现代君主立宪制中欣欣向荣的新面貌,而女王本人深陷于一群抵新守旧的老朝臣的束缚中,她本人无法改变王室原有现状。

伦敦西区相对轻松的文化氛围吸引了这对王室新婚夫妇,也在他们身上有所体现。他们很"时髦"——这是一个新名词,形容那些流行于都市引人关注的新事物。《快报》的总编对这个新名词深恶痛绝,禁止记者们在报道中使用。但是,从第一次拜访托尼的工作室开始,我就意识到舰队街与以皮姆利科区和切尔西[①]为中心的两个世界之间,虽然相距不远,但是却形成了一道巨大的文化鸿沟。编辑派我去了解托尼生活中所发生的变化之前,这条鸿沟已经开始加宽了。遗憾的是,《快报》的新闻报道中从未体现出这一点。

1957年7月20日,在贝德福德郡举办的一次露天集会上,哈罗德·麦克米伦对该国的经济状况进行了回顾。这是他出任首相的第一年。"我们要承认,"他说,"我们大多数人的日子从来没有

---

① 伦敦自治城市,为文艺界人士聚居地。

如此红火过。"这是一个十分现代的用语，竟出自一个贵族之口，一个管着由年轻人组成的政府的贵族之口，未免滑稽。但是，麦克米伦还把这句话当成了口头禅，"你们的日子从来没有这么红火过"，透着浓厚的鄙视和讽刺意味。这句话虽然没有成为他正式的选举口号，但是却点明了民族精神，甚至激起了人们对奋斗的热情。从物质层面看，麦克米伦许诺要实现广泛的国家繁荣，正如一年后我在美国看到的景象一样，即加拿大学者约翰·肯尼思·加尔布雷思所说的"富裕社会"。从更根本的层面上讲，麦克米伦承认战前英国僵化的阶级分层已无法继续维持，现代社会的形成也不会继续受到这种阶级分层结构的影响。

到 20 世纪 50 年代晚期，女王统治下的这个国家对于君主制是不是阶级体系中的辉煌大厦已不那么在意了。奥特林厄姆对王室的抨击虽震响了君主制这座大厦里的吊灯，但在像汤米·拉塞尔斯这类顽固分子的掌控下，王室这台机器的运作方式并没有真正发生改变。女王本人倒乐意做一些表面上的变化——例如，在英国广播公司的帮助下，对讲话时的语音语调进行了调整，使她的讲话听起来更像是出自自己之口了。虽然议会中有人质疑，纳税人每周要为玛格丽特和托尼的蜜月游轮支付 1 万英镑的账单，但总的来说，公众还是很喜欢这对夫妇的浪漫情调。

但是纵观女王的整个统治期，显然这些年所发生的事只是对未来发展趋势的一种预示。女王将用一生统治的英国，在未来的发展中所经历的转变程度也将是前所未有的。在这一转变过程中，君主不再是主导。但是女王起码可以随波逐流，而王室也得以存续。否则她将在时代转变的过程中措手不及，成为王室消亡的罪魁祸首。麦克米伦是女王的首相中第一个认识到这一点的人。网飞平台[①]上播放的连续剧《王冠》中，被误读和误解的角色为数不多，麦克米伦这个角色就是其中之一。为了戏剧效果，电视剧中对他妻子出轨的内容渲染过多。诚然他的妻子桃乐茜·麦克米伦夫人一直被指与罗伯特·布思比长期保持着婚外情。布思比是第一批开辟副业（电视评论员）的政治家之一。布思比本人酗酒成性，因广招男妓臭名远扬，只不过没人揭发而已。

麦克米伦虽背负耻辱，但是却依然坚强。他在国际舞台上享有很高声誉，并成功地为约翰·F. 肯尼迪总统与苏联好战领导人尼基塔·赫鲁晓夫之间架起了桥梁。麦克米伦还有一句口头禅："吵吵总比打打好。"（改编自丘吉尔的早期版本）在他的努力下，成功地谈成了一项限制核试验的条约。1960 年年初，麦克米伦在英国的非洲殖民地视察了一个月后，在南非发表了一次讲话，这次讲话对女王未来角色转变起到了重要作用。"变革之风已吹遍整个大陆。"他说，"无论我们喜欢与否，民族意识不断高涨，这已成政治事实。"这番话震惊了南非的白人统治者和其他白人政权，特别是罗得西亚[②]地区的白人政权。但这番话又是对未来不可避免的发展趋势的预示：大英帝国不再可持续，世界正在被重塑。

[①] 一家会员订阅制的流媒体播放平台，总部位于美国加利福尼亚州洛斯盖图。
[②] 非洲南部的英国殖民地。1980 年更名为津巴布韦。

变革之风在英国本国也已势不可当。政府很难理解这次变革的深远程度,尤其是在个人行为和大众文化仍受法律制约的情况下,变革能达到什么程度。电影、戏剧和文学的官方审查机构仍坚定不移地以维多利亚时代的"公共礼仪"和合理的两性行为理念作为公众的行为标准(实际上,当时那些自命的道德批评家常将这里的"合理"一词用作贬义词)。麦克米伦必须处理一颗自1954年便开始倒计时的文化定时炸弹,即专门负责调查同性恋和卖淫行为的沃尔芬登委员会。3年来,在界定同性恋犯罪的法律、管理已定罪同性恋的法律以及用以指导警察处理卖淫行为的法律方面,委员会一直在努力进行改革。1958年通过的一项法案,对卖淫行为进行了规范,对皮条客进行了严厉打击,但却接受在街头之外和私下进行的卖淫行为。但是同性恋者却没有获得同等的自由,即使是私密的行为也不为法律所接受。这样,对性行为的评判就形成了一种恶性双重标准——王室成员长期以来一直得益于这一双重标准。王室成员可以自由切换男女伴侣而不必担心警察会找上门。托尼是王室的最新成员,也是才开始享受这项特权的人。但是对于权力小、社会地位低的人来说,同性恋就等同于刑事犯罪,会受到和堕胎行为一样严厉的惩罚。

对同性恋采取压制措施的同时,对公共文化的审查也迎来了第一个决定性的挑战。1960年,当托尼和玛格丽特从加勒比海结束蜜月旅行返回时,一个由九男三女组成的陪审团在老贝利举行了一场听证会,听取一个王宫指控出版商的案子,即女王对企鹅图书有限公司的起诉案。当然,此案并非女王亲自呈上法庭的,而是她的律师们以她的名义自作主张起诉的。陪审员任职宣誓时,必须大声说出以下誓言:"我向万能的上帝发誓,我会认真诚实地处理女王君主与被告之间的问题……"倘若君主仍然是公共道德的保护者,那么君主就应采取措施禁止出版由戴维·赫伯特·劳伦斯[①]所著的《查泰莱夫人的情人》未删减版。这个作者的名字女王恐怕连听都没有听说过。

最后,女王在这个案子的审判中竟然败下阵来,还闹出一个不小的笑话。女王的首席检察官默文·格里菲斯－琼斯先生问陪审团:"你希望你的妻子或仆人读这本书吗?"检察官担心的是读者会从书中发现身为贵族的女主角竟和猎场看守人之间发生苟且之事,这显然是对贵族阶级的亵渎。然而答案却十分响亮:陪审团最终同意出版该书。仅在案件裁定的当天该书就售出了20万册,接下来的3个月又售出了300万册。

这场起诉是对公众在性自由和文学方面的复杂程度的集体误判。这让人感觉到,最高权力的代表——内政部、检察长办公室、苏格兰场、首席大法官——仍然坚信公众在公共事务和个人事务的品位上仍需受到监管,只有这样才能保护无辜者免受腐化之害:英国王室的托词之一就是,劳伦斯的作品"使滥交成为人人追捧的行为"。检察官甚至问到被告方的证人几岁开始接触到低俗字眼。对

[①] 20世纪英国小说家、批评家、诗人、画家。代表作品有《儿子与情人》《虹》《恋爱中的女人》和《查泰莱夫人的情人》等。

于报道这场审判的诸多记者来说，包括我本人，都认为那些备受挫折的道德警察所感受到的最大震惊莫过于最终发现普通民众和他们的统治者一样，也乐于享受同性之恋的自由。事实上，许多人的确如此——还把"同性之恋，无限美好"作为口号，比麦克米伦预期的更开放。

令人难以置信的是，即使《查泰莱夫人的情人》一案败诉，检察长仍未放弃保护公众的意愿，以期他们免受那些——根据现行法律——可能"损害公共道德"的书籍的侵害。1964年，18世纪的下流小说《新荡女芬妮·希尔》，又名《欢场女子回忆录》，也遭到了王室的起诉。不过这一次，王室赢了（未删减版最终于1970年出版）。

没有迹象表明白金汉宫内的人能够理解这场文化变革大海啸对君主制产生的影响。菲利普和伊丽莎白订婚之前，汤米·拉塞尔斯对菲利普进行审查后，曾在一份机密报告中提到，他不可能忠诚。王室长期以来一直对其成员的轻浮放纵行为持容忍态度，这件事也就这样不了了之了。当然，对自己家里发生的事保持心胸宽广是一回事（显然拉塞尔斯在处理这些事方面十分老练），但是如果女王的臣民们也在同性恋方面放纵自己，那就另当别论了。一个10年很难体现出关键社会态度的转变情况，但1960年是英国一个10年的起点，在这10年中，许多神庙的根基都开始摇摇欲坠，包括君主制。5年后，"他妈的"一词首次出现在BBC电视中——出自剧作家兼文化手榴弹投掷者肯尼斯·泰南（托尼和玛格丽特的朋友）之口。长达一个世纪的社会压抑即将成为历史。

如所有流行日报一样，《每日快报》充分报道了《查泰莱夫人的情人》一案，因为这个案子足以激发公众的欲望。但是，如原版书一样，报纸的报道中删去了许多私密的细节，读起来多少有些令人费解。《曼彻斯特卫报》和《观察家报》这两家全国性报纸更严肃地描述了国家审查机构与劳伦斯作品之间的斗争，指出这一作品对两情相悦的私人关系可能带来的伤害。肯尼斯·泰南在《观察家报》中分析说劳伦斯其实是想恢复低俗字眼的基本功能，因为这些词原本的用法是健康的，而不是冒犯性的咒骂语。为了充分表现这些词的用法，他写下了"人真他妈难"的经典语句。这是第一个出现在星期日报纸上的低俗字眼，但却没有引起人们的愤慨。

"高雅"报纸的流畅性和流行日报应该报道的内容之间的差距让我的内心备感两难。正如我往返于皮姆利科区和舰队街之间时所看到的那样，其他地方的文化变革已是热火朝天，而《每日快报》却依然故步自封。所谓的大众新闻总是迟钝到最后一个得到信息，因此我想退出。我是该报有史以来最年轻的特刊编辑，下一步就应该晋升为副编辑了。但是副编辑不是那么容易就能升上去的。比弗布鲁克有一种习惯，时不时地就会把新起之秀叫过去征求改进报纸的意见，然后再把他们的意见转达给编辑们。他明知这样做会导致员工之间的不和，但却依然乐此不疲。就在《查泰莱夫人的情人》一案进行期间，比弗布鲁克把我叫到他的公寓——位于格林公园边缘的阿灵顿宫中谈话。去之前编辑就提醒我："无论如何都不要给他提什么改进报纸的建议。"结果，我恰恰就这样做了。比弗布鲁克现年81岁，骨头都已缩成了一团，整个人像一个小侏儒，不过那颗硕大的脑袋还是十分醒目，头颅宽阔，眼睛犀利，嘴巴宽大，操着加拿大口音，问起问题来如打机关枪一般。他让我坐在台灯旁，自己却坐在半昏暗处。这让我深感不安，因为我无法判断听我说完话后他脸上的表情。结果我发现是我杞人忧天了，他对我所说的大部分都不感兴趣——他对这个世界的认识已经固定在大约1936年的样子，因为他就喜欢那个年代的世界，好像没有什么可以再把这个世界改变了似的。

我刚回到办公室，编辑就接到了老头的电话，于是责骂我为什么没听他的建议。不过我好像是通过了某种测试，至少我的工作还是安全的。原来比弗布鲁克喜欢我以温莎公爵的名义写的一系列报道，这些报道中公爵（或更准确地说，他的幽灵作家）为男士如何穿衣搭配提供了建议。公爵从小就在穿衣打扮方面比较讲究，形成了自己独特的穿衣风格。他穿的格子花纹西服被命名为威尔士亲王格纹，双结打领带的方式被称之为温莎结。以前该专题的记者根据公爵提供的笔记所撰写的报道缺乏说服力。在我看来，在巴黎过着锦衣玉食生活的公爵，显然对这样的报道很不满意，于是向比弗布鲁克抱怨说，这样的报道让他看起来好像很缺钱，需要别人投资一样，完全扭曲了事实。由于公爵给的穿衣指南中使用的都是世界上最贵的裁缝制作的衣服，因此这些建议对《每日快报》的读者们来说缺乏实际性。

公爵是比弗布鲁克唯一喜欢的王室成员。在逊位危机期间，他一直站在公爵的一边，深感如果他能够继续担任国王的话，绝不会容忍印度独立，也不会激起民愤（主要是比弗布鲁克的愤怒）。但是他好像对公爵向希特勒示好这件事视而不见。在我看来,应该限制公爵在时尚方面的影响力才是正确的。

虽然《快报》一直是在名义上支持君主制,但是对王室成员始终保持着冷静客观的态度。女王加冕前,伊丽莎白和菲利普曾巡查过加拿大,包括新不伦瑞克省。比弗布鲁克在那里非常受欢迎,相当于当地的土皇帝。当有人问到他是否会会见王室夫妇时,他反问:"难道你不知道长老会①信徒不是君主制主义者吗?"在威斯敏斯特大教堂举行的女王加冕礼上,他认为给他安排的是一个次等席位,于是拒绝坐那个座位。之后,一个王室工作人员歪曲事实,添油加醋地指责他这一行为是针对女王的。之后王室在加拿大的巡查中,他是否邀请女王会面一事引起人们更多猜疑,最终双方并未见面。

比弗布鲁克毫不掩饰对王室另一位成员蒙巴顿伯爵的反感,比弗布鲁克的报纸多年来一直公开对其进行打击报复。至于原因,立场不同,说法也各不相同。有人说是因为在迪耶普突袭灾难中,蒙巴顿有不可推卸的责任。也有人说最主要的原因是他加速了印度的独立。报社有一位资深社论作家知道比弗布鲁克的许多秘密,偶尔也与我分享。据他所说,蒙巴顿冒犯比弗布鲁克的真正原因是,1945年,比弗布鲁克发现他的一位情妇同时也是蒙巴顿的情妇。无论此事真实与否,比弗布鲁克对他的报复行为始终不变,而且

---

① 基督新教三大流派之一,产生于16世纪的瑞士宗教改革运动,后流行于法国、荷兰、苏格兰及北美。

针对性非常强。

当然这些都是人们津津乐道的八卦新闻，《每日快报》也没有因此而公开站在共和党人的一边，也没有像奥特林厄姆那样公然抨击女王。

我在《每日快报》学到了很多对新闻进行快速回应的技能。我写的报道有时一晚上要改写很多次，但是都没什么深度，我也没兴趣报道这些新闻。一天晚上，我想写一篇长达1300字的专题报道。然而比弗布鲁克有规定，报纸中的所有报道都不得超过750个字。但是这篇报道是关于赛车高手斯特林·莫斯以第一人称的视角描述将一辆汽车的速度发挥到极致的感受，这种感受发自肺腑，代表了强大的意识流，如果进行删减，报道就失去了意义。比弗布鲁克当时在加拿大，我以为我能侥幸躲过一劫。然而24小时后，他从新不伦瑞克省的家里给我来打电话："你以为我不会发现吗？"自那件事以后，我清楚地认识到只要有比弗布鲁克公式化的约束，我就不可能在报社找到我自己的未来。

两个月后，我递交了辞职信。我没有事先预约便唐突地致电《观察家》的编辑大卫·阿斯特，表达了我对他家报纸的钦佩之情，同时也向他指出要是报纸内容能稍微活泼一点可能会更受欢迎。我和他一起在华尔道夫酒店共进午餐后，他给我提供了一份工作，但薪水却大幅下降。我接受了。

之后的几年中，我不断收到比弗布鲁克的来信，字数从未超过150个字，打在一张四开纸上，有时会在签名下面亲笔写下"衷心祝你成功"这样的话。信封全是崭新的。

第八章　劲敌卡米洛特[①]

最终还是哈罗德·麦克米伦出面才平息了女王和菲利普亲王之间相持不下的王室姓氏之争。1960年年初，女王身怀三子安德鲁王子时，麦克米伦前往桑德林汉姆府探望了她。他没想到女王在此事中投入了如此深切的感情。他在日记中写道："女王只是希望（能适当地）做点事来取悦她的丈夫——她深爱着他。""令我难过的是，"他继续写道，"……亲王在此事上对女王的态度十分残酷。我永远也无法忘记那个星期天晚上她在桑德林汉姆府对我说过的话。"至于具体说了些什么，他没有详述，但麦克米伦答应女王他一定会解决这个问题，然后就飞往非洲巡回视察，并发表了那通有关"变革之风"的讲话。他将具体事宜安排给了内政大臣拉博·巴特勒，女王也曾要求过他早点儿解决此问题。他说，看到女王如此费心尽力地安抚丈夫，他感动得都流泪了。菲利普亲王

[①] 一般指亚瑟王宫，传说是亚瑟王和骑士们进行圆桌会议所在的宫殿，关于追求正义、勇敢的骑士精神与此宫殿名挂钩，比喻民众心中神圣崇高的政治期望。

终于接受了一个妥协方案：温莎王室的头衔仍然保留，但是在王位继承队伍中排名靠后且不可能拥有"殿下"头衔的孙辈孩子中，其姓氏将注册为蒙巴顿-温莎。因此，2019年苏塞克斯公爵夫人梅根·马克尔产子后，孩子官宣的名字是阿奇·哈里森·蒙巴顿-温莎，这让很多人困惑不解，以至于王宫不得不向公众解释这段历史。但是，1973年安妮公主与马克·菲利普斯上尉结婚时，公然无视这一协议，登记的姓氏就是蒙巴顿-温莎。她这样做显然是受到了迪基叔叔及其训练有素的同伙查尔斯王子的蛊惑。

《观察家报》对王室新闻采取的政策一向都是无视加不报。与之相反，大卫·阿斯特却希望报纸能够清楚地表明一个民族、英国乃至世界的真正权力所在。为此他专门聘请了一位作家，安东尼·桑普森[①]，对英国的真正统治进行了全新评估，并根据评估报告写出一部经典著作《解剖英国》（Anatomy of Britain）。桑普森在后来的回忆录中这样评述《观察者报》（那时候我刚刚加入该报）："每个星期日长达16页的报道似乎成了所有讨论的核心，是各种晚宴上人们热议的话题，政界人士制定议程时的参考。内容均为原创且出人意料。"桑普森在其著作中经过剖析发现英国人的生活和工作是多么美好时，激动得好像偷窥到了别人的什么秘密一样。然而当桑普森和《观察家报》开始深入分析掌控世界最强国的新生代时，这一论调就显得缺乏底气，甚至接近于自嘲了。无独有偶，

[①] 南非记者、作家、学者，一直致力于南非问题研究。

肯尼迪政府提出的"新边疆"口号①不光是一个令人振奋的概念，承诺世界的领导者当属那些年轻有为和朝气蓬勃的年轻人，而且还被誉为是一场带有"卡米洛特"标签的文化复兴，引领者正是深受欢迎的美国总统和第一夫人。

华盛顿第一家庭与英国王室之间的鲜明对比立即显现出来。桑普森将肯尼迪内阁描述为汇聚了一群"坚硬如钻石的智囊团"。这一描述与肯尼迪本人曾承诺招募"最优秀，最聪明"人才的诺言如出一辙。这句话也是对自负者的警告：正是这个"坚硬如钻石的智囊团"使美国陷入了越战的泥潭。杰基·肯尼迪②的参与拓宽了男性管理国家的视野，为白宫带来了一股清流，增添了魅力。对比之下，固守仪式的温莎王室则显得沉闷刻板，在过去的荣耀与辉煌中不断僵化。

1961年6月，两个家庭相遇，两家的风格差异也凸显出来。肯尼迪夫妇结束巴黎的访问后抵达伦敦。在法国，他们受到的礼遇是任何美国总统和第一夫人从未感受过的。一部分原因是法国人在拒绝君主制方面为美国树立了榜样，此外美国独立战争期间法国的支持对美国起到了不可估量的作用，这让法国人产生了本能的骄傲之心。另一部分原因是肯尼迪夫妇，尤其是杰基，优雅时尚，性感而现代，受到了人们的追捧。他们身后跟着一个媒体团，

---

① 美国总统肯尼迪1960年接受民主党总统候选人提名演说中提出的政治口号，后被历史学家用来称呼其国内施政纲领。
② 肯尼迪总统夫人。

不加甄别全盘接受肯尼迪政府的宣传机制,这与好莱坞宣传机制对传统政治信息的传递模式基本相同。实际上,正是这个媒体团将好莱坞新闻与传统政治新闻结合了起来。在这一对抢眼的组合中,杰基最引人注意。杰克·肯尼迪甚至有点沮丧地说:"巴黎之行,我就是杰基·肯尼迪的一个陪衬。"

女王可不习惯光环被另一个女人夺走。其他国家元首访问伦敦时,夫人们总是跟在后面,几乎不为人注意。一年前,夏尔·戴高乐总统在英国进行了为期三天的国事访问,晚上留宿白金汉宫,受到了君主般的待遇,他本人对此感到非常满意。而戴高乐夫人却如墙纸一般只是一个陪衬。戴高乐对女王赞不绝口:"她对人和事的判断清晰鲜明,缜密细致。"

杰基·肯尼迪未费吹灰之力就将所有的注意力都集中在了自己身上。女王对此心存芥蒂。两个女人之间发生的事,被小说家戈尔·维达尔以其独特的风格呈现给读者。戈尔·维达尔是一名小说家,文笔讽刺幽默,也是杰基在白宫创办的文化沙龙成员。"我感觉女王很讨厌我,"杰基告诉维达尔,"菲利普亲王还不错,就是有些拘谨不安。一点也看不出他们是夫妻关系。"杰基对塞西尔·比顿的评价也一样坦诚,只不过这次杰基批评的是比顿惯有的风格。她直言王宫的装饰、家具甚至鲜花的布置都没有什么惊艳之处,特别是对女王的着装和"扁平"的发型鄙夷不屑。

白金汉宫在美学方面缺乏品味,并非女王之错。与白金汉宫相比,白宫规模较小,尽管经过了频繁而广泛的重建——1812年还被英国人烧毁过,但终能保留原始建筑的协调性,赫然是一座

18世纪晚期典型文艺复兴风格的大厦（由爱尔兰裔美国人詹姆斯·霍班设计）。白金汉宫则是不同时期各种建筑风格的集合体，从乔治三世开始修建，有的部分优雅有的部分丑陋，里面塞满了居住者突发奇想收集的各种物品，从东方宝藏到假古董和小摆设，风格各异，应有尽有。王宫内共有775个房间，52间卧室和92间办公室。白金汉宫不像白宫那样规模小容易掌控，也不像白宫那样具有平易近人的魅力。杰基见多识广、眼光敏锐，很快就成为白宫这座历史博物馆的馆长。然而，在伦敦的访问期间，杰基无缘无故地就表现出些许无礼和轻率，好在没造成什么严重的后果。一年后，女王邀请杰基和她的妹妹李·拉齐维尔共进午餐，终于找到了"破冰"的共同话题：原来杰基也是一位出色的骑手，巴基斯坦总统刚刚给她送了一匹马作为礼物。

那时，杰基已被公认为是白宫长久以来最国际化的第一夫人。她能说一口流利的法语，还获得了乔治·华盛顿大学法国文学的学历。她的文化底蕴深厚，涉猎范围广。她邀请国际水准的艺术家如西班牙伟大的大提琴演奏家帕布罗·卡萨尔斯赴美举行独奏会，美国艺术在她的支持下蓬勃发展——她还为美国最有才华的年轻音乐家们举办了一系列音乐会。杰基知道白宫一直被视为"人民之家"，于是召集了一批专家对白宫进行重建，突出其"博物馆特色"。然而白宫里的人并非都是高格调的。肯尼迪总统的生活圈子里就有法兰克·辛纳屈和玛丽莲·梦露等明星，后者曾在一个盛大的晚会上，身着盛装，性感魅惑，为总统唱了一首"祝你生日快乐，总统先生"。

虽并非本意，但是杰基在白金汉宫的亮相的确让王室的人备感不适。王室一家都不是文化艺术爱好者。无论是女王还是菲利普亲王都没有展现出艺术方面的兴趣爱好，去剧院、电影院看表演也只是因为责任义务不得已而为之。如果说哪个全国性活动能激起女王的些许兴趣的话，那就只有一年一度的皇家阿斯科特赛马会了。白金汉宫中虽然汇集了两个世纪的艺术瑰宝，但英国君主并没有像欧洲其他王室一样成为国家艺术家们的拥护者。就女王而言，这些艺术收藏品只不过是继承下来的财产而已。与杰基·肯尼迪不同的是，女王所受的教育仅局限于历史的基本要素和无定形的宪法，不包含任何对艺术兴趣的培养。她本人也没有意识到自己缺乏艺术细胞。

当时英国的艺术领域正发生着重大变革，而王室在这一变革中的缺席看似极不寻常——但是人们基于长期的经验根本就没指望他们会参与进来。英国的政治阶级也是一样庸俗。法国的总统是法国文化的忠实拥护者，专门设立了一个部门，投入大量资金致力于法国文化的建设——当然法国在文化上的投入力度如此之大，主要的动机是为了保护法语免受英语对世界文化所带来的势不可当的冲击，另一方面也是法国传统的一部分，即国家懂得并尊重充满活力的民族文化对社会的价值。英国的历任首相通常都比较务实，对富有创造性的艺术基本都不感兴趣。丘吉尔，在政治和军事领域也算得上是一个文学巨人，还是一个有天赋的业余画家，也从来没有把拥护艺术当作一种政治美德。麦克米伦是一家著名出版社的负责人，但是除了文学，也没有在其他文化领域表现出个人兴趣。

王室有一位先辈与众不同。阿尔伯特亲王，维多利亚的德国丈夫，是一位名副其实的博学家，大胆地倡导知识进步和文化变革。他是艺术学会的会长，利用这个平台完成了一个更大的使命：坚持并敦促将科学纳入国家现代化建设的事业中。他授意晋封剑桥最杰出的学者之一——查尔斯·莱尔爵士头衔。莱尔爵士提出了自然进化论的基本原理，比达尔文早了10年。他敦促剑桥大学采用现代化教育方式教授科学学科，确保女王的帝国成为工业创新的先锋。他于1849年开始策划"万国工业博览会"，并于1851年在海德公园举办了一次大型博览会，这是他所取得的最为不朽也是最有影响力的成就。博览中心建筑大楼本身和里面的展品一样惊艳，现代化气息浓厚——整栋楼是用玻璃装饰的巨大钢结构建筑，如一座金碧辉煌的水晶宫。维多利亚女王第一眼看到水晶宫便惊叹道："……美不胜收，如仙境一般。"历史学家托马斯·麦考莱[①]摈弃一贯的严肃与克制，感叹道："华丽而壮观，宏伟有气势，优雅又脱俗；超越梦幻般的阿拉伯传奇。"

在阿尔伯特亲王的努力下，君主制在公众眼中发生了变化——变成了促进变革的催化剂。女王下令在伦敦市政厅——英国商业中心——举办盛大舞会以庆祝博览会的成功。据阿尔伯特亲王回忆，至少有100万伦敦人前来参加，一直狂欢到黎明才散去。即使在公众面前，维多利亚女王也不掩饰对阿尔伯特亲王的仰慕爱恋之

[①] 英国维多利亚时代早期辉格派历史学家、政治家。

情，对他战胜保守的大臣取得如此辉煌的成就大加赞赏。私人生活中，就像阿尔伯特亲王希望国家未来生产的商品能够源源不断一样，这对夫妻也是源源不断地生儿育女：他们前后共育有 9 个孩子，第一个孩子在他们结婚后 9 个月就出生了。不幸的是，阿尔伯特亲王于 1861 年英年早逝，维多利亚女王成了寡妇，伤心欲绝之心吸干了君主制刚刚喷发的新能量。此后，白金汉宫没有提出过任何创新思想，再也没有深入涉及艺术领域。不过肯辛顿宫[①]另当别论。

托尼·阿姆斯特朗－琼斯对英国戏剧的热衷在王室掀起了一层大浪。1956 年 5 月 8 日，约翰·奥斯本[②]的戏剧《愤怒的回顾》在斯隆广场的皇家剧院进行公演。主角吉米·波特是一个反英雄式人物，如果放在今天无疑会受到"我也遭遇过"群众运动[③]的谴责。这个角色慢慢燃起了全国许多年轻人共有的怒火：他出身于工人阶级，受过大学教育，但后来却发现良好的教育并没有改变他的阶级地位。在奥斯本的书中（尤其是 1959 年理查德·伯顿在电影版中塑造的角色），吉米是一个冷酷无情、厌恶女性的人，一味将自己的愤怒发泄在上层年轻女性身上。托尼为这部戏剧和其他在皇家剧院上演的戏剧拍摄了许多宣传照片。他的这一举动为人们及时有效地介绍了文化新浪潮中的作者和演员。此外，还有肯

[①] 皇家官殿，亦是戴安娜王妃故居及威廉王子夫妇居住地。
[②] 英国剧作家，被称为第一个"愤怒"的年轻人。
[③] 英文是 #MeToo movement，旨在鼓励曾被性骚扰或性侵犯的人大胆站出来说出她（他）们过去的遭遇——当众说出：我也（Me Too）曾遭遇过。

尼斯·泰南。他是《观察家报》杰出的戏剧评论家，力捧奥斯本的作品，痛斥所谓安全的资产阶级"客厅"式戏剧，当时伦敦的大部分舞台上都充斥着这样的戏剧。《观察家报》的影评人佩内洛普·吉列特（丈夫是托尼婚礼的伴郎罗杰·吉列特）同样具有影响力，发现英国电影也面临着与戏剧同样残酷的现实，饱受阶级压制，如电影《金屋泪》《浪子春潮》《长跑者的寂寞》，以及后来由吉列特编剧的《血腥星期天》都遭到了压制。

如果杰基·肯尼迪看到如此有创意的作品，定会立即邀请其作者到白宫，并将他的作品视为国家文艺复兴的一部分共同庆祝。然而在伦敦，无论王室还是政党都不可能做到这一点——事实上，王室和政治阶层反将这些新剧和电影视为粗俗艺术，认为不适宜登上大雅之堂。如果说王室几代亲王跑到剧院后门与无名之辈们一起排队进剧院，就是王室参与伦敦剧院活动最直接的行为的话，似乎显得有些不敬。这些亲王进入剧院的更衣室，寻找他们倾心的女演员，获得她们的初夜权，他们还有一些长期的中间介绍人。剧院的管理者们对此也是睁一只眼闭一只眼，因为这样反而可以帮助他们宣传。他们的这种行为放在现在，和性交易集团似乎没什么差别。

当女王高高在上，对不断发酵的艺术复兴无动于衷时，托尼和玛格丽特却在其中游走。玛格丽特从小就表现出不凡的音乐才能，弹起钢琴自信大气，一边弹琴一边带着家人即兴演唱流行歌曲，给父亲带来无限快乐。她的舞姿自然优雅，歌声高昂动听。成年后更是拥有一副女高音的嗓音。王宫特意委托一家制造商以她的名义推出了一款立式钢琴，上面刻有玛格丽特·罗斯公主的名字（我就有一台这样的钢琴，是从《新音乐快讯》编辑那里得来的）。除此之外，她还对爵士乐有着浓厚的兴趣，收藏了许多爵士乐唱片，一开始还局限在转速为75rpm范围内的唱片，后面越来越全面，其中还有密纹立体声唱片。贝西伯爵在皇家音乐大厅演出时，她一天就去看了两场——表现出她对真实生活的热切渴望（我自己深有体会），因为就算是英国的大乐队也不如美国音乐家们那样有感染力。路易斯·阿姆斯特朗[1]来伦敦演出时——当时他的保留节目主要是针对普通大众，并不是爵士乐迷——表演结束后，玛格丽特专程会见了他。当听到她竟然读过研究爵士乐和蓝调音乐的历史学家艾伦·洛马克斯[2]的作品时，阿姆斯特朗备感惊讶。公主会见他主要是想和他谈谈他在新奥尔良的音乐起源。阿姆斯特朗对记者说："你们的玛格丽特公主可是个很时髦的女子。"

托尼是个音乐盲，不懂得欣赏。但是他带了一帮朋友来参加他的婚礼，这些人都是戏剧、电影、电视、新闻和视觉艺术界的精英。这些艺术家挑战了以女王陛下为首的审查员们的极限，越是不允许的，这些人做得越欢，让审查员们头疼不已。玛格丽特发现自己同时生活在两个世界中，两个水火不容的世界。可以说她处于一种精神分裂的状态之中，由于她的王室血统，这种精

---

[1] 爵士乐坛无人不知、无人不晓的大人物。
[2] 美国民族音乐学家、收藏家，记录收藏了成千上万的民间音乐歌曲。

神分裂症是她独有的：她一边享受着鄙视特权的人的智慧，一边还要顶着自己身为王室成员的头衔。但对她来说事情远比这还要棘手。这两个世界分别用带有偏见的放大镜来看待她和她的行为。

结果，她在两个世界里都没有得到最好的结果。为了深入了解托尼所代表的人群，她经历了几个阶段的调整才融入他们的生活圈子。他们不像汤森德事件之前和之后"玛格丽特的人际圈"，那时她所交往的人都受过良好的礼仪训练，懂得什么时候跪拜，如何根据地位尊卑在桌前就座，以及只有等她起身离开后他们才能动身等细节。披头士乐队的乔治·哈里森[①]说有一次他们想回家，但是因为公主没走，他们就都不敢离开——最后公主因自己的疏忽向大家道歉然后才离开。尽管有所调整，但是新社交圈中的大部分人对于她身上所带的王室贵族气息还是感到难以接受。托尼是个细心之人，为了让玛格丽特感到舒适，他给她介绍的都是一些非常聪明的人。如果换个场合，这些人的聪明才智都是令人敬畏的。玛格丽特显然被这些人深深吸引，与以前她所交往的上层社会中那些庸碌无为的人相比，她更愿意与这些人交往。

但是两个世界的人又都具有一些根深蒂固的特点。在舞台和荧幕上表演造作的演员们往往都比较自负敏感。这样的人总是当面

[①] 英国著名的吉他演奏家，歌手，作曲家，专辑制作人以及电影制作人，披头士乐队成员之一。

一套背后一套，当着你的面他们满脸堆笑说着恭维话，转头就会对着别人说你的坏话——要么就是在他们的日记里对你恶语相加。他们中的一些人很具模仿天赋，能用玛格丽特那种"上层社会女子过分热情"的语调复述她的对话。而玛格丽特（不可能自我模仿）经常向托尼抱怨这些人在她面前太随意了。玛格丽特对艺术持有强烈的个人看法，常常无所顾忌地直言不讳，这让一些人很难接受。 例如，她曾宣称不喜欢斯蒂芬·桑德海姆①的音乐，便憎恶到不屑发表任何意见，表现得好像一个无知者一般。事实上，和其他人一样，她的观点也是受制于个人的认知和审美，虽然主要受天主教影响，但有时也很保守。只有为数不多的几个人看懂了玛格丽特的处境，戈尔·维达尔是其中之一，他说玛格丽特的地位如此之高，就不应该太聪明——这番话不仅对玛格丽特，对王室里的平庸之辈寓意都很深。

塞西尔·比顿在日记中对玛格丽特的描述极具侮辱性。他形容玛格丽特是"一个可怜的小暴君""一个富有的海滨女房东"和"一个小口袋妖精"。他对托尼的形容也不亚于此。比顿看到托尼不断崛起，跃为公认的摄影天才，而使自己的作品——曾经被誉为开创性的作品——变得老旧过时，多少感到有些愤愤不平。托尼逐渐也发现虽然自己的社会地位节节攀升，但是世人对他的公开攻击也随之而来——有些攻击甚至来自他认为是朋友的人。

---

① 美国作曲作词家，号称概念音乐剧鼻祖。

我从托尼的一个朋友塞德里克·普莱斯那里直接感受到了托尼所受到的巨大伤害。普莱斯是一位年轻有为的建筑师。在一次设计公开赛中，托尼招募普莱斯和结构工程师弗兰克·纽比共同为伦敦动物园设计了一个新鸟舍。他们的设计因突破了动物园的传统设计（也是动物园设计重大变革的前兆），最终成功入选。一些流行日报指责大赛评委们因为托尼的特权地位而做出不公正的评判。人们还给这个鸟舍起了个名字叫"托尼的鸟笼"，讽刺他"只是英国领先的鸟笼设计师之一，算不上什么炙手可热的专家"。鸟舍的设计同样新颖独特、宏伟壮观，但是却没有人因此联想到阿尔伯特亲王的水晶宫。鸟舍只是规模没有水晶宫大，但是却没有得到公众对待阿尔伯特亲王的创意那样热烈的欢迎。托尼去世后，伦敦动物园在成立50周年之际，正式授予此鸟舍建筑地标的荣誉。当托尼受邀加入工业设计委员会担任顾问时，这种对特权阶层的小偏见再次爆发。托尼加入设计委员会有自己的想法。他想让工业设计师们在设计时能够考虑到残疾人的特殊需要——他患过小儿麻痹症，恢复时坐过一段时间轮椅，自己的亲身经历使他深知残疾人出行的不便，期望人们能用新的视角来看待这一问题。他在委员会的工作是没有报酬的，办公室也很小，但舰队街又一次对他进行了猛烈抨击。他有什么资格？他能为英国工业做什么贡献？他不过就是一个"娶了一个王室成员为妻的摄影师罢了"。这份工作被歪曲成给一个失业的人准备的一份"闲职"。在这些抨击指责之中，报纸始终持有一种奇怪的偏见，不相信平等主义有时是横向运动的，而不是上上下下运动的。这些报纸也不理解托尼其实只是想利用自己的新职位做一些有创造性的事而已。

好在托尼坚持了下来。他在王宫有一个支持者，那就是菲利普亲王。菲利普亲王虽然不可能像阿尔伯特亲王那样有谋有为，但是他也在出国访问过程中，无数次听到人们抱怨从英国出口到前殖民地的货物质量有多么低劣，设计有多么低端。这些前殖民地国因为与英国存在的传统关系，只是碍于面子才无法拒绝英国的进口货物。除了英联邦各国以外，其他国家的人们也抱怨无论英国的产品销往哪里，产品上的标签和操作说明都只有英语一种语言。菲利普亲王就此事发表了几次讲话，结果却被人误解为他是对产品包装箱不满而受到嘲讽。

* * *

看到托尼和玛格丽特在一起的人，都能感受到他们的恩爱甜蜜。他们的一个朋友曾说："无论有没有他人在场，他们始终都是十指紧扣。"即使当着玛格丽特的面遇到老情人，托尼也能装得若无其事。1961年，礼节性地与王室成员度过圣诞节之后，他们来到爱尔兰的比尔城堡，拜见托尼的母亲安妮（罗斯伯爵夫人）和她的第二任丈夫迈克尔·帕森斯，富有的罗塞伯爵。社会上一些傲慢的人认为安妮是专门攀附他人而活的人，并称她为"拖船安妮"，因为她时不时就"从一个同伴漂到另一个同伴"身边。城堡的壁炉中燃起了火焰，也照亮了这场家庭聚会，成员有：比利·华莱士，玛格丽特家族古老部落中最顽固最庸碌无为的一个人，及其妻子，还有杰里米·弗莱和他的妻子卡米拉。托尼当时是否知道卡米拉的新生女儿波莉是他的亲骨肉，我们不得而知，但玛格丽特肯定不知道他和弗莱夫妇三人之间苟且偷欢之事。她当时深陷爱情之中，根本看不到家族聚会中隐藏的任何秘密。

乔治六世的两个女儿性格迥异。玛格丽特热情活泼、爱好音乐，广猎英国文化，提倡文化变革；而年轻的伊丽莎白，一直生活在未来职责的阴影之中，显然缺乏妹妹身上的那种活力，更丝毫没有妹妹骨子中的那种叛逆，或许只有她这种性格才能做好女王。虽然伊丽莎白被锁定在君主的角色上，却丝毫不知道如何成为一名君主，更不知道如何成为一名现代君主，所以造就了伊丽莎白保守刻板、不善言辞的性格。而妹妹则与之相反，性格反复无常，变幻莫测。肯辛顿宫的沙龙轻松自由充满乐趣。相比之下，人们受邀赴温莎堡与女王共进晚餐时，必须拘泥于所有精细入微的仪式。正如詹姆斯·波普－轩尼诗所说的那样，女王不懂得如何在晚宴上与人交谈。她从不允许大家一起交谈。人们只得一个个排队等待，轮到自己后才能开口说话。她会认真准备谈话内容，避免说出不合时宜的话：谈话内容都是浅层表面的，每个话题都有其特定的范围。外面的世界越来越难以预测，但在这张桌子上，世界就像餐巾纸和餐具一样，整齐摆放在固定位置：知道自己的位置才是最重要的。

第九章　嘲讽大不列颠权威人物

　　国王赤裸的大肥臀冲着街道，几乎把圣詹姆斯宫①的大门都占满了。罗伯特·沃波尔②（第一位有能力辅佐君主创立首相办公室的政治家）在后面立了一根柱子便于人们献吻，以示对国王大肥臀的崇拜。这幅漫画是一位匿名画家于 1740 年所作，在一家印刷品店出售。这类印刷品店很多，里面的印刷品都体现了这种新型且强大的社会评论形式，满足了公众的胃口。漫画的题目可以称之为《偶像崇拜》抑或《晋升之道》。沃波尔有力地控制了国王乔治二世的权力，这引起了公众的怀疑，人们怀疑首相在与国王的交易中是不是恭维谄媚过头了。没人——可能就除了国王本人以外——觉得这幅内容粗俗的漫画有什么侮辱之意。怪异丑陋的肥臀大胸是漫画家们的常用内容，适用于描述所有上层阶级和特权阶级。"放屁"一词常用来公开讽刺各种政治争斗。好在文斗胜于武斗。

---

① 英国君主的正式王宫，英王亨利八世在 1530 年下令开始建造的。
② 第一代奥福德伯爵，英国辉格党政治家。

汉诺威[①]王室成员——他们的一些身体特征至今仍在一些王室成员的 DNA 中显现——一直忍受着一定程度的公众嘲讽，到了 20 世纪上半叶，这种嘲讽已达到了不可思议的程度。汉诺威王室成员也的确为公众提供了丰富的嘲讽素材。1787 年，最著名、最狂野的漫画家詹姆斯·吉尔雷[②]画了一幅乔治三世、夏洛特女王和威尔士亲王坐在国库门外大吃海喝的漫画。漫画中的他们一个个狼吞虎咽尽显贪婪相，以讽刺他们如此这般挥霍国库的行为。当时议会刚刚同意为亲王偿还所欠债务，按今天的货币计算，数额大约为 3500 万英镑。王室如此肆意的挥霍令人咋舌，但却又是堕落的王储之常态。王储在伦敦购买的豪宅卡尔顿宫也得到了财政部的资助。吉尔雷常把他描绘成一个大腹便便、有头无脑的酒色之徒。吉尔雷公认的杰作当属 1792 年的一幅蚀刻画，此画精细准确地描绘了一对王室夫妇的欢愉之景。1791 年，乔治三世的二儿子约克公爵迎娶了普鲁士的弗雷德里卡公主。公主身材娇小，一双纤纤玉足，身着锦衣华服。吉尔雷用精致的画笔描绘了公爵夫妇新婚之夜的亲密画面：公主两只细长的脚踝，一双镶有钻石的拖鞋散落在地，公爵搂着公主的腰，她的双足之上可见公爵的那双沉重带扣鞋。这幅画的标题是：《视觉反差》或者《小脚屈从于大脚》。

[①] 1692 年—1866 年间统治德国汉诺威地区以及在 1714 年—1901 年间统治英国的王朝。
[②] 英国讽刺漫画家和版画家，他的蚀刻版画政治和社会讽刺性强。

如此有力的评论方式为何不再受人尊重了呢？18世纪的大部分时间里，王室成员的日常生活与伦敦人民的日常生活是相融相交的，但是自从维多利亚女王及其家人搬进白金汉宫后，他们的日常生活就与人民的生活基本隔绝。乔治王朝时代的漫画家们所描绘的王室成员，脸上尽显冷漠轻蔑，反映出随着首都城市的高速发展，各阶层之间的社会关系也变得彼此"冷漠"了。到18世纪中叶，伦敦的人口占了英国总人口的1/10。1700年首都的人口为67.5万，而到了1801年人口就增长到近100万，成为第一个国际化大都市。欧洲没有哪个城市能赶上伦敦的发展步伐。伦敦形成了三个权力中心，分别是：圣詹姆斯宫、威斯敏斯特议会以及向东一英里[①]左右的金融和商业巨头们。沃波尔之所以能够为初期君主立宪制制定新规则，部分原因在于，那些依靠工业革命和迅速发展的国际贸易创造财富的人希望在管理国家方面拥有发言权，推进国家现代化发展。就这样代表了大约1000个家庭的暴发户与代表了大约4000个家庭的贵族世家在伦敦交杂融合在一起。

在这样一个人口稠密的都市中，人们对八卦新闻和娱乐新闻总是特别有胃口——只不过大部分都是针对君主的。吉尔雷最喜欢描绘的威尔士亲王就为媒体提供了大量八卦和娱乐新闻，特别是亲王与一个两次丧偶的天主教徒菲茨赫伯特夫人的长期恋情。结合以后所要发生的事，如果对威尔士亲王进行心理分析的话，这

[①] 英制长度单位，1英里约等于1.6千米。

些材料足以解释为什么他总是渴望年长女性的爱抚。当时王室能够允许人们公开嘲讽的原因可能是，如亨利·菲尔丁[①]所写的，伦敦是"贵族和随从、贵妇和侍女汇聚在一起，形成一个共同体的地方"。另一位观察家说，伦敦如"一个假面舞会……在这里，所有的等级差别都消失了"。每夜在沃克斯豪尔花园里狂欢的人，时而随着亨德尔[②]的轻音乐翩翩起舞，时而沉醉在亨德尔欢快的咏叹调中，他们戴着面具，在这短暂但充满激情的邂逅中，暂时消除了所有的阶级束缚。但是，这种肉体和欲望的碰撞也有不那么吸引人的方面。优雅的衣服下常常掩饰着久未洗浴过的身体——即使上层社会的人也很少洗澡。他们使用的香水、胭脂和香粉比肥皂还多，全靠这些东西掩饰身上的恶臭和缺陷。

20世纪60年代早期，真正像伦敦人一样生活的王室成员只有托尼和玛格丽特，他们富有18世纪伦敦人的随性和活力。令玛格丽特的安保人员惊愕的是，托尼会骑着摩托车载着玛格丽特去参加各种夜生活。摩托车的安全头盔和面具一样，有效地掩饰了他们的身份。他们经常与一大群人混在一起，这些人才识过人，致力于恢复18世纪大都市直指权威人物的傲慢和讽刺。不过现在随

---

① 18世纪最杰出的英国小说家、戏剧家，英国启蒙运动的最伟大代表人物之一，被沃尔特·司各特称为"英国小说之父"。
② 乔治·弗里德里希·亨德尔（1685—1759），德裔英国巴洛克风格的作曲家，被认为是巴洛克时期最伟大的作曲家之一。

着戏剧、电视和新闻业的兴盛,针对权威人物的恶作剧日益增多,讽刺效果也将更加强大。

现在必须摈弃过去恭敬顺从的习惯。但要准确地确定英国人究竟是何时以何种方式摆脱了对权威人物(从高等法院法官到坎特伯雷大主教)本能的顺从心理,不是一件容易的事。在这些权威人物中,女王享有豁免权,极少受到公众的嘲讽。据一项民意调查显示,直到20世纪60年代中期,几乎1/3的民众都认为女王是上帝之意。有了这种神化女王的心理,若还有作家胆敢讽刺女王,就有可能招来亵渎神明之嫌——甚至更糟。如我们在奥特林厄姆事件中所看到的那样,一位受人尊敬的公众人物提出的合理批评竟也能引起公众如此强烈的反应。

然而,有一个人却不畏舆论,蓄势待发。他就是被誉为新一代讽刺作家精神之父的马尔科姆·穆格里奇[①],在奥特林厄姆之前就敢于对王室进行猛烈抨击。穆格里奇擅长辩论,是英国获得"电视名人"称号的第一人。他曾是战时的一名间谍,左派最讨厌的记者。到了中年成为一名电视名人,但由于他对君主制的攻击太过猛烈了,英国广播电台对他下了禁播令(用"开除"一词可能更贴切,因为这次争论几乎引发了一场宗教狂热)。1955年,他为《新政治家》写了一篇文章,上面说:"应该为王室提出合理建议,以防他们自己以及他们的生活沦为一场皇家肥皂剧。"这是穆格里

---

① 英国著名记者、讽刺作家。

奇第一次抨击王室，与奥特林厄姆不同的是，穆格里奇抨击的对象是君主制体制，而不是针对女王本人或家庭中的某个成员。这篇文章一开始并未引发人们的注意，直到两年后发行量极大的美国周刊《星期六晚报》对此文章进行修改补充后，以标题《英格兰真的需要女王吗？》出版后才引起人们的关注。穆格里奇因此不仅被英国广播公司开除，还被加里克①俱乐部排斥。历史学家乔治·克拉克爵士甚至说，他应该当众受鞭刑。穆格里奇承认自己可能犯了一个错误，不应该批评君主制滑稽可笑。但他又说，既然君主制受到人们如此狂热的支持，那就更应该认真对待。

1960年夏，穆格里奇因在伦敦西区上映的四人秀节目《边缘之外》而成为英雄。该节目在伦敦上映之前进行过一次省级公演，受到的评价褒贬不一。《观察家报》的泰南称赞这部电影是当代讽刺文学创作的一次突破。参加表演的四位演员艾伦·班尼特、彼得·库克、乔纳森·米勒和达德利·摩尔都成了当红明星。他们四人的宣传画如助燃剂一般，浇在社会动荡之火上，引发熊熊大火。虽然如此，但他们并不是阶级战争的纵火犯，也不是激进的叛乱分子。库克主要负责节目的编剧，大部分是由他完成的。他来自一个殖民地公务员家庭，在剑桥学习法语和德语。摩尔来自埃塞克斯郡的工薪阶层，是一位音乐天才，曾获得牛津大学的风琴奖学金。米勒来自伦敦北部的一个犹太家庭，父亲是一名儿科心理学家，

---

① 英国演员，剧作家，戏剧导演。

母亲是一名小说家，米勒本人在剑桥学医并取得了医生从业资格。班尼特的父亲是利兹市的一名屠夫，他本人在牛津大学埃克塞特学院获得历史专业第一名，并教授了一段时间的中世纪历史。

所以这就是1960年对顺从的蔑视以及平等主义到来时的情况——至少在特定群体中表现出来的是这样。就《边缘之外》这个节目本身而言，体现的并不是平等主义对特权主义的最终胜利（这项使命在英国从未得以完成）。我们看到的是特定时期大都市人们特定态度的变化。这种态度有选择性但具有一定影响力。四位演员并没有任何政治意图。他们不仅是天生的表演者，在各自领域中也是才华横溢。库克的作品充满幽默讽刺，特点鲜明——他模仿的哈罗德·麦克米伦让观众瞠目，从未见过有谁能如此无情地对待一位政治家。摩尔和库克搭档，感到轻松愉快，他们为节目中的一个白痴学者皮特和助手杜德之间设计出了许多超现实对话——痛斥了工人阶级的自命不凡。米勒喜欢表演，尤其对知识分子的那种自命不凡拿捏到位，但却因过于博学而缺乏讽刺之意。班尼特对英国的阶级差异有着相当准确的洞察力，并用语言精准表达出来，他能够透过语言表象揭示隐藏的实质，因此成为当代影响力最持久的剧作家之一。

库克对待麦克米伦的态度与穆格里奇和奥特林厄姆对君主制的攻击有异曲同工之效，警示所有当权人物，谁都有可能受到世人嘲讽。起初这些嘲讽确实起到了震撼作用。像君主一样，政治家们已经习惯于免受嘲讽平安度日的生活；但是从19世纪中叶开始，人们嘲讽的目标就从君主转向了政治阶层。其中一个原因是，王室成员不再像乔治王朝时代那样"融于"伦敦社会，而是退居白金汉宫中，包裹在一层保护罩之中。穆格里奇曾发出预警，应将注意力转回王室："如果将王室凌驾于世人的嘲笑、批评之上，凌驾于凡人世界之上，最终王室将失去人性，君主制也有可能患上急性贫血而死亡。"这就提出了一个问题，即王室需要怎样做才能有"人性"——这个问题无人能回答。

由库克编剧旨在嘲讽首相的表演，激起了哈罗德·麦克米伦的兴趣，在桃乐茜夫人的催促下，他亲自观看了表演。库克在台上看到台下观演的首相，于是开始即兴发挥，使表演的讽刺意味更浓。麦克米伦很不喜欢这种讽刺形式，也欣赏不了这种艺术。然而他和库克都没有看到这一幕的真正讽刺：被库克所嘲笑的麦克米伦正是首相自己精心打造的公众版形象，一脸无精打采，典型爱德华七世时代人慢悠悠的样子——但是事实上，麦克米伦是一个冷酷的政治斗士，只不过打造了这样一个面具来掩饰自己的急功近利。还有一个嘲笑麦克米伦的事件，最终也是适得其反。《伦敦标准晚报》的资深漫画家维姬在一本漫画书中将他描绘成一个披着斗篷的英雄，名叫"超人"。在这个"超人"角色中，作者讽刺他是一个世界政治家，哪里有危机，只要找他出马，必能解决。但麦克米伦的确没有辜负这个角色，在肯尼迪和赫鲁晓夫之间成功斡旋，调和关系。漫画中嘲笑麦克米伦妄想强化英国在世界的影响力，许多人反而认为他实际上在这方面确实卓有成效。

因此，从上层提升这位"超人"的表现力的重任就落在了女王身上。为此，当麦克米伦需要她重返非洲解决一场外交危机时，她答应了。1957年，魅力型革命者克瓦米·恩克鲁玛领导前殖民地黄金海岸获得独立，并成为新加纳国的首任总理。1960年加纳成立共和国后，他任总统。恩克鲁玛年轻时曾在美国生活了10年，成果丰硕，获得了文学和理学双硕士学位。在那里他就下决心要将非洲殖民地联合起来，推行泛非革命运动，最终获得自由。在美国的学习经历使他的洞察力更加敏锐，洞察到如何充分利用西方和苏联之间的冷战形势以达到自己的目的。他了解了埃及的纳赛尔是如何说服苏联人出资在尼罗河上修建大坝的，他也想在沃尔特河①上修建一座大坝。于是他出国访问了莫斯科，看上去好像加纳要走上埃及曾走的那条路——退出英联邦，成为苏联的附庸国。肯尼迪总统对此事十分警觉，向麦克米伦表达了自己的担忧——两位领导人都担心恩克鲁玛会成为一个独裁者。但实际上恩克鲁玛赌的是，假装投奔苏联让西方国家出出丑，这样他就能在修建大坝的融资问题上获得一个更满意的结果。

一场复杂的冷战游戏拉开序幕，也没人指望女王能够解决这个问题。之前由于身怀三王子安德鲁，她不得不推迟计划好的访问加纳之行。生完孩子之后，她想继续访问加纳，但是加纳当时国内形势很紧张，也不安全。加纳爆发政治内讧，首都阿克拉发生了两起炸弹爆炸事件。于是麦克米伦派英联邦国务大臣邓肯·桑迪斯去阿克拉评估风险。女王的老导师丘吉尔致信麦克米伦，首

---

① 西非的河流，加纳的主要饮用水资源。

先表示了对女王此行安全的担忧,同时担心女王此行有支持"一个彻底独裁"政权之嫌。但是桑迪斯的评估报告表示此行安全,因此女王决定前往。她对麦克米伦说:"如果我畏首畏尾不敢访问加纳,而让赫鲁晓夫趁机前往得到拥戴,那才显得我愚笨。"

事实证明,王室在前殖民地魅力依然强大。这次访问中最引人注目的部分是一场国家舞会,展示了以君主为首的帝国魅力。女王和恩克鲁玛一起走上舞池,照片传遍全世界:如果远在莫斯科的赫鲁晓夫看到了这旷世少有的一幕,定能理会这场精心策划的加伏特舞所蕴含的深义。这是舞池中的两个舞伴共同策划的。英国广播公司的记者更是不失时机地追捧,大肆宣扬加纳人民有多么为女王而"疯狂"。当两国元首乘着一辆敞篷车经过阿克拉时,"女王表现得泰然自若",女王的"泰然自若——没有太多笑容——恰到好处"。恩克鲁玛仅仅通过调动臣民表现出对女王的奉承,就让反对者们无话可说。

这对麦克米伦来说并不重要——重要的是恩克鲁玛和加纳又回到了英国这一边。现在麦克米伦要做的就是确保肯尼迪出钱修建沃尔特河大坝。他给肯尼迪打了个电话,直截了当地说:"我拿我的女王冒险了,你必须拿你的钱冒险了。"这笔钱最终得以按时交付。

女王坚持访问加纳表现出了极大的勇气和决心。一是因为她做女王的时间已经足够长,另一方面是因为她本人非常关心非洲的未来,她相信非洲人有能力区分政客们的眼前利益和他们对她残存的感情——毕竟,当命运突变,成为女王时,她在非洲。当她庄重地坐在恩克鲁玛旁边时,也在估量他的能力。后来她在给一位朋友的信中写道,他的世界观"混乱不清",对自己和国家有野心但却"虚荣自负"。恩克鲁玛在1966年的一次军事政变中被罢免,再也没有回到加纳,余生大部分时间都在几内亚流亡。之后加纳的军事统治者换了一拨又一拨。尽管如此,加纳,这个仅次于南非的第二大黄金来源国,却拥有世界上增长最快的经济体。最重要的是它仍然是英联邦的一员。

麦克米伦承认他因此欠了女王一个人情。他写道:"她尽心尽责,力争成为女王而不是傀儡。"她的首相们从来没有把她视为傀儡。但直到现在,也没有哪位首相认为有必要遵从她的意见,如艾登在苏伊士事件的表现就是一个例子。麦克米伦更懂得如何利用君主。

然而,虽然女王在处理非洲变革方面展示出了高超能力,但是白金汉宫仍然在以马拉车的速度发展。英国研制出了世界上第一架喷气式客机"彗星",一举将人们的飞行速度提高了一倍。但是,这个国家处理国事的方式和速度仍与维多利亚女王时期并无二致:将国家事务写在纸上装进红盒子呈上女王,再返还到大臣们的手中。每个工作日早上10点,一辆马车都会准时停靠在白金汉宫的王室司库入口。女王的信使将她在24小时前读过的文件装进盒子里放入马车,马车穿过伦敦的车流驶向白厅、圣詹姆斯宫和维多利亚女王纪念碑。车夫穿着制服,对周围的喧嚣视若无睹。出租车和公共汽车都要给这辆马车让路——浮躁的现在为顽固的过去让路,这就是一个民族将以新方式学习成为现代英国人的同时又要容忍刻板僵化的制度所形成的对比图。

对于这种新社会与旧思想共存的现象，首相表现得沉着冷静。舰队街为他打造了一个"镇定自若"的标签并一直沿用下去。在解决王室姓氏之争一事中，菲利普亲王对待女王的态度令麦克米伦感到不安，但是当时他自己的婚姻也是一团糟。在这个人们对公众人物异常好奇的10年里，首相和君主都希望并需要为自己的私人事务保留一些私人空间。他们彼此意识到这种需要了吗？

第十章　麻烦缠身的菲利普亲王

1960年年末，菲利普亲王接受了一位艺术家的请求，为他画一幅肖像。至于这位艺术家的名字，他并不熟悉。由于是受《伦敦新闻画报》的委托，菲利普亲王也就同意了。《伦敦新闻画报》是一份周刊，深受英国绅士的欢迎，也是牙医候诊室里流通的主要刊物。那位艺术家到达王宫时，菲利普一眼认出了他："天啊，你就是那个整骨医生。真没想到是你。"菲利普虽然忘记了他的名字，但是他的长相和声音依然记忆犹新。这张面孔将菲利普的记忆带回了已经模糊的过去。那是一个花花公子的过去，一个时常参加贵族与卖艺女、百万富翁和波希米亚人派对的过去，一个被婚姻剥夺了完整生活的过去。这位艺术家兼整骨医生名叫斯蒂芬·沃德。

菲利普和沃德相识已久。1946年除夕夜，菲利普和沃德同时应邀参加骑士桥[①]的一个派对，当时因为沃德的介入制止了一场争

---

① 伦敦街道名。

吵。派对上一个脱口秀喜剧演员上台即兴表演时，看见了穿着海军制服的菲利普。"很荣幸今晚有一位海军军官与我们共聚一堂，"喜剧演员说，"看来我的笑话必须够下流才行，否则好名声就让海军夺走咯。"菲利普一听，气得对他大喝倒彩。派对的主人正要制止他，沃德低声对他说："不要管他。那是希腊的菲利普亲王。"菲利普参加派对带的同伴是加拿大时装模特马克西·泰勒。6个月后，王室就宣布了菲利普与伊丽莎白公主订婚的消息。1947年年初，沃德搬到了卡文迪什广场的一所大房子。为庆祝乔迁之喜，他举办了一个聚会。菲利普受邀参加了聚会。沃德到白金汉宫画肖像时，菲利普首先想起的就是那个房子的地址。沃德在回忆中说："我们聊起了过去的日子、马球运动还有他大腿上长的那块罕见的'骑士骨'。"画肖像是沃德的一个爱好，对象通常是他的病人们。其中一位病人是艺术品经销商兼画廊老板休·莱格特，沃德为他画肖像时，给他留下了深刻印象。他对沃德说，如果他能为杰出人物画肖像，数量足够多的话，就可以在西区画廊为他举办一场展览。沃德有一个黑色的小笔记本，上面记录了他画过肖像的人，有哈罗德·麦克米伦、世界首富 J. 保罗·盖蒂和明星索菲娅·罗兰，当时她正在埃尔斯特里摄影棚拍摄电影《百万富翁》。莱格特的画廊为沃德成功地举办了肖像展，许多杂志也因此诚邀他画人物肖像。杂志编辑对他给菲利普画的肖像非常满意，直接放在了 1961 年 6 月 24 日那天出版的杂志封面上。菲利普目不转睛地盯着杂志封面，画像如电影偶像一般英俊潇洒、意气风发。肖像画配文："菲利普亲王所作所为，读者目知眼见，无须赘述，一切尽在此图中。"

菲利普诸多"所作所为"背后,历经了持续不断的挫折。姓氏之争虽已落下帷幕,但是对于最终的妥协协议,菲利普并不满意。沃德曾提到菲利普会打马球。看过他打马球的人都被他对待小马的无情方式所震撼。一个玩家描述道:"他骑的虽是小马但却如驾车一般,踩下油门小马就必须前进,一脚刹车,小马就要立即停下来,还要能迅速左转或右转。"还有一个玩家说:"他其实是通过打马球来摆脱所有压抑的情绪……几场比赛之后,他就会变成另一个人——压抑和挫败已消失到九霄云外。"

菲利普备感挫败的原因之一就是查尔斯王子。女王把子女的教育问题全权交由菲利普亲王负责,认为这是家庭责任的自然分工。菲利普没有遵循上流社会和野心勃勃的父母们的惯例,把儿子送到伊顿公学学习。菲利普相信自己所接受的教育,即从契姆预备小学到高登斯顿学校才是最佳的教育途径——显然,菲利普是想再复制一个自己,或者说是要将查尔斯王子培养成具有蒙巴顿式男子气概的人。然而,查尔斯王子并不太适应这种模式。用菲利普自己的话说,"学校就应该采取斯巴达式管理方式,纪律严明,将学生培养成自制力强、体贴周到并且独立性强的成年人"。但从菲利普自身来看,这些信条中"体贴周到"这一条看来是被替换了。他全然不考虑这个未来的王位继承人是否适合加入斯巴达人的行列,依然我行我素;然而只要稍加留心,人们就会发现查尔斯王子的性格更像一个雅典人。查尔斯王子在契姆预备小学的5年里,厌恶一切集体活动,无论是运动场上的活动还是课堂上的活动,他都感到深恶痛绝。他后来回忆说,他是一个孤行者:

"我总是喜欢自己一个人，或者一对一的交往方式。"女王清楚查尔斯王子的性格，也知道查尔斯的痛苦，但菲利普仍然一意孤行。1962年4月，他坚持把查尔斯王子送到了气候恶劣的高登斯顿学校。

第二个让菲利普沮丧但却难以言说的方面是他的性欲。在女王统治的头10年里，各个媒体一直觊觎这一个话题，充满了好奇，但又不敢出击。长期以来媒体一直遵循着一个惯例，有关王室成员性生活方面的信息是不能报道的。爱德华七世是近代君主中性欲极强的一个，但是爱德华七世时代的报纸对此从来都是闭口不谈。爱德华八世拜倒在华里丝·辛普森石榴裙下的故事虽然尽人皆知，但这段关系涉及肉欲的内容仍然是禁区。乔治六世从不拈花惹草，是忠诚的典范。相比之下，菲利普就显得相形见绌了。首先，拉塞尔斯对他进行审查后就提出过警告，他可能不会忠诚。而今新一代小报新闻业已立住脚跟，正四处寻觅丑闻。

菲利普的行为可以从两方面分析。第一个是他婚前的行为。菲利普英俊潇洒，精力旺盛，一个来自颓废的风流社会但是流离失所的欧洲王子，即使再天真纯洁的人，也不会相信他在迎娶伊丽莎白之前过着僧侣般的生活。然而，问题并不在于他曾经是怎样的一个风流浪子，而在于他结婚后，怎么可能如此轻易地结束浪子这个角色。生活越是多姿多彩、妙趣横生，告别这种生活的挑战性就越大。此外，菲利普还要承受作为女王之夫必须承受的心理负担，他要顾及女王的感情，女王的公众声望，以及一旦他在道德上迷失方向，公众会用何种眼光看待他的问题。如果没有全面了解"浪子菲利普"的经历，就很难理解他的这些心理负担。

舰队街第一次嗅到菲利普风流放荡的气味是在1957年，当时他刚刚结束为期4个月的皇家游艇"不列颠尼亚号"之旅。这次旅行他差不多环游了整个英联邦，从南极到肯尼亚，从巴布亚新几内亚到塞舌尔，全都留下了他的足迹。他离开伦敦的这次旅行正值英国苏伊士危机期间（以及蒙巴顿对女王的干预期间），同时错过了他结婚9周年的纪念日，也错过了桑德林汉姆府的圣诞节家庭聚会。小报未费吹灰之力就描绘出一幅亲王婚姻告急的画面——菲利普无视家庭和婚姻，在"不列颠尼亚号"与一群狂野的水手以及他的灵魂伴侣，也是他的私人秘书迈克·帕克欢天喜地。其实是帕克不经意间为报纸提供了突然袭击的机会。旅行结束后不久，帕的妻子突然以他通奸为由提出离婚（尽管她没有证据），他只得动身去了伦敦。无疑在过去的几年里，菲利普和帕克作为朋友的关系过于密切，就像菲利普结婚前结交的朋友那样。事实上，帕克太太真正在意的并不是丈夫与他人的调情，而是他对工作的全身心投入，无论白天黑夜只要菲利普召唤，他必然随叫随到。不列颠尼亚之旅被报纸戏称为"菲利普的荒唐之旅"，成为压倒他的最后一根稻草。

当时，舰队街的编辑们都想当然地认为，菲利普喜欢猎取有男子汉气概的男性。20世纪60年代全国人民才开始享受到避孕药带来的性自由和滚石乐队音乐的动感节奏，而伦敦早在这之前就是有钱有势之人的蜜罐了。对菲利普来说，有一个地方不仅可以与志同道合的人一起分享这种特权阶层才有的乐趣，还能神不知鬼不觉，这里堪称好色男人们娱乐消遣的社交总部。创立者是斯特林·亨利·那鸿,艺名为"男爵"的一名摄影师。在战后的伦敦,"男爵的肖像"是一种身份象征,广受商界、艺术界名流和上流社会人士的追捧。男爵的事业非常成功,他在梅菲尔①的工作室就像工厂一样,每天至少产出5幅肖像画,一次至少可挣30基尼②——这个价格在当时足够支付豪华酒店里的一间套房。托尼·阿姆斯特朗－琼斯从剑桥大学退学后,需要学习专业摄影的知识时,他的大律师父亲于是花大价钱请来男爵给他当老师。托尼充分把握了这次学习机会,掌握了在暗室中巧妙冲洗照片的技巧。1951年8月,他离开工作室,一年后在苏活区创立自己的事业。

早在托尼开始创业之前,男爵就在苏活区一家著名的英国海鲜餐厅"惠勒之家"找了一个包间,成立了一个俱乐部,每周午餐时间在那里聚会一次。这个俱乐部被称为"星期四俱乐部"。帕克夫人谈到星期四俱乐部就像谈到白金汉宫一样视之为敝屣,因为她丈夫在那里似乎比和她在一起时幸福得多。她说女王本人也把俱乐部成员称为"能给菲利普带来快乐的朋友"。如果真是这样的话,这里的"带来快乐"之意未免过于单纯。男爵死后出版的回忆录中阐述了俱乐部的宗旨:

我提议成立一个小俱乐部,每周与朋友在此相聚一次以减

---

① 伦敦的上流住宅区。
② 英国旧时货币名。

轻笼罩在我们周围的阴霾。我们不谈国家大事,不议国际问题,只叙生活琐事。我们在此尽情吃喝,倾心吐胆,共忆旧年。

在"惠勒之家"餐厅服务员的眼里,他们的午餐聚会看起来就像豪华版的橄榄球俱乐部聚会,充斥着粗俗的语言和色情段子(唱歌除外)。菲利普和帕克相互为伴,显然乐此不疲。斯蒂芬·沃德和另一位肖像画家也是如此——只不过与沃德不同的是,他是一位全职肖像画家,作品有着鲜明的现代主义风格——在艺术领域和社会中享有很高的声誉,他就是费利克斯·托波尔斯基。星期四俱乐部如一根丝线将男爵、沃德和托波尔斯基这些人联系在一起。从某种程度上也说明这根丝线有能力将生活轨迹完全不同的人联系在一起——政客、演员、大亨、贵族和王室成员。各类年轻貌美的女子,从初出茅庐的少女到秀场女郎慕名前来画肖像,向摄影师和艺术家诉说她们的生活和希望。她们其实在不知不觉中完成了一项非正式试镜,通过试镜的将被邀请会见星期四俱乐部的成员和菲利普所谓能"带来快乐的朋友",只不过这些朋友对"快乐"的定义更加广泛。

沃德给菲利普画的肖像出版后一个月,沃德又精心安排了一次这样的非正式试镜。在这个国家,一个人的政治和文化生活所带来的后果可能是灾难性的。对菲利普亲王来说,星期四俱乐部及其相关人员突然之间就给他带来了影响。1961年7月8日星期六,这个周末开启了一年中的最热日子——对于那些有条件的人来说,就到了回乡村避暑的理想时日。沃德当时去了克莱夫登庄园的一间小屋避暑。这个庄园是阿斯特家族的祖传邸宅(20世纪30年代,这里因作为宣扬绥靖政策的高层会晤之地而臭名昭著）。他和房东比尔·阿斯特计划周末举办一次家庭聚会，由于两家是邻居，所以他们的客人有的也相互认识。沃德有一位客人名叫克里斯汀·基勒，芳龄19，体态轻盈，是一名卡巴莱①舞者。阿斯特请来的客人中，有一位是麦克米伦的国务卿，专门负责战争事务，名叫约翰·普罗富莫。聚会的第一个晚上，基勒赤裸着上身在阿斯特的游泳池里嬉戏，这时普罗富莫出现了……

虽然这些事情发生时，我全然不知，但随着我在新闻界的事业发展，很快与之接轨。大卫·阿斯特接受了我提出的很多建议，改进了《观察家报》的内容呈现形式。我说服他相信一份严肃报纸的权威并不是取决于报纸的颜色是否灰暗版面是否密集。颜色灰暗版面密集是其他一些报纸尤其是《泰晤士报》秉承的理念。我还提出以更现代的版式将文章和照片呈现在报纸上，效果更佳。《观察家报》的销量因此得到提高，但我们最直接的竞争对手《星期日泰晤士报》（当时与《泰晤士报》没有关系）在新东家罗伊·汤姆森的慷慨资助下，正迅速进行着一场变革。汤姆森宣布《星期日泰晤士报》将推出一个使用优质纸张、彩色印刷的杂志版块，这在他的祖国加拿大很常见。汤姆森称之为"彩色副刊"，但这个名字却被评论家们抓住了把柄，声称这样做只是把广告从杂志拉到了报纸上，并没有提高报纸的质量。阿斯特完全接受了这一

---

① 一种歌厅式音乐剧，通过歌曲与观众分享故事或感受，演绎方式简单及直接。

观点，而我却没有。《星期日泰晤士报》总编丹尼斯·汉密尔顿是希望优秀作家和摄影师们能将该杂志视为一个新的、强大的作品传播渠道。《观察家报》没有那么财大气粗，因此无法与汤姆森相抗衡。管理层认为如果用我们自己的杂志反击《星期日泰晤士报》着实是冒险之举。《星期日泰晤士报》杂志创刊第一年亏损就超过100万英镑，但是阿斯特却异常兴奋。他高兴得没有错。这些损失对汤姆森来说只是九牛一毛，但是该报纸的发行量却增加了15万份。

我提议，与其创办一本杂志，不如把报纸的版面改成小报形式，这样会带来两个好处：一是版面数量增加近一倍；二是更容易将报纸分成不同版块，每个版块均可各具特色。我举了欧洲严肃报纸的例子，如法国的《解放报》，采用的就是这种模式。但阿斯特一听"小报"这个词就恼火，担心《观察家报》最终沦为豪华版的《每日镜报》。虽然我小心翼翼地用了"严肃小报"这个词，但他还是不肯让步。严肃小报最终还是在英国出现了，《独立报》《泰晤士报》和《卫报》都采纳了这种思路。有人（不是我）告诉《星期日泰晤士报》的丹尼斯·汉密尔顿，我因提议遭到拒绝而感到十分沮丧。汉密尔顿一直关注着我对《观察家报》所做的改变。他打电话给我，邀请我担任新杂志的副主编，我接受了。就这样我与《观察家报》"友好地分手了"。在《观察家报》还没工作多久就这样离开了，我确实也感到很遗憾；大卫·阿斯特是当时最伟大的编辑之一，该报社也是人才济济。

《星期日泰晤士报》杂志第一期的封面（在我去之前制作的）

恰当地抓住了时代精神，体现了我去皮姆利科区工作室拜访托尼时首次接触到的那种文化浪潮的时代精神：杂志上刊登了多张简·诗琳普顿的照片。她是当时英国最精致的超模，身着玛丽·奎恩特设计的裙子，摄影师是大卫·贝利（也是诗琳普顿的情人）——一个封面同时展示了三个时代偶像。杂志的编辑马克·博克瑟曾经是《女王》杂志的核心角色，托尼为他工作过。汉密尔顿对我说过，他希望我能将严肃的新闻报道与博克瑟出色的视觉效果结合起来。我们俩一拍即合。我在报社安顿下来后，惊讶于汉密尔顿对新人精心的培养方式。在他的引领下，该报摈弃了前东家凯姆斯勋爵坚持的保守主义。

我不愿就此安定下来，汉密尔顿对我异常宽容。1962年秋，我离开报社，去新创办的周刊《话题》新闻杂志当了一名编辑。不幸的是该杂志只持续发行了10期，因为杂志的持有人之一，也就是未来的保守党明星迈克尔·赫塞尔廷，没钱了。在离开《星期日泰晤士报》之前，我与汉密尔顿进行了一次交谈并和他提到了一个想法，这个想法最后成了《话题》杂志的使命：一份周报不应受新闻周期的影响，应有选择地对重大新闻进行更细致的分析。《话题》杂志停产后，汉密尔顿给我打了个电话。"回来吧，再带两个最优秀的人才过来。我们的报纸就按你的思路办。"

我们三个人（另外两人是罗恩·霍尔和杰里米·沃灵顿）到达位于格雷律师学院路[①]的《星期日泰晤士报》大楼的三个星期前，

[①] 伦敦卡姆登区的一条主要道路，得名于格雷律师学院。

也就是1962年12月14日下午1点左右，有人朝马里波恩区温普马厩街17号的大门，也就是斯蒂芬·沃德的家开了几枪。当时沃德不在家，但有两个年轻的女性：克里斯汀·基勒和另一个卡巴莱舞者曼迪·赖斯－戴维斯。开枪者是基勒的情人约翰·埃奇库姆，牙买加人，刚刚被基勒甩掉。枪击未造成人员伤亡，埃奇库姆于当天晚些时候被捕。《每日电讯报》报道："基勒小姐，20岁，自由模特，当时正在沃德医生家拜访18岁的女演员玛丽莲·戴维斯小姐……"

嘀嗒、嘀嗒……时不待人……

我们在《星期日泰晤士报》的第一项工作成果平平。我们只是对上周的新闻漫无目的地分析了一通，毫无意义可言。我们成立了一个"洞察力"调查小组，目标是调查"新维度中的新闻"。有人开玩笑说，叫"事后诸葛亮"才更准确。我们需要一个突破性的大故事，大到需要进行基线调查，足够我们条理清晰慢慢娓娓道来。终于，有一天我在《每日快报》认识的老朋友罗宾·道格拉斯－霍姆给我提供了一条新闻线索。他风度翩翩、善于交际，是一位自由撰稿人，同时还是夜总会的兼职钢琴演奏家，相貌融合了大卫·尼文[1]和莱斯利·霍华德[2]两人的特征。他给我打电话说，"去查一个名叫基勒的女孩，有故事"——语气神神秘秘的。"温普马厩街。一个政府部长刚从前门离开，一名俄国特工就从后门进去了。"

---

[1] 英国演员。代表作有《铁血忠魂》《尼罗河上的惨案》等。
[2] 英国舞台剧、电影演员，代表作有《乱世佳人》，曾两度获得奥斯卡影帝提名。

我问他这是个玩笑还是确有其事。他哈哈笑着说："自己找答案。"

一场旷日持久的猫捉老鼠游戏就此拉开序幕，一直持续到1963年3月底。在这场游戏中，我们展开了一个故事，但是这个故事仅仅是建立在广传的谣言基础上，各类报纸也只是蜻蜓点水式简单报道一下，还时不时地受到诽谤罪的威胁。《每日快报》的报道更接近故事真相：他们在头版刊登了基勒的照片，配有一篇报道，回忆了枪击事件的过程。隔了一个专栏还有一篇关于约翰·普罗富莫的报道，说是他已向麦克米伦递交辞呈，原因是国防部即将进行重组。报纸内页还报道了一个更大的故事，附了几张基勒照片，身上只裹了一条毛巾，摆着各种挑逗性的姿势。《快报》有1300万读者，但是也只有区区几百人（大部分都在威斯敏斯特）能会意这些加密信息所暗含的意思：《快报》还掌握了更多关于基勒和普罗富莫的新闻，但不敢冒险出版。这些报道对麦克米伦政府和普罗富莫施加了巨大压力，以至于3月22日，普罗富莫向议会发布了一项个人声明："我和基勒小姐的关系未有不妥之处。"他说他只见过一次一个名叫伊万诺夫的苏联海军武官做过此事（据传基勒同时与伊万诺夫保持着性关系）。这一事件中最具爆炸性的指控就是两个男人之间的联系，从某种程度上暗指枕边话这一严重安全漏洞。考虑到基勒还未达到老练世故的程度，因此我们认为这种指控是立不住脚的。此外，他还光明正大地威胁报纸，扬言："如果众议院外再有人提及或者重复此丑闻指控，我将毫不犹豫提起诽谤诉讼。"

《星期日泰晤士报》的律师詹姆斯·埃文斯全神贯注地翻阅了

我们的所有笔记。"干得好,"他说,"但是一个字也不能出版。"普罗富莫其实是在撒谎。这是有史以来对议会撒得最露骨的谎言之一。不过谎言很快就被戳穿。7月5日,普罗富莫辞职并承认了与基勒的丑闻——但不承认出现了任何安全漏洞。此时,经过长期调查我们已经研究了这起丑闻的整个时间线,在詹姆斯·埃文斯的技术支持下,我们发表了第一篇报道,标题是《丑闻三部曲》。在我们的调查过程中,有一个中心人物慢慢浮出水面,就像摄影师暗室里冲洗的照片,脸庞慢慢清晰:斯蒂芬·沃德。

我们的报道发表后的几周之内,就有人委托我们写一本相关的书。尽管只有三个月的时间,但我们至少有了深入了解丑闻的政治和文化背景的机会。在最后期限到来之前,我们其实还没有完成初稿,但是起码我们已经抓住了此事件的核心内容,这些内容无人能够复制,因为从未在任何报纸中明确报道过。例如,调查中我们很快就发现一个故事片段,直戳要害:菲利普亲王与斯蒂芬·沃德的关系。

一开始我们对沃德一无所知。但是我们很快就发现,作为一个整骨医生,他那双柔软灵活的双手,不仅给他带来了事业的成功,同时稳步提升了他的社会地位。我们发现他的早期客户中就有温斯顿·丘吉尔,当时的丘吉尔总是抱怨背疼。沃德在海德公园附近丘吉尔的家里为他进行过12次治疗。沃德告诉朋友们,每一次治疗都是一次意志较量,因为每次治疗前,丘吉尔都要让他解释清楚每一阶段的治疗目的。他的治疗显然非常成功,因为当沃德说他是一个业余肖像画家时,丘吉尔鼓励他从事绘画,"因为画作将成为永恒"。沃德治疗过的病人还有伊丽莎白·泰勒、艾娃·加德纳[1]、梅尔·费勒[2]和南斯拉夫的彼得国王。名单中没有提及菲利普的名字。显然,沃德广结善缘,能将生活在不同世界里鲜有联系的人联系起来,这些关系为他在富人和名人中确立了自己的地位。当时我们不知道另一个类似联系机构星期四俱乐部的存在——其实,我们从未发现过这个俱乐部的存在。

当我们得知俱乐部另一个成员,职业肖像画家费利克斯·托波尔斯基认识沃德时,我们对他进行了采访。托波尔斯基似乎很期待与我们分享,还没有给他任何提示,他就抢着说:"除了菲利普亲王,我什么都愿意说。"我们一听屏住了呼吸。这是第一次有人提到菲利普亲王。"好吧。"我们一边说,一边消化他刚说的那句话。我们询问后得知:原来托波尔斯基不仅知道关于沃德的有用信息,还知道所有去过温普马厩街公寓(曼蒂·赖斯-戴维斯和克里斯汀·基勒合租的公寓)的人,以及伊万诺夫拜访基勒的情况。至于是否继续追查菲利普亲王这条线索,我们决定暂时放一放——故事中的政治线索把我们引向了麦克米伦,以及首相为什么长期以来如此轻易就被普罗富莫的谎言所欺骗的原因。第二天,我们去唐宁街听取了麦克米伦新闻秘书非公开的简报。

两天后,《星期日泰晤士报》接线员给我接通了一个电话,

---

[1] 美国女演员。
[2] 美国演员,已故英国影星奥黛丽·赫本的第一任丈夫。

说一个名叫肖的人要"以官方身份"和我谈话。肖自称是安全局的一名官员，说如果第二天早上我能与同事霍尔和沃灵顿一起去圣詹姆斯公园地铁站附近的圣尔敏酒店与他会面，他将不胜感激。

我们按约定的时间到达目的地，直奔酒店三楼的一个房间见到了肖。我估计他有50多岁，身边站着两个年轻人，衣着体面——我感觉他们俩不像肖的手下，反倒像这次会面背后的真正主使。肖说他一直关注着我们在报纸上的报道，并说这些报道很有启发性。他问我们是否在写一本书，我肯定地回答了他。他还知道我们在唐宁街听取了简报。然后他把话语权交给了一个年轻人。很明显，他或多或少地知道我们所做的每一次采访，他问是否有人提到过菲利普亲王。我们三个面面相觑——又一次被惊到了。我说托波尔斯基的确提到过他，但我们对菲利普没有兴趣，因为他和我们讲的故事无关。

"无关？"另一个年轻人脱口而出，不相信自己的耳朵，好像被这几个字激怒了似的。"真的吗？"肖似乎也对我的回答感到惊讶。我向他们解释，普罗富莫引发的政治危机，还有即将对沃德的审判是我们这本书的重点。沃德已经被逮捕，罪名是"靠拉皮条为生"。这些已经足够我们忙一阵了。两个年轻人似乎还是不相信，但肖说："就这样吧。"会面就此结束了。没有明确的警告。我们走到街上时，沃灵顿说："他们怎么知道我们的每一次采访？"这确实令人不安，一直也没有找到答案，唯一合乎逻辑的解释就是，他们在报社内部有线人。后来我和一个熟悉安全局情况的人讨论了整件事之后，同时得知在军情五处沃德自己就有一个保镖，因为他自愿甚至有点迫切地提出利用他与伊万诺夫的联系人,告知他们苏联对伦敦的意图。综合这些信息,我们断定"肖"应该是军情五处的一名匿名官员,而另外两人很有可能就是白金汉宫的安保人员。

沃德其实是被权势集团所陷害。他不是皮条客,基勒和赖斯—戴维斯也不是妓女。但他作为名人之间的中间人,给他招来了杀身之祸。他位于温普马厩街的公寓曾是一个性交易中心。他把女孩们介绍给有权势的男人,双方在自愿的情况下发生性关系。有的人会因此结婚,但大多数不会。他刚被起诉,就成了过街老鼠人人喊打。他没有等到判刑的那一刻。陪审团还在审议结果时,他吞下了35格令[①]的戊巴比妥钠[②],剂量足以杀死一匹马,3天后在医院死亡。之后不久,最近加入"洞察力"调查小组的菲利普·奈特利汇报了他与一位律师的谈话。律师告诉他,在审判的最后几天,法官阿奇·佩洛·马歇尔爵士——一位脱俗的清教徒,被同事戏称为"母鸡"——接到了一个自称是"司法机构高层"的电话。那个人问马歇尔是否能给沃德定罪,法官回答说:"别担心,我会以'获得不道德收入'给他定罪。"

就这样,菲利普亲王躲过了人们的注意。他与沃德的关系,

[①] 历史上使用过的一种重量单位,最初在英格兰定义一颗大麦粒的重量为1格令。35格令相当于2.27克。
[②] 作用与苯巴比妥相同,用于动物麻醉实验。

除了星期四俱乐部的人，外人鲜有人知道。当时我们甚至没有发现《伦敦新闻画报》封面上沃德为他画的那幅肖像。

沃德自杀的前两天，一位衣着优雅的男子来到布鲁姆斯伯里的美术馆，那里正在举办沃德的绘画展。他买下了所有待售的王室成员肖像画，包括菲利普亲王、玛格丽特公主、格洛斯特公爵夫人和肯特公爵的肖像。他没有透露姓名，直接交了一张5000英镑的银行汇票就带走了这些肖像。人们再也没有见到过这些肖像。人们普遍认为，这名男子就是安东尼·布兰特爵士，女王的美术顾问，负责消灭全部有失王室体面的证据，藏了一肚子无人能享的秘密。

第十一章　金钱惹的祸

普罗富莫丑闻发生前的一个月,托尼又回来和我共事了。丹尼斯·汉密尔顿聘请他担任《星期日泰晤士报》的摄影师,虽然他主要负责的是杂志图片摄影,但却是以艺术顾问的身份聘任的。他与报社达成的协议是报社每年支付他5000英镑的酬劳,但他只工作9个月,其余时间履行王室职责。这在报社内部引起了很大争议,因为他的酬劳比大多数高级编辑的薪水都要高,此外,托尼到报社任职引起了那些惯常抨击王室特权阶层的批评家的恐慌。这其中就包括大卫·阿斯特,他在《观察家报》上写道:"利用女王的近亲来扩大和丰富汤姆森帝国,这对竞争对手来说极不公平。"我相信阿斯特的这番话是真诚的,但他的愤怒却是有针对性的——汉密尔顿抢先其他编辑一步意识到,摄影师托尼并没有打算搬进王室这个镀金笼子后就放弃自己真正的职业。杂志编辑马克·博克瑟看出了这一点后告诉汉密尔顿,汉密尔顿这才聘请了托尼。

不过,托尼并不是以安东尼·阿姆斯特朗-琼斯的身份加入报社的,而是以斯诺顿勋爵的身份加入的。玛格丽特公主怀孕后,她和王室都认为玛格丽特的继承人应该拥有一个头衔,这就意味着首先需要给托尼一个头衔。我知道托尼很看重自己的威尔士家族背景，和其他有名的威尔士人一样，他深感在英国文化的群星中，威尔士文化始终受到压迫。一开始我真没有想到托尼会以如此夸大的方式来表达自己对家族背景的重视，因为浮夸不是他的风格。但事实的确如此：他首先选择了卡纳文伯爵这个头衔，但可惜的是已经有人捷足先登使用了这个头衔。于是他又取了一座山的名字作为头衔，尽管是一座小山的名字。有些自作聪明的人说他小题大做，这也是难免的。一个月后，也就是1961年11月，一位王室继承人出生了，取名大卫，封为林利子爵。

我一开始在杂志部工作，后来进了新闻部成为总编，一直与托尼和马克·博克瑟合作密切，总是给托尼安排适合他的工作任务。托尼与报社达成的协议中还有一个规定，就是他的声望不能超过其他摄影师，包括全职员工和自由职业者。一开始他的作品落款是"斯诺顿勋爵摄"，后来直接简化为"斯诺顿摄"，这也体现了他标志性的简朴风格。

起初，和他一起共事让我感到很别扭，很不习惯——这不是他的问题，而是我的问题。如何称呼他的妻子就是一个尴尬的问题。对于这个问题托尼一直很坚定地让我称：玛格丽特公主。还有一个问题同样具有试探性，那就是身为斯诺顿勋爵的他是否会改变曾在我面前表现出的坦诚与自知。从我们首次在纽约合作的鲍厄里项目开始，我就很欣赏他的这一品质。他仍然没有在任何人面前炫耀他那时髦的伊顿公学口音，说话时尽显机智与灵敏，就像他与那些披着圣诞老人装备的倒霉家伙交谈时一样，没有什么改变。

当然，他并非完全没有改变。社会向前大胆地迈出了一步，他是唯一的实验对象：他是第一个获得温莎血统的平民。从表面上看，这似乎是一种积极的愿望：托尼和玛格丽特夫妇标新立异，能给这个保守刻板的家庭注射一剂迫切需要的兴奋剂。实际上，他们两个人都没有能力实现这一愿望，因为这本就是一场角色扮演，两个人的成长背景截然不同，生活习惯也各不同，表演起来怎能自然真实。在正式的公共场合中，托尼模仿菲利普亲王的做法，双手紧握背在身后，头微微前倾，跟在妻子身后，保持一步之遥的距离，显得和蔼可亲但又不那么引人注目。但是他看上去很无聊，他也确实觉得无聊。对于公共活动，玛格丽特从来没有像姐姐那样尽职尽责。如果是一个文化活动——比如电影首映，观看戏剧或芭蕾舞——她会欢喜雀跃，如果如平时一样由托尼陪伴着，那他们俩俨然是"摇摆的60年代"①的代表符号。但如果是去伦敦以外的地方参加类似市政项目庆祝会这样的活动，她会毫不掩饰自己厌烦的情绪，恨不能马上离开。

然而，新家庭优渥的生活不可避免地改变了托尼的生活。正是在这个新家庭中，他的生活方式明显地脱离了大部分普通人所熟悉的常态：他必须接受妻子和妻子的家庭认为的正常生活。玛格丽特的家庭有王宫任命的审计长负责管理，即尊贵的弗朗西斯·莱格

---

① 强调现代性和爱好乐趣的享乐主义，并重新配置了音乐、时尚、摄影、电影和青年文化的艺术。

少校（皮尔斯·"乔伊"·莱格爵士的侄子。皮尔斯·"乔伊"·莱格是乔治六世的贴身侍从，就是当年把两位年轻的公主介绍给彼得·汤森德的那位。由此可见，王宫是唯亲是用的官僚体制）。为托尼一个人服务的就有5个人：厨师、男管家、副管家、司机和男仆。专为玛格丽特服务的人有女管家、保姆、女佣、厨房女佣和梳妆女仆。托尼结婚前从没用过仆人。他一直过着自由散漫、放荡不羁的生活。每天早晨随便煎个鸡蛋，晚上一杯香槟就能凑合一天。灯泡坏了，摩托车出故障了，动手就能修理。而玛格丽特从小到大养尊处优，从未做过任何家务——连电热水壶的开关都不知道在哪儿。她身上散发着浓郁的罗曼诺夫家族[①]才有的那种王室特权优越感，而这种优越感是托尼永远也不可能拥有的。女王也被包裹在王室华丽的蚕茧中，但她别无选择，因为这是她工作的需要。但是玛格丽特没有义务继续保持这种生活方式，但她已经习惯了，难以改变。

然而奢华的生活是金钱打造出来的。托尼入职《星期日泰晤士报》时，我们正在着手调查一个问题，即已经习惯为王室的奢华生活买单的纳税人究竟为之付出了多少代价。我们从来没有和托尼讨论过这个问题，我也没打算采访他，再说即使我采访了他，他也不会回答。汉密尔顿答应过他永远不会和他讨论任何与工作无关的问题。不过我们已经做了足够的调查，至少了解到托尼入住

[①] 从1613年就开始统治俄罗斯的显赫家族。

肯辛顿宫 1A 号公寓后,因为装修耗资巨大而受到了不公正的攻击。对王室开支进行抨击的案例屡见不鲜,这次的抨击是由西法夫①议会的牛虻共和党工党议员威利·汉密尔顿发起的。他曾向负责维护王宫和庭院的工程部写了 100 多封投诉信。

肯辛顿宫不同于王室其他房产,从建筑上讲,肯辛顿宫是一座不折不扣的国宝。1689 年,在国王威廉三世和玛丽二世女王②的指导下,这座建筑开始了其作为宫殿的生涯。这座宫殿是由当时肯辛顿村的一座詹姆斯一世时期的豪宅改建而成。改造和扩建工作由克里斯托弗·雷恩爵士全权负责。他是王室工程的检验员,也是一位建筑师,为伦敦留下了前所未有的精美建筑。总的来说,这座建筑还算不上雷恩爵士最为独特的创造,规模比不上格林尼治皇家海军学院壮观。但是这项工程却体现了雷恩爵士对细节的控制力和非凡的创造力,外观朴实但是内部却精美绝伦、独具匠心,他对许多教堂的改造也是以此著称。他不仅自己才华卓著,还时常资助这个地区最出色的工匠们。

温莎家族的所有成员中,托尼是唯一一个能够感受到肯辛顿宫精致之处的人,工程部对这座宫殿的疏忽大意让他感到震惊。1A 号公寓曾在闪电战③中被燃烧弹击中。火灾和灭火过程中对公寓所造成的损伤从未得到过认真修复。现在整个公寓需要全面整

---

① 英国国会一郡选区,位于苏格兰。
② 罕见的有品位的两位君主。
③ 指 1940 年和 1941 年德国飞机对英国的空袭。

修，重新布置管道、电线和暖气系统，既要保证里面的生活现代化，又要尊重其原始工艺。像雷恩一样，托尼知道如何保留原始工艺，例如，他从教父迈克尔·达夫的采石场寻找铺在门厅地板上的黑白相间的威尔士板岩。他还专程拜访了自己的叔叔，著名设计师奥利弗·梅塞尔，向他求得了一个17世纪木工工艺的书柜。主客厅里的新壁炉实际上是个老壁炉，是托尼从一座正在被拆毁的维多利亚时代豪宅中抢救出来的。那块西班牙大地毯是伦敦市参议员捐赠的。那架袖珍三角钢琴是托尼的母亲和继父送给他的礼物。托尼自己即兴创作，在大门镶上了桃花心木板，使工程部原来设计的大门显得更有分量。玛格丽特卧室的床上铺着一张漂亮的绣花床单，是英国皇家刺绣学院特制的。

这次装修工程最初的预算是7万英镑，但根据当时官方公布的数字来看，实际最终耗资8.5万英镑。这对当时的大部分人来说都是一笔巨资。当时在伦敦最受欢迎的郊区，一栋四居室的新房也就1.2万英镑左右。实际上，这项工程所投入的成本远不止这些。几十年后发布的一项核算报告显示，当时实际耗费了30万英镑，相当于现在的500多万英镑。当时官方只承认超支了1.5万英镑，就足以让威利·汉密尔顿和其他监管机构捶胸顿足。

如果这对王室夫妇真的是出于满足个人奢侈享受而肆意挥霍国家财产搞名利工程的话，那的确可悲。但事实并非如此。这的确是将一座国宝级遗产恢复到原来标准的真实价格。肯辛顿宫主要的角色是王室的皇家大院，年轻的王室成员们都在这里生儿育女。托尼对公寓的装修为宫殿其他部分的升级设定了标准——1A号公寓也成为其他成员后来装修宫殿所参照的基础并不断改善。1981年，查尔斯王子和戴安娜王妃入住肯辛顿宫8号公寓，距离1A号公寓只有几步之遥。2017年，1A号公寓再次装修，耗资1200万英镑。随后威廉王子和凯特·米德尔顿，也就是剑桥公爵夫妇入住公寓。后来，哈里王子和梅根·马克尔短暂地搬进了肯辛顿宫的一个附属建筑，诺丁汉别墅，一个温馨的两居室小别墅。

对于肯辛顿宫装修所支付的巨额开支，女王本人并没有受到直接指责。玛格丽特一如既往地如避雷针一般，将人们对王室奢侈生活的抱怨全部吸引到自己身上。这件事让玛格丽特和托尼感到不公平，但又无法公开回应。实际上，女王应该注意到了当下明显的抗议浪潮，对于国家财政仍然要为王室的排场买单，公众感到不满。过去帝国繁荣强大，王室生活奢侈还情有可原；然而现在今非昔比，如今国力衰弱，人民已不堪重负：女王的臣民中有数以百万计的人每周的生活费还不到10英镑，还有至少有50万儿童生活在极度贫困的环境中。1959年，比弗布鲁克勋爵最喜爱的专栏作家之一杰弗里·博卡曾写过一篇文章，其中写道："柴郡猫①式的君主，除了灿烂的微笑，其他一无所有；胆小怕事的君主，总是悄无声息生怕被人注意，好像这样死刑就能延缓似的。"但自肯辛顿宫翻修一事后，一切都变了。君主们被注意到了。例如，有一项调查表明，

---

① 英国作家刘易斯·卡罗尔创作的童话《爱丽丝漫游奇境记》中的虚构角色，形象是一只咧着嘴笑的猫，消失以后，它的笑容还可以挂在半空中。

现在国家的发展已不需要王室和女王奢华的虚饰，但是王宫却不同意接受这方面费用的削减。

议会通过设定王室专款来控制王室的消费。这一举措可追溯到17世纪，最初是为了阻止国王为情妇们肆意挥霍。到了20世纪中叶，王室专款为世界上最豪华的家庭生活提供了资金，有两架女王专用的小型客机，由皇家空军负责维修；有特别皇家火车专列；还有最引人注目并成为审查目标的"不列颠尼亚号"皇家游艇。"皇家游艇"这个名词看似年代久远，但是"不列颠尼亚号"却是迄今为止最宏伟的游艇。这艘游艇共有82位前任，最早的是为查尔斯二世建造的，基本上都是用于娱乐消遣，从未在英国以外的海域航行过。"不列颠尼亚号"是第一艘真正的远洋船。令人费解的是，"不列颠尼亚号"诞生于1951年，正值战后经济持续紧缩时期，而王室竟能建造出如此奢侈豪华的游艇。针对人们的质疑，王室给出了两种解释：一种是这艘游艇的设计可用作战时的医疗船；还有一种是如果一旦发生核爆炸，她能及时载着王室成员远离苏格兰西北海岸，等核辐射消散后再返回。两种解释无不显得牵强与虚伪。首先，她永远不可能充当一艘医疗船，因为战时医疗船只是一个概念，而这一概念随着克里米亚战争和炮舰外交时代的结束已经不存在了。其次，核弹袭击最多只有4分钟预警时间，连给王室一家穿上救生衣的时间都不够，更不要说奔到"不列颠尼亚号"停靠的泊位了。

"不列颠尼亚号"的处女航开始于1954年4月，是前往马耳他去接查尔斯王子和安妮公主，然后短途航行后到达利比亚托布鲁克去接刚刚结束英联邦巡访之旅的女王和菲利普亲王。"不列颠尼亚号"远非海事工程中最新理念的典范。她没有远洋客轮那样流畅的线条，反而更像一艘克莱德渡船，矮胖敦实、宽敞宏大——这倒不足为奇，因为她是在克莱德班的约翰·布朗造船厂建造的。正因为这种结构，她很容易在大风大浪中左右摇晃，这意味着那些爱晕船的人乘坐这艘游艇如果遇到风暴就要受罪了。

在女王的授意下，游艇的内部装潢由休·卡森爵士负责设计，最大程度复制女王在白金汉宫的私人住所，配有印花棉布的扶手椅以及配套的地毯和窗帘。游艇里有一间船舱装修得也如国宴厅一样，可容纳56人。托尼和玛格丽特度蜜月期间，玛格丽特坚持穿着晚礼服在国宴厅用餐，偌大的餐厅只有两人坐在空荡荡的桌子旁，未免荒唐可笑。就连船上的电话都和王宫里用的电话一模一样，而非皇家海军专用的电话。游艇中最奇怪的部分就是操舵室了。舰桥[①]不在甲板上，而是在甲板下，看不见外面的海水——掌舵的人根本看不见外面，全靠连在舰桥上的话筒掌握航行情况。这艘游艇是皇家海军中最后一艘船员们睡在吊床上的船。

托尼和玛格丽特乘皇家游艇赴加勒比海的蜜月旅行，又激起了威利·汉密尔顿打算盘算细账的本能。他要求国防部提交"不列颠尼亚号"出航的费用记录，最终如愿而得。费用记录表明，5年中"不列颠尼亚号"只航行了337天，而这337天的航行大部分都是王室的休闲娱乐游，包括女王在巴尔莫勒尔堡时环绕苏格

---

① 就是指操舵室。

兰西北部美丽岛屿的航行，以及在奥斯本时前往考兹市和怀特岛的航行（怀特岛休养所是当时专为维多利亚女王建造的）。"不列颠尼亚号"的建造和装修耗资225万英镑，相当于现在的4000多万英镑。1962年，又花了60500多英镑对游艇进行了一次改装。为了给王室的开支辩护，宫务大臣科博尔德勋爵说，女王的工作非常繁重，连个"完整的休假"都没有。正如我们在《星期日泰晤士报》上报道的那样，我们发现女王实际上一年中有1/3的时间都是在不同的乡村庄园里度过的。威利·汉密尔顿的目标就是要把君主制描绘成一个"垂死的产业"。他驳斥了通过改革延续君主制的观点："本世纪，以世袭制、古老仪式和浮夸不实为基石的旧体制已成为与国家无关甚至危险的附属品，君主制无论如何增姿添彩，也很难在当代统治结束后得以存续。"

然而汉密尔顿不可能把"不列颠尼亚号"沉入海底。麦克米伦政府很清楚，目前在大多数人眼里汉密尔顿是个过分吝啬的家伙，是个现代守财奴。皇家游艇还能继续使用40年，作为一个航海国家帝王地位的象征。还有更多王室成员乘这艘游艇度过蜜月：安妮公主和船长马克·菲利普斯上尉；查尔斯王子和戴安娜王妃；安德鲁王子和莎拉·弗格森——这几对新人的蜜月之行证明，在"不列颠尼亚号"上度蜜月并不能保证婚姻幸福。相反，在游艇上度蜜月反而被视为是一种诅咒。所有在这艘船上开始的婚姻都以离婚告终，包括托尼和玛格丽特的婚姻。

平心而论，"不列颠尼亚号"更应是一个漂浮在水面上的白金汉宫，代表着上层资产阶级的品位，而不是一个仅供寻欢作乐的水上宫殿。无论从哪方面讲，她都无法与那些亿万富翁的超级游艇相媲美，更比不上他们所拥有的直升机和潜艇。这些超级游艇尤其受到俄罗斯寡头和硅谷巨头的青睐。游艇的前身都是由两个希腊航运巨头斯塔夫罗斯·尼阿乔斯[1]和亚里士多德·苏格拉底·奥纳西斯[2]创造的。20世纪50年代和60年代，这些豪华游艇是地中海夏季游乐场中富豪和名人们必不可少的游乐设备；尼阿乔斯和奥纳西斯也时常邀请尊贵的客人们一起航游，以此提高自己的社会地位。温斯顿·丘吉尔是奥纳西斯游艇的常客；而尼阿乔斯曾邀请玛格丽特和托尼到他的私人小岛斯派措普拉岛一起乘游艇游览古希腊的一些历史遗迹。玛格丽特和托尼心知，他们已被列入了一个多少人梦寐以求的精英宾客名单，自是乐意一起去兜兜风。1957年，年纪尚轻的某位阿拉伯人继承了父亲的头衔，在撒丁岛买下了一处价值8000万英镑的度假村。当时的撒丁岛还是一个落后不起眼的小岛。但他邀请玛格丽特和托尼这对王室夫妇前往并在小岛居住，乘坐游艇环岛巡游，成功地计划了一场广告宣传，提升了小岛的知名度。

　　没错，这就是跻身王室后的新托尼，也是《星期日泰晤士报》的摄影师，鼎鼎大名的斯诺顿勋爵。虽然根据合同，他不能再拍摄王室肖像，但是名声却上升到他以前梦寐以求的程度，这对他和我们的事业都有很大好处。只要安排他拍摄肖像，几乎没有人

---

[1]《纽约时报》评出的世界七大船王之一。
[2] 举世闻名的希腊船王。

会拒绝，这也让其他报社的编辑们感到愤愤不平，但却也无能为力。

然而，凡事有利必有弊。托尼的转变也是前所未有的。他没有继续做摄影记者，而是以拍摄肖像画为主，工作涉及领域变得更窄。英国新闻摄影曾进入过一段黄金时代。原因诸多，最主要的是其他报纸迫于无奈只得效仿《星期日泰晤士报》推出杂志版块，这样就为新闻摄影提供了一直缺乏的版面，印刷质量也得到了提高。出于安全因素的考虑，托尼作为王室成员，绝不能将他置于危险环境中，而这些危险环境正是最出色的摄影记者发挥最大影响力的地方——例如战区或人身安全得不到保障的地方。能与托尼竞争的新一代天才摄影师中，有两位天赋出众：唐·麦库宁和大卫·贝利。麦库宁是《观察家报》发掘的天才摄影师。报社的编辑看到了他拍摄的关于伦敦北部工人区帮派的一幅作品，从而发现了他的天赋。他最终成了一名传奇战地摄影师，特别是在越南战争中拍摄的照片尤为突出。贝利——人们一直亲切地称呼他贝利——也是出生于伦敦东部贫民区，有一双非同寻常、眼光独到的眼睛，他的作品准确地捕捉了摇摆伦敦时期偶像们对性的欲望，他也因此成为最经久不衰的时代记录者。据说他可以通过相机镜头与女人们做爱，她们在镜头的另一边就能做出相应的反应。

马克·博克瑟选择贝利来拍摄《星期日泰晤士报》的第一期杂志封面，显然是明智之举。贝利具有敏锐的辨别当代文化之星的能力，甚至比托尼还要敏锐。贝利对大街上时尚的把握以及对拍摄对象的敏感度，对托尼来说都是可望而不可即的，更何况托尼现在不仅高贵，还是王室的一员，更没机会提高这些技能。贝利通过拍摄各类名人的肖像,机敏地展示出他对社会底层的下流生活和上层奢侈生活的包容,这些名人包括披头士、塞西尔·比顿和东区暴徒克雷孪生兄弟——还有托尼。对于这套作品,他采用了一种新的呈现方法,用优质纸张将这些照片印刷成海报大小,放进一个盒子里。托尼发现自己竟和精神变态的克雷兄弟并为一类,顿时勃然大怒,因此迟迟不肯在同意许可书上签字,最终导致这套作品没能在美国出版。发型师维达尔·萨松也认为贝利把他和黑帮联系在了一起,也拒绝在同意许可书上签字。托尼的这一做法被公认为是对一位作品影响力胜过自己的摄影师同行采取的卑劣举动。但这也标志着托尼作为一个有头衔的王室,其影响力所达到的新高度——美国出版商比伦敦出版商受到的来自他的压力更大。

　　我与托尼在《星期日泰晤士报》共事时,我发现他的行为发生了大转变。他的报酬远远超过了报社的专职摄影师,更何况有些摄影师的才华与他不相上下。但他总是为钱而焦虑不安,要求报社报销每项任务中的所有费用(有些费用十分可疑)。他和富豪共处的时间越长,就越担心别人会以为自己和这些富豪一样腰缠万贯。报社外的人也发现了这一点——当代著名小说家连·戴顿,著有《伊普克雷斯档案》(我和他在《观察家报》一起为他的小说《烹饪》创作指南时相识的)。他曾问过我:"托尼为什么总表现得像个吝啬鬼一样?"我没法回答。或许是因为他和一位王室成员生活在一起,受到玛格丽特享受的各种特权的影响以及受到这个出门从不带钱的家庭影响,才产生他这种惶惶不安的情结吧。不管是什么原因,这种情结将伴随他的余生。

第十二章　居心叵测之拥王者

1963年10月，女王卷入了一场政治危机，给她当时的统治带来了不利影响。这场危机给人们的印象是在挑选新首相一事中，君主打破了保持中立的传统。其实，这样说并不公正，但是这场危机确实激起了人们高涨的情绪，以至于人们对王室失策的印象在此后几年时间里一直挥之不去。我对这场危机进行了第一时间的跟踪报道，所了解的情况并非人们所想的那么简单。

这出戏真正始于7月，正值普罗富莫事件高度发酵期。当时《星期日泰晤士报》的"洞察力"调查小组正在梳理这场政治危机发生的详细时间表。这场危机的根源就是人们对首相处理普罗富莫事件的方式感到不满。真正的谜团在于，这起丑闻一开始发酵时，麦克米伦为什么没有亲自审问普罗富莫。普罗富莫在认罪之前，已经被多个部长和官员审问了4次，但始终坚持他在下议院做的无罪声明；但是如果首相亲自审问，他可能很快就会交代事实真相。我们还发现，安全局事隔123天后才向唐宁街提交了沃德、基勒和伊万诺夫的卷宗。换言之，还有很多可疑之人成了漏网之鱼。普罗富莫刚一认罪，舰队街和威斯敏斯特疯狂的人们就将矛头指向了首相。《每日邮报》甚至给出的标题是《麦克：你的末日已至》。《每日镜报》声称："除非发生奇迹，否则他的未来将旋踵即逝。"

正如那几个召集我们开会并警告我们不要调查菲利普亲王的间谍知道的那样，我们两个人（杰里米·沃灵顿和我）曾去唐宁调查过麦克米伦的不作为行为。当时我们听取了非公开简报，这并非常态。我们并非威斯敏斯特新闻系统中的成员。在这个系统中，特派政治新闻记者只有在承诺不透露消息来源的情况下才能听取非公开简报。而我们从未承诺过这些条件。威斯敏斯特资深特派记者詹姆斯·马巴赫一直支持我们早期的调查工作，经常向我们透露一些他无法报道的线索。当我们给马巴赫看了那足以定罪的事件发展时间表时，他立即致电麦克米伦的新闻秘书哈罗德·埃文斯，劝他和我们谈谈。

埃文斯沉着冷静、寡言少语且经验丰富，讲述首相的故事时相当机敏圆滑。他对麦克米伦完全有信心，也因为麦克米伦处事不惊的办事风格对他敬佩有加。沃灵顿递给他一份我们梳理的时间表。他默默地想了一会儿，然后说："我可以帮你们。"他确实给我们提供了一些线索：帮我们填补了关于"谁知道些什么以及什么时候知道"的空白，还告诉了我们都有谁参加了对普罗富莫的审问。然后我问了他一个显而易见的大问题：为什么麦克米伦没有亲自审问普罗富莫？

他的解释虽然令我们感到吃惊——但确实可信可靠。马巴赫告诉我们，麦克米伦的心里一直有一个巨大的阴影，那就是桃乐茜夫人与罗伯特·布思比的长期恋情。威斯敏斯特宫里的许多人都知道这件事，但从来没有报道过。埃文斯此时提起了这件事。他解释说，威斯敏斯特宫其他人所热衷谈论的任何有关性的绯闻，麦克米伦都不感兴趣。他不愿受到这类污秽的流言蜚语的影响。他曾相信了普罗富莫的声明，不相信哪个国会议员或者自己的部长们能如此明目张胆地在公开声明中撒谎。他说麦克米伦内阁中的成员不可能撒谎。因此，当普罗富莫谎言被曝光时，对首相和他本人都是一个巨大的冲击。此外，首相还有更重要的问题——比如关于禁止核试验条约的交涉——等着他去解决。再比如金·菲尔比[①]的问题也让他焦头烂额。

我们和埃文斯一样深知麦克米伦超负荷的工作量：好像普罗富莫事件还算不上什么大事件似的，7月1日，政府披露了《观察家报》和《经济学人》的中东特派记者菲尔比6个月前从黎巴嫩港口贝鲁特失踪一事。事实上，他一直是英国长期寻找的苏联间谍剑桥五人组中的第三人，几十年来渗透到英国情报局为苏联获取情报。这也为麦克米伦的过去画上了一个污点，因为1955年他任外交部部长时，菲尔比与普罗富莫一样演技精湛、油腔滑调，否认有任何不道德行为，人们竟然都相信了他。在未来的几年里，"洞察力"调查小组的任务就是还原完整而惊人的菲尔比故事。

[①] 哈罗德·金·菲尔比，英国人但却是苏联特工，世界间谍史上最著名、最成功的间谍之一。

那么我们该如何处理埃文斯为麦克米伦的辩护呢？我们在转述时受到限制，因为如果我们以"戴绿帽子"为辩护理由，那我们的报道可能会因诽谤而永远无法出版。此外，在我看来，此事更像是大众心理学的一个案例，还有待于做进一步的临床评估，而我们是没法完成这项工作的。不过我们确实直接引用了埃文斯关于麦克米伦当时如何看待自己精神状态的一句话："我的精神还没有崩溃，但我的热情已经消失。"对麦克米伦的行为，我们发表的合理解释是他患有"故意健忘症"，至于原因，我们未做解释。

事实上，在夏天剩余的日子里，首相虽然处境艰难但还是挺了过来，但是10月份在布莱克浦市召开的保守党大会，对他的领导权将是一次真正的考验。

结果，麦克米伦没有等到布莱克浦大会的召开。当代表们陆续到达布莱克浦市时，他却因前列腺肥大在马里波恩区的爱德华七世军区医院做手术，还不知道肿瘤是恶性的还是良性的。第一次世界大战期间，麦克米伦在索姆河战役中身负重伤，生命垂危，当时就被送到这家医院才保住了性命。

布莱克浦会议是保守党的一个年度大会，体现保守党独特的文化，展示其浩浩荡荡的草根追随者：来自英格兰和威尔士547个选区的4000名代表。这里是英格兰（和威尔士）的一块阵地，就算不是全世界的，也是欧洲最持久、最动荡的政治党派之一。保守党首相若想成功必须懂得如何管理、缓和党内所有派系之间的关系，以及如何建立派系间的广泛沟通，包括从进步派到反动派的所有派系。麦克米伦一直是这门艺术中的超级巨匠。这里也是女王比较喜欢的选区——即使没有任何证据我们也有理由相信——因为他们中的每一个人都是坚定的君主主义者。

大会第一天下午 5 时许，英国外交大臣、形销骨立的霍姆伯爵衣冠楚楚地走上台发表了简短讲话，人们以为他上台可能是给大家带来了什么好消息。然而，他却说首相委托他给大家读一封信。信中第二段隐藏了关键的一句话："……由于身体原因，本人将无法带领我党迎接下一次大选的到来……鉴于此，望我党就党内未来领导人人选尽快按照惯例进行协商。"这样，这个国家——最主要的是女王——突然面临要选出一位新首相的局势，而这位新首相将未经全民投票就要掌管国事大权。未经大选直接由君主任命首相，这在英国历史上只发生过三次。自 19 世纪中期以来，首相产生的流程是两个政党中先产生两名党魁，获胜党的党魁自动成为首相。但这并不意味着君主对最终结果一定满意。1866 年，维多利亚女王私下里形容当时当选的首相威廉·格莱斯顿是"一个疯癫可笑的老头"。尽管不满意，但是维多利亚还不得不接受人民的选择。伊丽莎白二世可能对某些通过正式选举产生的首相也同样存有不满之意，至于究竟对谁不满意，我们永远不得而知。1963 年，保守党党魁的选择，即新首相的人选是党内发生冲突的结果，女王没有发言权。事实上，根本没有"协商的惯例程序"。麦克米伦当时虽然身体虚弱，但是对于该发生的事意志坚定，并如愿以偿，并没有依赖白金汉宫。

整个事件确实是个引人注目的政治故事，丹尼斯·汉密尔顿决定由"洞察力"调查小组负责调查，按照我们调查普罗富莫事件的方法，以时间为序，报道整个事件过程。他让我全权负责，深入报道。我们的报道连续两周上了《每周评论》的头版。这家报纸以前从未尝试过如此犀利的政治报道，这一点我喜欢。我最初的两个决定对报道的最终结果起到了至关重要的作用。第一个决定是和詹姆斯·马巴赫一起合作，他是我们在布莱克浦市的主要记者。我要求他把收集的所有资料按原样归档，团队的其他成员对资料进行补充，我负责整合。结果证明我的第二个决定是明智的，揭开了公众舆论背后的真正秘密。

温斯顿·丘吉尔的儿子伦道夫是家族中比较极端的一个人，深知自己根本不可能成为父亲那样的传奇，但是却对父亲忠心耿耿，有人胆敢对他的父亲说三道四，他绝不会轻易饶恕。作为父亲所有文件的指定保管人，他控制着这些文件的审查和编目方式，为后面宏大的官方人物传记做准备。伦道夫看了"洞察力"调查小组编写的关于普罗富莫的书《丑闻1963》后，邀请我去他位于萨福克郡东伯格霍特乡的别墅中，他正在那里招待由年轻的马丁·吉尔伯特（就是后来的著名历史学家马丁·吉尔伯特爵士）领导的一个研究小组。他说他请我去的目的是给我提供一些关于普罗富莫的背景资料，因为他认为这些资料对我今后的报道能起到指导作用。我原本只计划了一个下午的时间，结果我们就保守党的未来畅谈到深夜，还在他家里享用了一顿丰盛的晚餐，还在那里留宿了一晚。

有人曾警告过我，伦道夫在同辈人中可谓千夫所指，粗鲁野蛮，根本没法合作。但是我和他的第一次接触，感受却并非如此。他对政治事件记忆之清晰，对政治事件的影响判断之准确，让马丁·吉尔伯特和他的研究小组深感敬畏。我发现，他甚至能够对他父亲的所作所为详细准确、一字不差地复述出来。他的周围伟人汇聚，亲眼见证了这些时代精英是如何引领英国走出毁灭性的战争进行战后重建，为此他深感荣幸。他很诚实地说，在如此有权威的父亲面前，要想留下自己的印记可谓难于登天。后来，我为《星期日泰晤士报》做报道时，对他进行了一次长时间的采访，向他提出了这个问题。他说：

尽管我非常敬重他，但我并不甘心只做他的随从跟班，我想有我自己的舞台。所以，我一边努力培养个性，以期独树一帜，因此经常会说一些不计后果的话，写一些不顾后果的言论……我就是想拥有一面自己的旗帜。但是很显然，当你生活在一棵大橡树的阴影下时，就很难有自己的定位——小树苗离母树那么近，很难沐浴到足够的阳光。于是我变得有些极端，想要大显身手一番，但是又苦于没有真材实料或者一技之长，因此对人对物采取了相对傲慢的态度。但是对此我并不感到愧疚，也不责怪任何人。

伦道夫与伊夫林·沃之间的爱恨情仇纠缠了一辈子，包括战时两人一起服役期间。当我到东伯格霍特时，他们正在讨论一个已达成共识的主题：园艺。沃就鹅掌楸①的栽培技术提出建议。但是

---

① 一种乔木，高达 40 米，胸径 1 米以上，树皮深纵裂，小枝褐色或紫褐色。

伦道夫总是有各种办法激怒沃。伦道夫的医生切除了他肺部的一个肿瘤并宣布是良性的时候,沃讽刺说"现代医学的一个伟大胜利就是从伦道夫身上找到了唯一一个良性的东西"。

我对伦道夫的感觉却不同于沃:虽然起初我也不太相信,但我们的确志同道合,很快成了亲密的朋友。长期以来,他一直是"洞察力"调查小组获得英国政治内幕的最佳消息来源。所以我的第二个决定就是前往东伯格霍特,找他了解情况。

目前能接替麦克米伦的有三位候选人。每一个候选人都各有特质,并非刻板教条之人。保守党的进步派更青睐拉博·巴特勒。这是一位富有贵族气质的人物,在内阁任职时间长,政绩颇高。而该党的保守派却更倾向于黑尔什姆勋爵,一位激情澎湃的演说家,有时好像有点精神错乱。此外还有一人是时任外交大臣的第十四代霍姆伯爵,一直行事低调,表示自己无意接任首相之职。如果让女王选择的话,她一定会选择霍姆,因为她对这位典型的苏格兰领主比较熟悉。此外,鉴于其他两位候选人两极分化现象严重,由他出任首相似乎可以缓和局势,是一个不错之选。在党派人士对权力不择手段、你争我夺时,他却对权力不感兴趣,这显示出他与众不同的魅力。但是还是有人担心他不够聪明:担任外交部部长时他闹出了很多笑话,他还说要是不借助火柴棍,他连算数都不会做。

当我到东伯格霍特时,伦道夫的家庭中也是危机四起,不亚于国家的政治危机。伦道夫的厨师实在无法忍受他的暴脾气,在一个晚上逃跑了,走之前还故意关掉冰箱以示报复,毁掉了他最喜欢的甜点——自制黑莓冰激凌,晚餐也没人做。幸运的是,伦道夫的情妇(一个顺从的邻居之妻)搬了进来,找了几个用人做了一顿丰盛的饭菜,但是没有甜点。我很快弄清楚,伦道夫已建立了自己的控制中心,监视以巴特勒和黑尔什姆为中心的阴谋集团——霍姆没有阴谋集团,因为他无意卷入党争的肮脏旋涡。

晚餐后,我亲眼见证了决定保守党领导人即下一任首相的斗争过程。当晚,伦道夫试着给三位候选人以及他们的一些副手打电话。他让我留下来,当着我的面给他们一一打电话。黑尔什姆接到电话没好气地哼了一声,说他以为已经和霍姆达成了协议,不与他作对——他说,这是他们一起坐在出租车后座上达成的协议——但他听说霍姆已经决定了。巴特勒没有接电话。霍姆亲自接的电话,这让伦道夫惊讶不已,他用手捂着话筒对我说:"他亲自接的电话,最近他们生活得和苦力没什么差别。"然后他对着话筒说,"亚历克,我听说你是首相亲自推荐的,只有你才能治愈党争造成的创伤。"霍姆回答说:"嗯,伦道夫,这个我不知道,这些都是猜测,并不成熟。"伦道夫坚定地说:"亚历克,稳扎稳打,一定要稳扎稳打,这才是我党所需要的。"最后霍姆礼貌地向他道了晚安。现在已是凌晨一点半左右。还有一个电话要打,是打给另一个内阁成员,巴特勒的支持者也是进步派的英雄,伊恩·麦克劳德。他倒是也接起了电话,但厉声说:"伦道夫,你给我滚开!"

睡觉前,伦道夫把形势再次梳理了一遍。他没有在巴特勒身上浪费时间,因为他认为巴特勒太软弱,无法与大选中的工党领袖哈罗德·威尔逊匹敌。黑尔什姆倒是有胆量与威尔逊抗衡,但是过于放纵，难以团结全党。霍姆对大选缺乏兴趣，不过作为外交大臣，他证明了自己的安全可靠，又是一个天生的统一者。伦道夫喜欢霍姆，可能是因为他与麦克劳德以及其他内阁部长不同，他总是会接伦道夫的电话。霍姆还知道伦道夫有一条直接与肯尼迪总统联系的专线，是与华盛顿所谓特殊关系的秘密通道。有一次，伦道夫给肯尼迪打电话时，我就在场。

时间紧迫，应当机立断选出首相。按照惯例，女王需要尽快为保守党"选派"一位新首相，而麦克米伦已经决定了这位新首相的人选。这就意味着，女王必须先去医院看望麦克米伦听取他的建议和推荐后，才能向政党派送首相。目前的情况非同寻常，没有人，包括女王，知道选派首相究竟有什么基本原则。事实上，政党内部对这些基本原则本就有争议。仅仅在两个月前，黑尔什姆和霍姆作为党内同僚，都不可能成为合格的候选人。但在7月底通过了一项法案，允许世袭贵族放弃贵族身份。黑尔什姆早就表示要放弃贵族身份的意愿。

我于10月17日周四从东伯格霍特回到办公室，显然麦克米伦必须在周五交权。就在我与"洞察力"调查小组分享我和伦道夫那天晚上谈论的情况时，我接到了唐宁街哈罗德·埃文斯的一个电话。他想让我和杰瑞·沃灵顿再次与他会面，聊一聊首相的角色。事实证明，埃文斯在极简汇报艺术方面无与伦比。他说麦克米伦已经下令向4个团体征询对继任者的意见：内阁、350名保守党议员、上议院的保守党和全国各选区的党魁。然而这最后的"试探"远不如其他几次准确，正是这种模糊性后来成为一个问题。但是

147

说到关键的一句话时,埃文斯既没有停顿,也没有评论,原话是:"……当女王派送亚历克来的时候……"我们明白其中的潜规则——不能继续追问。就这样我们得到了独家新闻。

当然,这是条无用的独家新闻,因为当天是星期四,我们一直等到星期天才报道了这条新闻。不过,这次简报并非毫无意义。我们一回到办公室,就直接去见了副主编威廉·里斯-莫格(远不如他的怪儿子雅各布①出名)。威廉为报社写社论(全部是手写)时,汉密尔顿已经把报纸从过去盲目地效忠旧保守党转向支持进步保守主义了。威廉从一开始就是"洞察力"调查小组坚定的支持者,当时"洞察力"调查小组遭受其他编辑的抨击,他们认为这是新闻界的一个鲁莽转变。当我告诉他麦克米伦的首相之选是霍姆的时候,威廉的脸涨得通红。"不能是他,一定不能让他当首相。"他激动地脱口而出,我从未见过他如此激动。

接着他就匆匆离开了。午夜时分,在贝尔格莱维亚南伊顿公寓33号,即卫生部部长伊诺克·鲍威尔的家里举行了一次会议。这是伊安·麦克劳德向所有拉博·巴特勒的支持者召开的紧急会议。是威廉·里斯-莫格向麦克劳德发出了警报,他也参加了这次部长们的紧急会议,与部长们商议如何阻止霍姆成为首相。会议一直持续到凌晨2点,就在黎明时分,女王的私人秘书迈克尔·阿迪恩爵士传来一条信息,说巴特勒的支持者在党内占多数——这在那

---

① 英国脱欧运动的重要推动者之一。

时显然是捏造出来的。他们要求将大选推迟几天,以为再多给点时间就能证明巴特勒的实力。他们似乎对周二最终通过的背书忘得一干二净,当时他们所属的内阁一致投票通过推举霍姆为候选人。事实上,大多数内阁成员现在都支持霍姆,而且副部长和普通议员支持他的人数也处于领先优势。可以说,保守党的同僚们绝大多数都支持霍姆。总之,对于巴特勒阴谋集团捏造的信息,王宫采取了置之不理的态度。10月18日星期五上午9时15分,哈罗德·麦克米伦的首席私人秘书蒂莫西·布莱前往白金汉宫,向阿迪恩爵士递交了首相的正式辞职信。阿迪恩爵士后来告诉布莱,女王准备前往马里波恩区的医院征询首相的建议,看看他想让谁来接替他的位置。她上午11时15分就到了医院。

  一个即将离职的首相与君主在这样的场合下会晤,还是有史以来的第一次。一周前,麦克米伦做了近一个小时的手术,切除了前列腺,但是没有发现癌症的迹象。他躺在病床上,身上插着许多管子,由人推出病房乘电梯到了一楼护士长的房间,等待女王的到来。女王到后坐在麦克米伦旁边,阿迪恩去了隔壁的一个房间,留下他们两个商谈。至于他们俩究竟谈论了些什么,没有任何记载,但是那一刻显然两人都十分激动。麦克米伦一直如一位慈祥的长者一样,在女王的生活饱受着来自家庭和公众的压力时,给予她指导。10月8日,肯尼迪总统签署了全面禁止核试验条约后,给麦克米伦发了一封私信,信中直呼他"亲爱的朋友",并写道:"历史终将记录你在限制核试验方面发挥的重要作用;你为世界和平做出了重大贡献,在此我诚挚地向你表达我深切的谢意。"麦克米伦虽然戴着"镇定自若"的面具，不断地向女王通报他与尼基塔·赫鲁晓夫的频繁交锋，证明他才是世界所需要的政治家。但是现在的他却告诉女王，自己太虚弱，思路已经不清晰了。于是，他给女王读了一份备忘录，说明该党"试探"的结果是，大家都支持霍姆。他把备忘录给了女王一份。他们之间一定还说了很多话，因为女王在麦克米伦的床边待了足足半个小时才动身返回王宫。就在下午1点之前，就有消息宣布女王选派霍姆接任首相一职。

第二个星期天，"洞察力"调查小组发表了一篇长文，标题是《霍姆获胜之历程》。这样《星期日泰晤士报》第一时间揭露了大选过程中幕后阴谋的黑暗，人们清晰地看到正是黑尔什姆阵营和巴特勒阵营对彼此的深恶痛绝，才为霍姆开辟了获胜的道路。有些戏剧性的细节就是伦道夫提供给我们的。里斯-莫格为我们透露了那个午夜在鲍威尔家举行的阴谋集团会议的概要。巴特勒阵营输得很惨，伊安·麦克劳德决定为《旁观者报》写一篇长篇文章，标题是《魔法圈内幕》，声称以麦克米伦为首的保守党老保守派精英团偷走了首相宝座，暗示是麦克米伦迫使女王接受了他的选择，负有行为失当之责。在我看来，随着"洞察力"调查小组的深入报道，对于一个没有任何政治图谋的人来说这一指控是十分荒谬的。鲍威尔、麦克劳德和巴特勒本身就是问题的根源，而不是解决方案：与其他内讧一样，在正常大选程序无法运作的情况下，他们就是派系之争的始作俑者。就当下的紧迫形势，麦克米伦已经是尽己所能想出了一个临时补救措施；而女王除了听从他的指引又别无他法。后来，霍姆成为首相后，按照工党的惯例进行了改革：未来保守党的党魁将由议会决定。

其实，还有一股与拉博·巴特勒作对的力量一直未被披露。从我与伦道夫的几次交谈中可以清楚地看出，丘吉尔一家以及保守党其他许多人永远不会原谅巴特勒这个在国家至暗时刻祸国殃民的人。1940年丘吉尔第一次担任首相时，因为巴特勒的所作所为，其地位岌岌可危。

具体事件可追溯到1940年6月17日。丘吉尔从5月10日起开始担任英国首相。6月的一天，时任外交大臣哈里法克斯勋爵的副大臣巴特勒和瑞典驻伦敦大使比约恩·普里茨在圣詹姆斯公园偶遇。当时政府内外还有许多人仍然希望通过与希特勒"和平相处"来避免全面战争。哈里法克斯和巴特勒也抱有同样的希望。巴特勒邀请普里茨回到附近的外交部，并向他转达了哈里法克斯的一条信息，说"和平是必然而非冒险"这一思想将指导英国政府的决策。他们之间谈话的最微妙之处在于，巴特勒补充的那句话：如果和平谈判开始，哈里法克斯可能会取代丘吉尔的位置。当普里茨把这段对话传回斯德哥尔摩时，英国情报部门截获了对话内容，并转交给了丘吉尔。当丘吉尔拿着情报与哈里法克斯对质时，哈里法克斯狡辩说情报中误传了他和巴特勒的话。这显然是个谎言，因为普里茨的英语很流利，信息也是用英语传递的，怎么可能误传。

哈里法克斯和巴特勒的行为已经算得上是叛国罪了。但是丘吉尔非常清楚，他的未来和国家的未来此时正岌岌可危，不适合立即解雇哈里法克斯。但到了年底，有了人民的支持，丘吉尔也有了足够的信心，于是将哈里法克斯调往华盛顿担任英国大使，削弱了他在伦敦的影响力,也就相当于结束了他的政治生涯。丘吉尔对巴特勒已经很仁慈了——其他人如果遇到同样的情况,恐怕就没这么仁慈了。巴特勒比哈里法克斯年轻得多,能力也很强。丘吉尔安排他负责英国教育的全面改革,并于1944年成功实施。但是绥靖主义的污点并未从巴特勒身上抹去,可以说1963年的保守党党魁之争实际上在1940年就已成定局。

女王对巴特勒是否也有同样的看法,我们不得而知。巴特勒天生就具有官僚气质,在官场上如鱼得水,而这门课女王是学不会的。对她来说,那实在太难了。霍姆身上就没有这种官僚气息,亲吻了女王的双手后,他就主动放弃了自己的贵族身份,成为亚历克·道格拉斯－霍姆爵士。唐宁街由霍姆坐镇,女王似乎很高兴。女王陛下的反对党出于种种原因,推举的是哈罗德·威尔逊。在亚历克爵士受膏[①]那天,他发表演说:

> 现在全世界无人不知,1963年英国政党所选出的党魁和国家首相,是贵族阴谋集团在幕后操纵的结果。在这个竞争激烈、科学技术发达的工业时代,竟然利用家族和世袭关系,阴谋策划了一周就产生了结果。政党领导人就这样产生了——简单说这就是一个时代的错误。

[①] 一种特别的宗教仪式。

仅仅两句话，威尔逊不仅定义了对手上位的性质，还揭露自己代表的政党对权力的觊觎，同时表明自己与保守党势不两立。威尔逊将是——用他后来用的一句话就是——"技术白热化"的倡导者和变革的推动者。而那位计算还需要借助火柴棍的保守党首相将成为过去。威尔逊还暗示，不管自愿与否，女王都参与了这场政治阴谋。不到一年，保守党就下台了。一个致力于彻底变革的男人将亲吻女王的手——而女王则必须尽其所能学会适应。

第十三章　从沉睡中苏醒

1849年,阿尔伯特亲王凭一人之勇掀起了白金汉宫的变革之风。他在一次演讲中阐述了自己对国家的使命:

> 只有科技才能使人类进步。有些文化虽然已经沉睡了几个世纪,但是当被科学的魔杖触碰后,瞬间就如雨后春笋般充满活力……看看我们周围发生的变化吧,由于人类掌握了引力、电力、磁力和热膨胀的定律,我们的生活发生了巨大变化。……这一切都归功于科学,也只有科学才能带来如此巨大的变化——只要我们愿意接受科学,科学就会为我们创造更多财富。

阿尔伯特亲王的思想有效地激励了英国的工业家们。这些工业家通过改革创新发财致富,并将这种先进思想推向整个维多利亚帝国乃至更广的地方,改变了整个世界——例如,铁路的建成,迅速提高了人们的出行速度和贸易速度。但是阿尔伯特亲王在自己家里推行的变革就没有那么成功。伯蒂[①]7岁的时候就已经表现得喜怒

[①] 威尔士亲王,也是未来的爱德华七世国王。

无常而且固执己见，谁给他当老师都是一场艰难的考验。为了更好地培养孩子，阿尔伯特实行了严格的日耳曼式教育，每周6天，每天从早上8点到晚上6点一直上课。然而这番努力也成了徒劳。无论是作为王子还是国王爱德华七世，伯蒂一直都是懒惰无为、荒淫无度。他完全没有发展科学的头脑。阿尔伯特期望君主制能始终与时俱进，不断进步——他说，如果有君主的权威和君主本人的支持，私营企业和私人资本将走向繁荣——然而，这一愿望从未实现。他是白金汉宫第一个也是最后一个倡导复兴的人。

时隔一个多世纪之后，才又出现一位志在变革的首相哈罗德·威尔逊跨入王宫大门。公平地说，女王从未遇到过威尔逊这样的首相。

他提倡变革并非一时兴起。我第一次见到他时，他还是反对党党魁。当时他在精心策划如何回应普罗富莫在议会上发表的谎话，那时他就已经嗅到了麦克米伦的意图。与周围那些性情急躁沉不住气的人相比，他更喜欢秘密谋划等待时机，而不喜欢正面地与人针锋相对。第一次见面的时候，我感觉他像一个银行经理一样，叼着烟斗，目光敏锐地对我从头到脚审视了一番，好像一眼就能看穿我的透支额度有多少似的。威尔逊是其政党中学术上最杰出的政治家，21岁时就荣登牛津大学教授之位。他的学术思维决定了他解决每一个问题的方法。他喜欢收集信息，根据其重要性进行筛选，然后再采取可行行动。他的内阁中还有一些成员也是学究型的——其中有9个人上过牛津大学——但没有一个人像威尔逊那样在政治上表现得如此精明。我不知道在他亲吻女王双手之前，女王对他了解多少，但是至少与他的前任，那个慢条斯理的苏格兰领主相比一定是大相径庭。

10月16日，威尔逊启程前往王宫时，不出所料，果然穿着晨礼服①的条纹长裤，但是上身却配了一件普通的西装外套。这身穿着好像表达了他对君主制的态度：会在一定程度上尊重礼节，但也暗示了需要一定变化。他携妻子玛丽、两个儿子、父亲和办公室主管玛西娅·威廉姆斯（也是与工党联系的联络人）一同进宫觐见女王。一位保守党首相带着这样的随行人员觐见女王，这是历史首次。这种亮相也向人们传递了一个信息：威尔逊为自己的父亲感到自豪，父亲是一位工业化学家，激励着儿子一步步走向成功。威尔逊在中学就获得过奖学金，担任过校队队长，在牛津大学获得一等学位②。这显然是一个精英家庭。48岁的威尔逊就是一个榜样，身体力行地证明了即使没有特权待遇，一个人也能出人头地。威尔逊和女王会谈时，他的家人和威廉姆斯都在侧室里等他。

关于两个会面的情况有多种传言。王宫方面传出的话是，女王出其不意地提出了英镑的未来汇率问题，给了威尔逊一个下马威，因为当时英镑在国际货币市场上承受着巨大压力。这显然是胡说八道，而且还如此盛气凌人。威尔逊和其部长们看到财政部的账簿后，

---

① 一些正式的日间社交场合所穿的礼服。
② 英国大学本科学位证书上会按学生成绩划分等级，一等学位意味着学生的平均成绩超过90分制的70分。

才意识到保守党在国际收支方面留下了巨大赤字。威尔逊设立了一个新经济事务部，负责明确并制定经济政策；他还成立了一个新技术部，负责推进以科学为基础的产业——这一想法阿尔伯特亲王提出过，但是一直未能实施。在最近的工党会议上，威尔逊提出了自己的设想："英国将在这场白热化变革中得以转型，将摈弃那些在工业发展中的限制性措施或陈旧过时的方法。"

如果对白金汉宫进行审查，其老旧过时的管理方法一定也将遭遇淘汰。和这个国家一样，王室成员一个个也都入不敷出。自女王继位以来，国家负担的王室家庭管理费用增加了280%。王室现在的一些排场讲究好像还是都铎王朝时期的：为克拉伦斯宫、太后的府邸服务的人员分别包括两个同僚、七个军官、一个女侍长、两个卧房女侍、三个备用卧房女侍、四个卧房女仆和六个备用卧房女仆——这么多人挤在卧房只为侍候一个君主。据说女王的母亲不喜欢威尔逊。或许她察觉到了他身上那种约克郡浸信会式的艰苦朴素。好在弃旧俗的风波还没有殃及王宫，也没有立即威胁到宫中的舒适生活。

然而，底层的人民开始躁动不安了。这个时代的人们都有一种公然的反抗精神，无论是君主还是政府都终将面对。丹尼斯·汉密尔顿的《星期日泰晤士报》就表明，如果一家严肃报纸对某个新闻进行深入调查，那将会产生强烈影响。从《边缘之外》开始，人们对社会和政治的讽刺已经可以通过电视传遍全国。

这些年来，英国的文化机构复杂多样，其中英国广播公司可能是迄今为止最不可能抨击国家和社会的国家机构。这家公司虽然在名义上是独立的，特别是其新闻报道，但实际上该公司受到两个方面的监管。从内部来说，公司有一个理事会，负责任命公司主管，以确保节目中不会出现违反要求或带有政治偏见的内容。从外部来说，每台电视机的所有者都要以税务的形式缴纳一定的收视许可费，英国政府就是根据这些许可费来决定英国广播公司的财政预算。然而，现在英国广播公司成了这种讽刺剧的助推器，一夜之间使讽刺剧的观众从少数城里人上升到数百万人。

1962年11月24日星期六晚上10时50分，英国广播公司开播了一个节目《一周本色》[①]——抑或叫TW3，这个名字更广为人知。英国广播公司的一位高管唐纳德·巴弗斯托克参与该节目的制作。他认为"讽刺"一词是毒药："'讽刺'这个词不会出现在节目中，也不会用于我们的宣传中。"他们怎么用这个词并不重要。节目几乎刚一开始，就打破了英国政治和社会幽默的所有惯例。讽刺哈罗德·麦克米伦的电视节目《边缘之外》成了每周的一大亮点，威利·拉什顿把麦克米伦塑造成了一个和颜悦色、脱离实际的老古板。节目中有一个精彩的故事，讽刺世界上的主要宗教受到了消费者价值观标准的影响；还有一个关于同性恋的故事也很精彩，故事中一个法官问另一个法官："你会怎么判这些同性恋？"另一个法官回答："一般情况下，罚他们半克朗[②]加一个苹果。"

[①] 英语名称是 *That Was the Week That Was*，是英国广播公司于1962年和1963年播出的一档讽刺电视喜剧节目。
[②] 旧时英国及其多数殖民地、属地也用此货币单位。1英镑=4克朗。

一个又一个曾经神圣不可侵犯的人物成为讽刺的目标，但王室一直是禁区，还没有人越过这个雷池。直到 1963 年 3 月节目第一部剧集接近尾声时，这一禁忌终于被打破。节目主播大卫·弗罗斯特表演了一段名为《王室之舟》的独角戏。这个故事最初本是为《边缘之外》而写的，但是剧院的顾问即宫务大臣审查后禁止公开播出，理由是故事中涉及嘲笑王室的内容。这个故事的作者是刚从剑桥大学毕业的伊恩·朗，后来升任玛格丽特·撒切尔政府的保守党部长。弗罗斯特得到这个剧本后，经常在各俱乐部的脱口秀节目中表演这个故事——这是他的保留节目《丰收趣味书》的一部分。 这个剧本不同于 TW3 节目中的其他剧本，一方面是因为其内容涉及讽刺女王，对英国广播公司来说存在一定风险；另一方面这个剧本既讽刺了君主也讽刺了英国广播公司。弗罗斯特模仿英国广播公司资深时事评论员理查德·丁布尔比那种奉承讨好的口吻，演绎了这个剧本：

王室之舟正在下沉。她那宝蓝色且光滑的船体慢慢地下沉，如此优雅，又是那么的庄严，渐渐沉入伦敦海底……懂唇语的观众应该能猜出来爱丁堡公爵菲利普亲王在沉船那一刻对船长说了些什么……女王脸上带着灿烂的笑容，奋力朝岸边游去。女王陛下身上还穿着那件淡黄色丝绸套装……

这样的内容如果放在现在其实也是无伤大雅的。如果当时女王看出了这其中的讽刺之意，可能也会和现在每周六都在收看 TW3

的 1200 万臣民一样哈哈大笑。审查制度的主要问题在于，少数人掌握了决定多数人应该享受什么的权力，而这部分少数人又不可避免地会力图维护旧时代的价值观。正如 TW3 节目中表现的那样，君主制这一体系虽已千疮百孔，但尚未结束。该剧第二季于 1963 年 10 月全面上映，讽刺对象麦克米伦被霍姆取代，霍姆成了编剧们不可抗拒的新目标。弗罗斯特以本杰明·迪斯雷利[①]的形象出现，仿佛是迪斯雷利在用他特有的雄辩且带刺的语言风格向他的继任者霍姆致意：

你那惨淡凄凉、毫无生气的微笑，不再是胜利者的微笑——而是无助者的微笑。你上当受骗了，不明就里地充当了一场阴谋中的棋子……一小撮孤注一掷的人把你当成他们最后的一线希望，来满足他们那个特权圈中对权力和影响力的控制欲望。

主要因为这个故事的缘故，总导演休·格林决定在 1963 年年底提前结束 TW3 的第二季内容，而且永不回归。有人对格林发出过警告，让他别忘了保守党政府掌握着英国广播公司的未来：允许该公司存在并且决定公司资金来源的合约需要续签。公司若想续签合约，代价就是必须封杀那些讽刺作家。

[①] 犹太人，英国保守党领袖、三届内阁财政大臣，两度出任英国首相（1868、1874—1880）。他还是一个小说家。

这档节目就这样遭遇停播。虽然节目存在的时间很短暂，但是与《边缘之外》节目一样，该节目凝聚了一批精明能干的人才，这些人才将继续挑战更多的陈规旧俗，不断改变英国人看待权威的方式。他们中的一些人已经成为英国王室中一对夫妇的朋友和座上客，这对夫妇和他们一样不喜欢墨守成规，他们就是：玛格丽特和托尼。

肯辛顿宫的公寓也发展了社交沙龙场所，与19世纪30年代肯特公爵和公爵夫人在贝尔格莱维亚创办的沙龙一样——事实上，上一代沙龙成员诺埃尔·科沃德再次加入了这一代沙龙。钢琴前，玛格丽特一边弹钢琴，一边唱着科沃德的歌。科沃德情不自禁地沉醉在她的歌声中。"她的音准简直无可挑剔，"他在日记中写道，"……唱法生动有趣。"从某种意义上说，参加沙龙的嘉宾名单有些奇怪：在这个更加崇尚平等的时代，一些反权威的主要人物却积极地加入了真正的王权行列。最典型的一个代表就是肯尼思·泰南。他自称是共和党人，拥护那些反对权威的剧作家和电影制片人，而且在大庭广众面前说话低级下流——他宣称："性爱就要打屁股，屁股美才有爱"（他喜欢用发刷打屁股）。不过泰南很乐意给玛格丽特和托尼担任非正式经理人，给他们介绍一大批演艺界名人。

事实上，名人的定义也是随着名声类别的变化而变化的。在TW3节目运行期间，大卫·弗罗斯特被誉为"英国最著名的人"——他自己是高兴了，却引起了同行演员们的忌妒。玛格丽特和托尼的沙龙中名人云集，博采众长，这也提升并改变了他们自己的名声。他们的名声经过镀金，也给王室本身带来了时髦气息，这可能并非他们本意。托尼知道自己名气高涨，也很享受这种感觉。宫里的朝臣们看着他得意忘形的滑稽样,差点被早茶噎着。一天晚上,他和玛格丽特准备换衣服去参加一个正式晚宴,玛格丽特还在洗澡,他拿着相机就走进了浴室。她放松地泡在浴盆里,头发已经梳好了——她经常这样。托尼拿起她选的头饰,戴在她的头上,然后后退了一步,拍了一张照片,巧妙地掩盖了她裸露的身体。这是他所拍摄的玛格丽特最大胆也是最美丽的一幅肖像。自然光下,玛格丽特对着他的镜头露出了灿烂的微笑。照片中还可以看到浴室镜子反射出的托尼的腿。即使是大卫·贝利也无法捕捉到拍摄对象如此自然和亲密的眼神。直到玛格丽特去世后,这幅肖像画才在托尼举办的一次肖像展中展出。这幅肖像传达了他们之间的真情实意,比当时人们看到的更深厚。

与王室的这股叛逆力量扯上关系,也会招来麻烦。那些未被邀请到肯辛顿宫的人总会不失时机地讽刺挖苦那些受邀的人。约翰·韦尔斯就深受其害。他是一名喜剧演员、性格演员[1]、讽刺类周刊《私家侦探》撰稿人,曾是 TW3 的常客。他是一名乡村牧师的儿子,把中产阶级故作虔诚的样子模仿得惟妙惟肖。不知什么原因,玛格丽特公主非常喜欢这个人,打电话给《私家侦探》杂志社,要求面见约翰。《私家侦探》的同事们认为他的社会地位因此节节攀升,但名声却越来越差,所以对他冷嘲热讽。泰南也因为摇身一变成为"香槟社会主义者"[2]而受到攻击,成为人们指

---

[1] 指善于运用表演技巧来塑造各种各样不同性格的人物演员。
[2] 指一些人尤其是政治家标榜支持社会主义的构想却没有任何实际行动。

控威尔逊政府的众矢之的。不过泰南发现,做一个香槟式社会主义者要比那些处心积虑诋毁他和君主制的苦行僧式社会主义者有趣得多。后来,美国伟大的社会观察家汤姆·沃尔夫给那些自娱自乐,不愿与上层社会友好相处的激进现象起了个名字叫激进时尚。玛格丽特和托尼正是这一时尚的开创者。

但在所有吸引玛格丽特和托尼的天才演员中,最出人意料也是最奇怪的当属彼得·塞勒斯。托尼去为《傻瓜秀》(*Goon Show*)的创作者和主要表演者拍摄集体照时,认识了塞勒斯。《傻瓜秀》是20世纪50年英国广播公司电台播出的一部英国超现实主义喜剧,主演有塞勒斯、斯派克·米利根和哈里·塞科姆。玛格丽特20多岁时,非常喜欢《傻瓜秀》,甚至有人说她现在高亢的笑声就是受到了塞科姆式尖笑的影响形成的。托尼告诉塞勒斯他妻子对他们的节目有多么痴迷,于是塞勒斯同意参加肯辛顿宫的沙龙。在玛格丽特眼里,塞勒斯顷刻间成了一个战利品式名人。塞勒斯竟然参加了聚会,这让许多认识他的人都惊讶不已。因为塞勒斯几乎没有真正的朋友,本能地厌恶社交活动。电影导演约翰·博尔廷看过塞勒斯在《杰克,我一切都好》中的精彩表演,他扮演的是精神匮乏的马克思主义工会官员弗雷德·凯特。博尔廷说过:"他是一个需要朋友的人,但最大的不幸是,深厚的友谊需要做出真正的牺牲,而他做不到。"然而玛格丽特和塞勒斯一见面却很投缘。托尼也和塞勒斯相处融洽,不过大卫·贝利却说,在他眼里,塞勒斯和托尼"就像两个凑在一起的老巫婆,令人生厌"。博尔廷回忆说,塞勒斯经常公开讽刺君主制。在伦敦的一次电影首映式上,有人向女王引荐了他,女王机械性地问他在干什么。"就站在这儿啊。"他闷闷不乐地回答。但是现在他却被玛格丽特完全征服了。

肯辛顿宫 1A 号公寓派对中的欢声笑语一直持续到深夜,而白金汉宫则显得死气沉沉。查尔斯王子和安妮公主身上基本没有摇摆伦敦这一代的气息。查尔斯王子被监禁在监狱般的高登斯顿学校,而安妮公主寄宿在肯特郡的博耐顿女校中,这所学校旨在将博学与教养完美结合。此前,两个孩子都备受保姆海伦·莱特博迪的折磨,因为海伦是维多利亚时代的一位冷酷无情的监工,两个孩子早期的性格发展深受她的影响。王宫中的保姆都是有问题的。伊丽莎白和玛格丽特自己的保姆玛丽安·克劳福德(大家都叫她"克劳菲")一直深受两位公主的喜爱。在整个战争中她都是一个坚强的人,几乎被视为家庭中的一员。但 1949 年她写了一本回忆录,震惊了王室,她自己也从此荣耀不再。回忆录写得平淡无奇,也表达了她对王室成员的尊敬之情,但是她的这个行为违反了一条神圣的规则,即任何人不得利用为这个家庭所做的服务换取钱财。

莱特博迪这个保姆——是查尔斯和安妮的不幸——在抚养孩子方面与克劳菲截然相反。女王和菲利普后来才意识到,莱特博迪根本就没有温柔的一面。让菲利普特别恼火的是,她特别偏心查尔斯,原因是查尔斯顺从,而安妮比较叛逆。菲利普对性别固守的陈规旧念,成为查尔斯难以承受的负担。菲利普在安妮身上看到了自己的影子,想把女儿从残暴的保姆手中解放出来。正好有一天莱特博迪禁止查尔斯享用女王为他点的甜点时,他以此为借口解雇了保姆。她离开了，取而代之的是一个更年轻、更宽容的保姆，梅布尔·安德森。

现在消除莱特博迪给孩子们性格上造成的影响已经为时太晚；她和高登斯顿学校对查尔斯造成的影响是不可磨灭的。培养孩子过程中，尊重孩子的天性，让孩子做真实的自己，而不要好高骛远、不切实际，这对所有父母都是一种考验。菲利普似乎从来没有尊重过查尔斯的想法。但是女王后面的两个儿子安德鲁和爱德华（出生于1964年）都比较幸运，没有受到菲利普的严格管教。这一方面是得益于安德森的到来，另一方面是由于女王本人开始关注两个孩子的培养教育。她曾被指责作为母亲未尽育儿之责，而是将责任过多地推给了菲利普（还有同样固执的蒙巴顿）。哈罗德·威尔逊注意到，每个星期二他向女王汇报工作接近尾声时，她就急着要去照顾孩子们，给孩子们洗澡。从这些平常的细节上可以看出女王作为母亲，精神放松了许多。然而，女王将要面对的是家族中的一个如幽灵一般挥之不去的人。

第十四章　行走的秘密库

1964年春,英国军情五处的一名官员亚瑟·马丁来到波特曼广场的一间顶楼公寓,这间公寓隶属于考陶尔德艺术学院[①]。亚瑟·马丁的工作是负责审讯那些疑似苏联间谍的人。这所公寓归杰出艺术史学家安东尼·布兰特所有,他是女王的美术顾问。布兰特正在公寓里等着马丁的到来。他已经被军情五处约谈了11次,意识到马丁现在已有足够的证据证明他就是英国最想缉拿归案的叛徒,即苏联在20世纪30年代在剑桥大学招募的间谍五人组中的第四人;另外三人是盖伊·伯吉斯、唐纳德·麦克林和金·菲尔比,这三人都已逃往苏联。苏联剑桥第五人也是最后一位成员是约翰·凯恩克罗斯,在美国俄亥俄州的一所大学任教,几周前向马丁坦白了自己的罪行。

在约翰·勒卡雷[②]关于背叛和报应的代表作《锅匠、裁缝、士兵、

[①] 英文是 The Courtauld Institute of Art,是在艺术历史和收藏邻域中集教学与研究为一体的世界领先的学院之一,也是英国最重要的收藏画廊之一。
[②] 20世纪最著名的间谍小说家,别名戴维·康威尔(David Cornwell),1931年生于英国普尔,20世纪五六十年代曾在英国军情五处和军情六处工作。

间谍》（在马丁审问布兰特10年后出版）中，以马丁为原型的角色乔治·斯迈利精心策划了一场夜剿行动，包围了打入英国情报局内部的莫斯科间谍比尔·海登并将其逮捕。不过那天晚上在波特曼广场并没有上演这样的戏剧。对外公开的消息是，一个俱乐部会员因玩牌作弊，有损俱乐部形象，因此被勒令离开。凯恩克罗斯和布兰特的整个收网过程都是文明的，好像解决的是绅士之间的事而不是对手之间的事一般。苏联间谍剑桥五人组中，就造成的伤害和致死人数来看，菲尔比是五个人中最致命的。军情五处对他进行了几次类似的审讯，他都顺利通过了，没有被捕。布兰特给自己倒了一杯杜松子酒，如释重负的样子，开始坦白交代自己的罪行。马丁为了让他放松，向布兰特保证，只要他配合军情五处彻底交代，就不起诉他。事实上，他和凯恩克罗斯最终都没有受到审判。

与其他四人不同的是，布兰特这个行走的秘密库身负两大秘密。

第一个大秘密涉及第二次世界大战之前、期间及之后，苏联深入渗透英美后，是如何填补在英国和美国情报部门中留下的空白，以及英美开发原子弹的关键细节是如何传递给莫斯科的。换句话说，布兰特坦白后，就没剩下什么秘密可披露的了。凯恩克罗斯和布兰特的身份暴露纯属偶然。罗斯福总统的前演讲稿撰写人，家庭富裕的左翼记者迈克尔·斯特雷特被肯尼迪政府聘为艺术咨询委员会主席。斯特雷特曾和布兰特一起在剑桥学习，深受他的影响。他更像是一个共产主义的同路人，而不像其他五个人那样是忠诚的苏联特工（1939年斯大林与希特勒签署《苏德互不侵犯条约》时，他厌恶地退了党），但是他却非常清楚布兰特和伯吉斯是活跃且奸诈的间谍。知道他们俩是间谍一事让他良心感到不安：1949年至1951年期间，他曾三次到英国驻美国华盛顿大使馆打算向大使馆举报，但是后来又改变了主意。如果当时他真的举报了，剑桥五人组早就被捕了，也就不会做出那些祸国殃民的事。但是在1963年，因为新的岗位接受联邦调查局的审查时，斯特雷特最终交代了。他对整个剑桥间谍团进行了详细描述，整整用了50个小时。美国情报机构了解了斯特雷特交代的情况后，无比震惊，没想到苏联对英国安全部门的渗透如此深入持久，军情五处竟未能发现。华盛顿政府叫来马丁与斯特雷特见面。他不得不向斯特雷特坦白，布兰特到现在为止仍然拒不承认自己是剑桥五人组中的第四人。但现在一切都结束了。凯恩克罗斯和布兰特的面具已摘，间谍身份得到确认。

第二个大秘密只有布兰特一个人知道，而且这是个非常敏感的秘密。

布兰特的间谍生活真正开始于1945年的春天。有一天，布兰特和温莎城堡皇家档案馆的管理员欧文·莫斯黑德爵士开着一辆军用卡车，前往一座19世纪的建筑——弗里德里希霍夫城堡。这座城堡位于法兰克福市附近，归女王的亲属黑森家族所有——这是王室家族的一个分支，是乔治六世的远房表亲，大战之前已经和温莎公爵的关系非同一般。

接下来的一切都应该从纳粹统治下德国王室和德国贵族所扮演的角色来看待。希特勒在巩固政权之初所采取的最精明措施之一，就是明确表示他不会屠杀德国的上层阶级。他会根据自己的情况选择如何利用他们：只要他们忠诚于他，他们的土地和金钱就不会受到影响。迈克尔·伯利在其著作《第三帝国》中指出，海因里希·希姆莱的黑衣党卫队之所以能够吸引贵族，是因为党卫队热衷于马术活动："结果党卫军的成员一个个散发着《哥达年鉴》中贵族的铜臭味。"希特勒的这一政策吸引了所有与温莎家族有亲属关系的德国王室成员，并为希特勒介绍了温莎公爵。温莎公爵也成了《哥达年鉴》中被希特勒俘获的最终战利品。

当小乔治·史密斯·巴顿将军的第三军团最终向柏林开进，苏联军队从东面飞驰而来时，布兰特和莫斯黑德立即紧随第三军团。他们发现弗里德里希霍夫城堡已被美国人占领，用作从战场下来的军队营地。最后他们在3英里外的一个联排别墅中找到了他们要找的人——黑森家族的沃尔夫冈亲王。

莫斯黑德向沃尔夫冈递交了一封由乔治六世签署的信，要求沃尔夫冈交出一批20世纪30年代黑森家族与英国王室成员之间来往的信件。但是上交信件有一套严格的程序，德国人坚持按程序来办。黑森家族的名义首领是沃尔夫冈的孪生兄弟菲利普，即黑森领主。由于他曾是一名纳粹分子，又担任过一支纳粹突击队的中将，因此被美国人拘留审问。他在1943年与希特勒闹翻，被抓进弗洛森堡和达豪集中营，幸存下来后却被美国人抓住了。沃尔夫冈告诉布兰特和莫斯黑德，他无权交出这些信件——但他72岁的母亲黑森公主玛格丽特有这个权利。于是他们俩拿着一封玛格丽特公主授权的信，驱车返回城堡。据沃尔夫冈说，信件放在阁楼的两个箱子里。

然而，玛格丽特公主的这封信并没有打动负责营地的美国女子陆军上尉凯瑟琳·纳什。她说，现在城堡里的所有文件都是美军财产，她无权交出这些信件。这是一场奇怪的对抗。从理论上讲，布兰特官衔高于纳什，还穿着英国陆军少校的制服。但是他和莫斯黑德看着都不像军人，无论是长相和谈吐都像英国的花花公子。而纳什却正好相反，是一名坚定的军事官僚主义者。但布兰特和莫斯黑德更是道高一丈。布兰特让纳什给法兰克福的上级军官打电话报告，在他等着纳什打电话的时候，莫斯黑德带着两名随行的英国士兵偷偷溜进阁楼，找到了那两个箱子。纳什打完电话回来时，布兰特和莫斯黑德早就带着他们的战利品远走高飞了。这个故事还有一个更离奇的续集：纳什和一位美国陆军上校发现了一批黑森家族的珠宝，1945年时至少价值300万美元。他们设法把珠宝走私带回美国，藏在火车站的一个行李柜里。这就是当时轰动一时的克伦伯格抢劫案，最后两人均被捕并锒铛入狱。

此时，需要注意的一点是，任何家庭（和官方）信件都有两个源头，一个是发件人，另一个是收件人，收到信后再作回复。然而在寻找失踪文件的故事中常常忽视了这一点。特别是在1945年和1946年间，当英美开始广泛而紧急地寻找德国档案中的文件时，这一点至关重要。他们已经梳理好了时间表以及需要寻找的源头。在这次寻找信件的过程中，莫斯黑德应该已经得知爱德华退位前后收到的信件都秘密封存在温莎皇家档案馆中，可能不知道他弟弟肯特公爵收到的信件在哪，因为皇家档案员触及不到他所生活的地方。在英国，这些信件的内容显然不仅受到王室的重视，而且也受到了温斯顿·丘吉尔的重视，是他授权布兰特完成这项任务，并明确告诉他这是一件紧急任务。

布兰特能说一口流利的德语，从1944年9月来到巴黎直到战争结束，就一直在欧洲军情五处任职。巧合的是，马尔科姆·穆格里奇当时也在巴黎，在军情六处任职。在此期间，他的任务是绝密的。巴黎的盟军司令部成立了一个艺术专家特别小组，负责追查和追回纳粹占领欧洲期间掠夺的稀世艺术珍品时，才发现了这个机密。布兰特本人是一个卓越的欧洲古艺术品专家，自然是这个特别小组的最佳人选。但是当司令部向军情五处要人时，他们却没有同意。正如那天布兰特向纳什上尉出示的信件证明的那样，他是直接为国王服务的一名情报官员，而不是一名艺术史学家。

20世纪30年代王室成员往来的信件不可能装满两箱。莫斯黑德给出的托词是，他还在寻找维多利亚女王和她的长女（也叫维多利亚）之间往来的信件。他的长女维多利亚嫁给了普鲁士国王腓特烈三世，也是德皇威廉二世的母亲。然而在战争仍然肆虐的时候，前往欧洲寻找一个世纪前的信件竟然成了特殊而且紧急的任务，这未免十分荒谬可笑。在黑森领主菲利普亲王（妻子是意大利国王翁贝托二世的妹妹）与希特勒闹翻之前，曾被利用充当了希特勒和墨索里尼的中间人。由于希特勒过度看重英国王室血统的重要性，因此他也就顺理成章地利用菲利普作为桥梁，与两位英国王子爱德华和乔治秘密联系，因为这两位王子曾公开表示同情德国。另一位英国王室表亲查尔斯·爱德华，即萨克森－科堡－哥达公爵,曾在伊顿公学接受教育。和菲利普一样,曾经也是纳粹德国突击队的一名军官。在爱德华八世国王短暂的在位时间里,查尔斯·爱德华时常与他在一起,游说他利用家族的秘密渠道前往德国。希特勒幻想着英国君主对鲍德温政府有决定性的影响。科堡充分利用希特勒的这一错觉,向他报告说爱德华八世曾抱怨:"谁是这里的国王,鲍德温还是我?我想和希特勒谈谈,在这里或在德国都可以。请转告希特勒。"

布兰特和莫斯黑德的任务并不是单纯地寻找信件,而是执行一个名为"斩草行动"的任务:这一任务持续长达数十年,专门负责清除20世纪30年代到40年代初记录英国和纳粹之间所有官方或私人往来的文件。不管布兰特和莫斯黑德发现了什么,它们全部石沉大海,从未公布于众。然而,战争结束几个月后,在德国有了一个更为戏剧性的发现,冲淡了他们任务的重要性。当时英国和美国情报部门联手发起了一项"金杯行动",这是一场扫荡行动的代号,旨在找到分散在全国各地特定地点的德国外交部文件——由于有些地点位于苏联军队占领区,使得这一行动更加复杂。

总之,两国情报部门最终收集了整整170卡车的文件——大约400吨——全部送到了图林根州(德意志联邦共和国州名)的马尔堡接受检查。英国检查队,也称外交部档案小组,由罗伯特·柯里·汤姆森中校领导。检查员们发现档案中缺少了关键时期的文件,这些文件掩盖了20世纪30年代和40年代早期英国王室和德国外交官之间的关系。然而,一个偶然的机会,美国人俘获了一名德国士兵,卡尔·冯·勒施,他曾在德国外交部翻译过英文文件——他们最后还发现，冯·勒施在英国上学时曾和丘吉尔的女婿邓肯·桑迪斯在同一所学校。

美国人立即把冯·勒施交给了汤姆森。他坦白了一件非常重要的事：当纳粹意识到败局已定时，上级命令他销毁所有最敏感的文件。销毁的文件中涵盖了英德两国从希特勒上台后不久开始一直持续到1939年大战爆发几个阶段的秘密。这期间，两国之间的联系主题就是如何避免英德之间的战争。1938年，内维尔·张伯伦弃明投暗奔向慕尼黑，向希特勒表示"我们是和平的时代"，公开表明英国的绥靖主义思想。私下里，在绥靖主义者中，除了爱德华和乔治这两个王室兄弟及肯特公爵外，还有一个人更加坚定地主张与希特勒的和解。据冯·勒施透露，冯·里宾特洛甫——担任伦敦大使期间是华里丝·辛普森家的常客——下令将一些最秘密的文件拍下来制成微缩胶卷，这些胶卷未被销毁，幸存了下来。

冯·勒施把这些胶卷拿到离马尔堡20英里远的一个庄园外，用一块防水油布包裹后埋在一条峡谷中。这也就意味着审查组要赶赴刚刚被苏联人占领的领土上去获取这些胶卷。汤姆森和他的团队带着勒施，一起潜入苏联地盘并找到了30卷缩微胶卷，幸运的是未被苏联军队发现。胶卷中有一份名为"威利行动"的档案，详细阐述了1940年纳粹试图在葡萄牙和西班牙边境诱绑和收买温莎公爵夫妇的经过，目的是在英国投降后，立他为王，成为希特勒的英国傀儡。汤姆森团队意识到了这一发现的重大影响。此时正值1945年秋，丘吉尔下台，克莱门特·艾德礼担任首相。汤姆森把文件送到了外交部，外交部又把文件转送到唐宁街10号和白金汉宫。外交部的常务次官亚历山大·卡多根爵士说:"国王看了温莎公爵的档案和获取的德国文件后,义愤填膺。"艾德礼将文件要点转达给丘吉尔后,丘吉尔说:"我相信总有办法抹去这些德国阴谋的所有痕迹。"

1957年美国人公布了"威利行动"中获得的档案,这让温莎公爵非常恼火。但布兰特和莫斯黑德已经处理了很多重要文件,确保其永远不会落入美国手中。1964年,这些档案再次引起人们的担忧。当军情五处对布兰特进行审问时,他威胁会公布1945年英国派他去德国所做的一切。如果审讯易手美国人的话,这些信息泄露的风险就更大了。对于国内政治,军情五处可谓无孔不入;但是对于这种情况,领导们既担心美国人会指责他们办事不利,又害怕马丁过于认真迫切,审出更多不利于英国的信息,正好落入美国人手中。于是,他们后来安排科学理事会的彼得·赖特接替了马丁的工作。当赖特试图确证布兰特与白金汉宫的关系时,尤其是得知布兰特被任命为女王的艺术顾问之前,曾经与莫斯科联络员密切接触的事实时,他的担心程度不亚于马丁。女王的私人秘书迈克尔·阿迪恩向赖特保证,女王"已经完全了解安东尼爵士的情况,他可以采取任何方式获得事实真相"。但同时,也给了他一个重要的警告。有一件事,女王希望不要进行调查——布兰特在1945年代表王室完成的一项任务。阿迪恩又补充了一句:"请勿追查此事。严格来说,此事与国家安全无关。"

赖特在后来写的《抓间谍者》(*Spycatcher*)(也因此书被英国情报局视为不齿之人)一书中回忆道:"直到战争结束,我都不知道布兰特的任务有什么秘密。"他还说，王宫"用了几个世纪的时间学习掩盖丑闻的艺术"已达到炉火纯青的程度，而军情五处"从1909年才开始从事这项技能"。

当布兰特还在接受马丁的调查时，一位剑桥的老朋友前来探望他，这次重聚让两人百感交集。在马丁的建议下，迈克尔·斯特雷特来到了波特曼广场，因为他知道布兰特已经意识到美国调查人员已揭穿了他的面具。"安东尼当时站在公寓门口，"斯特雷特在回忆录中写道，"如往常一样面色苍白，骨瘦如柴，不过精神还算好。我原以为他会对我充满敌意，没想到他竟然对我淡淡一笑，紧紧握了握我的手。"他们走进客厅，客厅上挂着从考陶尔德艺术学院获得的艺术品，价值连城。布兰特说整个过程就是一种宣泄："当他们让我全部交代时，反倒让我卸下了肩上沉重的负担。我当时就松了一口气。"

随后他们俩坐了下来，谈起了两人共同热衷的艺术。斯特雷特收藏了许多艺术杰作。他说，他买下了尼古拉斯·普桑[①]的学生加斯帕德·杜盖特的一幅风景画，而布兰特作为艺术史学家的声誉很大程度来自他对普桑作品的深厚热情和理解。当马丁走进来的时候，他们还在讨论杜盖特和普桑的画作所表达的意义——如鉴赏家一般专心鉴赏艺术品，好像烦恼都抛到了九霄云外。

* * *

[①] 17世纪法国巴洛克时期重要画家，17世纪法国古典主义绘画的奠基人。

布兰特从德国回来后，乔治六世任命他为国王的艺术顾问。此后他就留在王室服务，直到 1972 年退休，身份一直未被揭露。严格来说，他确实是这个王室家族中的一员。他是王后的三表哥，王后还是他的粉丝之一，玛丽王太后也是他的粉丝，有时会突然造访考陶尔德艺术学院听他的讲座。对于一个曾经的苏联间谍来说，再没有比白金汉宫更安全的地方了，在承认了自己背叛国家的行为后，还能继续在此工作，这也实属罕见。毫无疑问，他非常胜任艺术顾问这一职务，在美学方面不比任何鉴赏家逊色。谈论艺术或教授艺术时，他总是激情四射，极富感染力。事实上，他的举止其实是很自然的中性学术学究型，阿兰·本奈特[①]模仿起他来简直惟妙惟肖。本奈特以自己教授中世纪历史的教师形象为原型，模仿布兰特典型的英式风格进行表演，把观众逗得发出阵阵笑声。虽然布兰特外表光鲜，但是心里十分清楚，这是因为他手里掌握着王室的把柄才有现在的生活。他心里自知，王室也知道他知道。20 世纪 30 年代王室对纳粹德国的态度，他比任何人都清楚。他可能只和苏联人分享过一部分这方面的信息，苏联人不会伤害他，因为还需要他为他们服务——虽然布兰特在战时的间谍任务已经完成，但是站在王宫的高度来看，他对英国政治还是能起到一定引导作用。布兰特究竟对王宫有多大控制权？可以肯定的是，王

[①] 英国剧作家，曾凭《疯狂的乔治王》获奥斯卡最佳改编剧本提名。他于 1988 年拒绝了不列颠帝国勋章，于 1996 年拒绝了封爵。

室的秘密涉及影响力之大是不言而喻的，每个参与其中的人都会不惜一切代价消除任何可能暴露秘密的风险。

丘吉尔的态度看起来可能有些令人费解。1940年，身为首相的他可谓四面楚歌。他的政府已经清除了一些胆小怕事之人，其中就包括一些曾积极希望与希特勒和解的人。丘吉尔曾试图与墨索里尼和平相处，防止他参与到战争中，但后来又不遗余力地销毁了这方面的所有记录。温莎公爵虽然去了巴哈马，远离王宫，但仍在不断制造麻烦。为什么丘吉尔会对他存有同情之心？丘吉尔始终坚守着爱德华七世时代的信念，认为君主制是国家认同的基石，不可动摇——就像他对印度和维多利亚帝国的个人情感一样坚不可摧。对于这个伟大而复杂的人来说，能同时兼容两种立场，而这两种立场在他人身上是不可能相容的——例如，他承认法西斯主义是邪恶的，必须予以铲除；但同时他也认为，继续保持君主正直的形象比暴露王室成员对法西斯的同情更为重要；亲法西斯行为是一种不正常现象，应从记录中抹去。他对乔治六世的深切爱戴之情无疑也动摇了他的心。1939年在决策上明显表现出游移不定之后，乔治六世对国家来说已经像丘吉尔一样成了战争中的坚固堡垒。丘吉尔始终认为对温莎夫妇和纳粹采取压制措施是正确的做法。1953年8月，对于被抓获的德国外交官所交代的情况，有关温莎公爵的档案再次被提出来审查时，科尔维尔中校在日记中指出："首相仍然采取的是压制措施。"

女王是怎么处理这些事的呢？她欣然同意布兰特继续工作，一直到他65岁退休——也就是8年后。对于这场交易的内幕，时任首相亚历克·道格拉斯－霍姆爵士居然全然不知。事实上，这件事是征得了内政大臣亨利·布鲁克的同意，但他决定不去咨询唐宁街。

1965年，阿迪恩向赖特明确表示，绝不能提问任何有关王宫与德国之间联系的问题。这无疑表明了女王的态度，在揭露布兰特的背叛行为时可能会因疏忽大意而暴露这段家族历史，她认为这段历史应该从可查的记录中永久清除。在讨论如何处置布兰特的过程中，我们不知道他是如何表明他知道那段他本不应知道的历史。恐怕不会有人用"敲诈"这样粗俗的词。但布兰特肯定清楚他手里捏着一张王牌。女王和她的顾问们也知道这一点，因此对他代表莫斯科对国家所做的损害准备完全视而不见——布兰特的叛国行为与伯吉斯和麦克林一样备受唾骂，只是不像菲尔比那样声名狼藉罢了。

当然，即便有这样的掩盖真相的命令，大量四散的文档已被找到并得以控制，但总有清除不彻底的可能。在这种情况下，王室的清理工作采用的不仅仅是通常管理敏感官方文件的那种延时规则，即将文件封锁50年——实际上很有可能许多文件已经被销毁了。但是，还有一个勤于收集文件和释放的地方，也是女王的档案管理员触及不到的地方，那就是美国。

第二部分

第十五章　一代巨人陨灭，一场悲剧爆发

女王日渐成熟，早已不是她的第一任首相温斯顿·丘吉尔耐心辅导的那个新手了。她心里也知道丘吉尔已步入了垂暮之年。丘吉尔的最后一次政治演讲还是 1959 年为哈罗德·麦克米伦的竞选拉票，这次演讲使麦克米伦以 100 席的惊人多数击败了工党对手。从那时起，来自世界各地的荣誉便让他应接不暇；他最为珍视的一项荣誉当属美国授予他的"荣誉公民"称号。当时由于身体过于虚弱，只得由他的儿子伦道夫替他发表获奖感言。

1964 年 7 月，《星期日泰晤士报》的政治记者告诉我，这位伟人即将出席有生之年的最后一次议会，从此退出他曾经叱咤风云的战场。人们没有因为他的到来而将会议特殊化。他依然坐在前排长凳上那个特殊的位置，看着周围的人讨论得热火朝天，而他却完全不知其所云，未免有一种莫名的悲凉。作为国会议员，他为国家服务了 60 多年，此时却如一位来自某个遥远而辉煌时代的巨人，只来观战，不发表意见。我决定做点有意义的事来记录这一时刻，于是委托报社年轻有为的政治漫画家杰拉尔德·斯卡夫前往下议院为他画一幅肖像。看到这幅肖像，丘吉尔的反应和 1955 年

看到人们送给他的 80 大寿礼物——格雷厄姆·萨瑟兰[①]为他画的肖像画——时的反应几乎一模一样。他愤怒地说，肖像里的他看起来像一个"从阴沟里捞出来的醉汉，一副穷困潦倒相"。这幅画后来在丘吉尔夫人的授意下秘密烧掉了。

斯卡夫很具绘画天赋，作品中突显政治家身上的某些身体特征，形成鲜明的视觉冲击，但是这次为丘吉尔画的肖像中却没有体现这一点。相反，他的肖像中透露出一种哀伤，让人触目伤怀，这是任何照相机都不可能捕捉到的内涵。肖像中丘吉尔最大的特征就是他那浑圆突出的脑袋，微微斜倾，震慑了无数争强好斗的对手。他的双眼虽然视力不佳，但却咄咄逼人。下巴陷入松垮的肌肉中，难掩倦容。这定格的一幕，虽然表达方式有些奇怪，但是意义非凡。我们必须承认，这位伟人之所以如此尽心尽力以致身心俱疲，并不是为了自己声名远扬，而是为了拯救——就算不是整个文明世界，至少是他的人民和他的国家。

我的总编丹尼斯·汉密尔顿被这幅画弄得心烦意乱。平时他和我常就一个项目进行争论，但最终都会听从我的意见——也曾在一些有争议的调查项目中支持我——但这一次，看到丘吉尔这副年老体衰的形象，他担心会引起人们的不安。几位资深编辑也和他有同样的担忧。最后是伦道夫击破了他的最后一道心理防线。汉密尔顿给伦道夫打电话描述了这幅肖像。伦道夫听了，坚决反对出版。接着我又给伦道夫打了电话，但是他仍坚持己见。这幅肖像画从

[①] 英国画家，因富有想象力的抽象风景画而闻名。

来没有公开出版过，不过后来斯卡夫自己出版了，现在我的书桌上就摆着一张装裱好的副本。6个月后丘吉尔离世。1965年1月初，他患了严重的中风，昏迷了将近两周，于1月24日清晨离世，享年90岁。

　　能成为划分时代分水岭的事件屈指可数，大战的爆发算是其一，某个人的离世更鲜少能成为时代的分水岭。女王在其长期的统治期间，见过无数伟人离世，而只有丘吉尔的离去让她感到一个时代的逝去——无论是这个男人高大魁梧的形象，还是他一出场就能彰显英国影响力的那种权威感，均无人可比。时代的衰落是两人共同的损失，同时他们也意识到这是不可逆转的。没有了丘吉尔——就连那个虚弱无力的丘吉尔也没有了，那个时代也就没剩下什么了，一切都变得渺小起来。小说家普里切特用一句话精准地表达了这种感觉："这个时代将一去永不复返。"

　　他的葬礼早在几年前就计划好了。女王下令，葬礼的"规模应与他在历史上的地位相称"。并打破了君主不参加非家族葬礼的传统，宣称她会亲自参加葬礼。此外，葬礼仪式将在圣保罗大教堂举行，而不是在威斯敏斯特大教堂举行，这也打破了传统。在圣保罗大教堂举行葬礼的还有两名与丘吉尔地位相当的将军——纳尔逊将军[①]和威灵顿公爵[②]。在《星期日泰晤士报》的我们也预

[①] 霍雷肖·纳尔逊，英国风帆战列舰时代海军将领及军事家。
[②] 阿瑟·韦尔斯利，第一代威灵顿公爵，人称铁公爵。拿破仑战争时期的英国陆军将领，第21位英国首相。

183

料到了葬礼的举行之处，计划进行全面报道。葬礼于星期六举行，这对我们来说时间非常紧张，因为星期六也是我们的记者采访日。周末的新闻通常见报比较缓慢。作为主编，我一贯的原则是将大部分新闻版面用于对过去 7 天新闻的综观分析，通常以调查性报道为主，因而几乎没有空间发布突发新闻。这次我们只有几个小时的时间，却要报道英国历史上最具划时代意义的一件事。

丘吉尔的遗体躺在棺材里，上面盖着国旗，在威斯敏斯特大厅里停放了 3 天。星期六上午 9 时 45 分，遗体由一辆炮车运送，在 104 名皇家海军水兵的护驾之下离开威斯敏斯特，炮车后面跟着来自 18 个军事单位的士兵，路经特拉法尔加广场、斯特兰德大街，然后经过舰队街和卢德盖特山到达圣保罗大教堂。当天的天空灰蒙蒙的，天气冷得连呼吸都困难。尽管士兵们的军装是彩色的，但是整体色调都是单色——伦敦总是有能力将一切光亮与不朽都笼罩在灰色之中。我们安排了世界上最优秀的摄影师跟踪拍摄，其中就有亨利·卡蒂埃－布列松①，还有的摄影师守在沿路的楼顶上等候拍摄。我们拍摄了一些精美的全景照片，不过卡蒂埃－布列松并没有将镜头对准送葬的队伍，而是对准人群拍起了特写。特写中人们为了御寒，将身体裹得严严实实，他从人们的脸上捕捉到了全景照片中所缺失的内容——失去亲人的瞬间情感。现在我们最大的竞争对手就是电视直播。全世界有超过 3.5 亿人观看了这

---

① 法国人，世界著名的人文摄影家，决定性瞬间理论实践者。

次直播。但是卡蒂埃-布列松用他的徕卡相机①仅用了几个画面便传达了人们对逝者独有的追思之情。

女王当时的首相哈罗德·威尔逊,仅以4席的多数优势在选举中获胜,因此难以实施他承诺的全面改革。1966年3月,他扭转了这一局势。工党在一次临时选举中以96席的多数优势赢得了选举。威尔逊向女王明确表示,英国在文化和社会方面将发生巨大转变,这也是人们的普遍共识,因为那些维多利亚时代对思想和个人行为自由的种种限制已经阻碍了国家的发展。政府将终止对艺术的审查,同时取消死刑和对同性恋的刑事定罪。堕胎和离婚也将自由化,不受法律约束。随着新一轮所谓的红砖大学②的出现,英国大学的数量将增加近一倍,最终对抗牛津大学的主导地位。英国广播公司设立了开放大学,人们可以通过广播获得与正规大学同标准的家庭辅导。如果这些措施生效的话,也就意味着国家的许多制度都将强制性进入现代化,只留下一种制度,即君主制,仍处于僵化状态。威尔逊身上没有丝毫共和主义气息。他对女王

---

① 德国原装手工制作的相机。徕卡相机在现今生产的专业相机中,打开后盖可以看到,徕卡机身用料的厚度,真得用锤子碰才能毁坏。它以结构合理,加工精良,质量可靠。
② Red Brick University,是指在19世纪末至20世纪初,以英格兰六大重要工业城市命名且获得英国皇家许可的六所著名大学,分别为伯明翰大学、曼彻斯特大学、利兹大学、布里斯托大学、谢菲尔德大学和利物浦大学,在创立之初均为科学或工程技术类学院。

很热情，每周与女王的会面也很愉快。

《星期日泰晤士报》强烈地感受到了威尔逊的"文化大震动"。该报名义上仍然是保守党的支持者，但早已不再是顺从于保守党的机构——我们对普罗富莫丑闻的报道以及对一些不称职部长的报道明确地体现了这一立场。在亚历克·道格拉斯-霍姆爵士还任首相的时候，有一个星期六，丹尼斯·汉密尔顿（通常我们在整理头版新闻的时候，他都在郊区的别墅里）看到第一版报纸内容时，给我打了个电话，质问我为什么头版上的每一篇报道几乎都是对政府的谴责。我解释说这些报道之所以出现在头版是因为这些新闻的重要意义，如果放其他内容就会反映出我们对政治的偏见，而不是对新闻的判断。汉密尔顿停顿了很长时间，然后说："那就这样吧。"威尔逊任首相时，我们的新闻版面同样保持中立，但坦白说，他所提倡的文化改革与汉密尔顿的一些观点不谋而合。对于君主制，我们都属于不可知论者[①]。旅游业逐渐成为经济中的一个重要组成部分，王室至少对这一行业的发展有好处。不过，这个家庭中的一个成员似乎总是与记者格格不入，他就是菲利普亲王。

菲利普在摩洛哥的访问时，我们派出最优秀的年轻记者大卫·利奇跟踪报道，那时他对记者的偏见就变得越发明显了。那不是一次正式的国事访问。邀请他的东道主是摩洛哥的王储穆莱·哈

[①] 与可知论相对，是一种哲学的认识论，认为除了感觉或现象之外，世界本身是无法认识的。不可知论断言人的认识能力不能超出感觉经验或现象的范围，不能认识事物的本质及发展规律。

桑。这次访问过程中的亮点是一场在拉巴特①举行的马球比赛,摩洛哥队对菲利普率领的客队。利奇完全不懂马球比赛,但他和前一天认识的一个美国人(利奇怀疑他是中情局的人)一起观看了比赛,这个美国人好像是马球方面的专家。最终菲利普的客队获胜了——那个美国人一眼就看出这其实是哈桑的外交策略——菲利普还获得了穆莱·哈桑颁发的银奖杯。这位美国人说:"这家伙一点也不懂马。"事后,利奇应邀参加了英国大使馆为菲利普举行的招待会。

两人的这次相遇,是发生在一位记者和一位王室成员之间最不寻常的遭遇之一。菲利普在前一天的一个活动中就注意到了利奇,因此当一位大使馆官员为他们相互介绍时,菲利普说:"我一眼就能看出你是个记者,站在一英里之外就能闻到你的气味。"菲利普抵达摩洛哥之前,一直和意大利的贵族朋友在一起。意大利媒体写了几篇报道,都是关于菲利普已经离开女王有多长时间的内容,这也是欧洲报纸对紧张的婚姻常用的伎俩,这让菲利普非常气愤。因此没等利奇说话,菲利普冲着他就大声吼道:"我刚刚让三家该死的意大利报社老板滚回了家!"

为了缓和事态,利奇转移了话题,问菲利普是否喜欢刚刚结束的马球比赛。菲利普一时分散了注意力,咕哝着说:"这些阿拉伯小马根本不是他们最厉害的马。"但很快又激动地怒斥意大利记者捏造他和女王之间的"肮脏谎言",还说他走到哪这些记

---

① 摩洛哥首都。

者就跟到哪，恨不得把他"挂在树上直接审问"。说完，立即把矛头指向利奇，说："你们比意大利记者也强不到哪去。你们和他们都是一丘之貉，只会谎话连篇。"

"我不知道你指的是哪条谎言。"利奇显然也被激怒了。

"你心知肚明。就是你们为了赚钱编造的那些该死的谎言。胡说什么我从来没和我的妻子在一起过。你心里最清楚，别假装什么都不知道。"

听了这话，利奇一语双关地说："我们的报纸从不报道那样的新闻。我们也从不发表谎言，免得让读者生厌。你在这里出现，除了赫林汉姆马球俱乐部之外，恐怕没人对你感兴趣，我根本无料可写。"

说完，利奇礼节性地向他点了一下头，如一个获胜的决斗者走下战场那样离开了。

媒体对王室绝对顺从的时代已经结束了。利奇离开大使馆之前，大使用微妙的外交暗语向利奇表示，他认为菲利普的那场咆哮太过分了。利奇没有报道这段经历（而是把这一章留在了自己的回忆录中）。他向我们描述完这件事的始末后，大家对菲利普的行为都有一种习以为常的感觉。菲利普是一个我行我素不计后果的人，很容易在公共场合失态，如在过去还存在殖民地偏见思想时，他就说过亚洲人都是"斜眼"以及其他具有种族歧视性的言论。

* * *

在马克·博克瑟的领导下，随着报社杂志（托尼·斯诺顿摄影生涯蒸蒸日上的地方）影响力日益扩大，报社的调查性报道促使杂志的发行量迅速增长。这也增加了人们对长篇报道的兴趣。电视台的主管们也在一旁观察。总部设在曼彻斯特的商业广播公司格拉纳达（Granada）公司已经成为英国广播公司的一个劲敌。该广播公司有一档每周一播的节目叫《世界在行动》。他们决定尝试"洞察力"调查小组的报道方式，并挖走了我的两位创始同事之一，杰里米·沃灵顿。与此同时，我也有了首次当电视评论员的经历。英国广播公司的内德·谢林是栏目《一周本色》的革命先锋及著名制作人，因为节目被无情砍掉，内心备感刺痛，于是带着一个新版本卷土重来，这个版本的标题有点冗长，名叫《与其说是一个节目，不如说是一种生活方式》。这个节目综合了喜剧与评论的特点，由大卫·弗罗斯特主持。只是这个节目没有其先驱者那种公然的傲慢，只持续播放了一季。我作为嘉宾参加了一次节目，结果改变了我的职业生涯。

弗罗斯特似乎仅凭直觉就能适应电视领域新时代的到来。这样的人屈指可数。他和电视摄像机之间的联系超乎寻常，当他面对摄像机讲话时，神态自然轻松，两者浑然成为一体。我在看TW3节目时就感受到了这一点。而此刻，我坐在节目组演播室里近距离看着他调侃各种名人，即兴发挥部分自然流畅，他与摄像机之间的浑然一体更为突出。当他采访我时，我们就像是在进行一次私人谈话，未介入任何周边技术。我当时作为嘉宾，是以一个记者的身份对一周的新闻进行评论。但弗罗斯特不满足于此，想让我谈谈我对新闻行业的看法，他对于那种铺天盖地、缺乏思想的报道十分不屑，特别是对那些政治记者的报道表示不屑，政党官员说什么，他们就报道什么，毫无思想可言。他的这一态度惹怒了舰队街的一大批人。

事实证明，弗罗斯特对电视新闻也有类似的想法。然而，对于那种不敢对权力说真话，崇尚"俱乐部会员资格"的家伙们来说，这样的思想实难接受。经过几次电视采访后，弗罗斯特意犹未尽，还想在演播室之外继续和我聊。很快我们就结成了一个职业联盟，只不过只有两个成员而已。弗罗斯特正在与英国广播公司和他的经纪人讨论制作一个新系列讽刺喜剧，内容是针对英国人对阶级制度的态度。这个系列最后成了经典：《弗罗斯特报道》共28集，捧红了诸多明星，如约翰·克里斯、罗尼·巴克和罗尼·科贝特。这个系列奠定了弗罗斯特人才推动者的地位，并成为全国家喻户晓的人物——但这些都未能满足弗罗斯特的野心。人们想当然地把他视为讽刺作家，这让他备感受挫。这主要是因为他真正希望人们能认可他作为一名电视记者的身份。此外，英国广播公司中一些新闻主持人自命不凡，将"讽刺作家"视为有野心当一名记者但是又没有资格当记者的人的代名词。同时，我也十分好奇弗罗斯特手中的电视新闻会是什么样子。只是我们还需要再等两年才能知道结果。

与此同时，我于1966年离开了《星期日泰晤士报》。《每日镜报》集团创始人塞西尔·哈姆斯沃思·金策划了一系列并购活动，规模前所未有，创建了世界上最大的杂志社：国际出版公司。休·卡德利普是这家公司所有小报和杂志的总主编，邀请我担任杂志部的执行编辑——负责整整200个杂志。是否接受这份工作，让我感到左右两难。是《星期日泰晤士报》给了我今天的名誉；另外，丹尼斯·汉密尔顿是一个有魄力的编辑，允许"洞察力"调查小组无拘无束地发展，承担了很大的风险。《星期日泰晤士报》在引领新闻业驰骋新黄金时代方面发挥了不可估量的作用。我的同事们认为我一定是疯了，因为我放着一家飞黄腾达的报社不要，反而要去一个因一时冲动草率创立的杂志巨无霸工作，更何况这家杂志社还不涉及严肃新闻元素。但卡德利普很有说服力，他说："机不可失，失不再来。"他会让我全权负责杂志现代化的推进工作——而且薪酬丰厚。此外，据传杂志公司的主管层有一位管家，管理着一个酒窖，里面藏着最好的红葡萄酒，供每位主管享用。恐怕管理层放松的作风因此要受到警告了。我没怎么了解情况就接受了这份工作，特别是关于那层楼的重要人物塞西尔·哈姆斯沃斯·金，我真应该多问几个问题。他是阿尔弗雷德·哈姆斯沃思的曾侄，《每日邮报》的创办人，舰队街日报行业规模化市场的缔造者。

刚上班，我就遭遇了金的冷眼。虽然卡德利普告诉过他，我是公司现在所需要的新鲜血液，但是他还是不相信，决定亲自考验我。他要求我陪他去视察公司在北美的业务，为期三个星期。公司在北美的业务广泛，从出版物到造纸厂、油漆厂和一个水电站（位于哈德逊河边缘的拉布拉多北部偏远地区）。我们的行程从华盛顿开始。刚抵达华盛顿，《华盛顿邮报》的老板兼出版商凯·格雷厄姆就在家中为金举办了接风晚宴。她把林登·约翰逊内阁一半的成员都邀请来了。金和我被安排分坐在两张桌子旁。我坐在约翰逊的国家安全局局长麦格·邦迪旁边。很快我们就建立了融洽的关系,就越南战争进行了热烈友好的讨论,我大胆地批评了越南战争而他却为越南战争辩护。我发现金一直在看着我们俩交谈,但却听不见我们说的什么。当我们离开时,金显然很不高兴,气愤地说:"你知道吗,他们来这里是听我讲话的,而不是听你说话。"显然我出师不利,但我不在乎。在纽约的视察结束后,情况慢慢有所好转。我们在纽约会见了美国的编辑和出版商,参观了纽约州北部的油漆厂,最后去了拉布拉多的造纸厂和发电厂。但是我总感觉金好像还是对我有什么不满意的地方。最后我才发现,原来他是嫌我一直没理解他至高的权力——而我确实缺乏理解。一天早上吃早饭时,他突然对我说:"你知道吗,我认为再没有人能比我更有资格经营我们这家伟大的企业了。"好吧,好吧,他是老板。我通过了考验,卡德利普终于松了一口气。

* * *

1966年年初,我与弗罗斯特的往来更加密切了。有一天,我和家人在位于马耳他和戈佐岛之间的科米诺小岛度假时,他突然来了。我们沿着石崖上的一条崎岖不平、弥漫着百里香味的小路走了很久。英国广播公司对他的想法不感兴趣——基本上还是让他坚持讽刺的风格——但伦敦的商业电视台"丽的呼声"却对他的想法感兴趣。他们有一个大胆的设想:做一个时长一小时的高峰时段节目,每周播五个晚上——而且是直播。弗罗斯特邀请了《弗罗斯特报道》的创作者之一托尼·杰伊担任顾问,托尼又提出了一个更大胆的新想法：节目不仅是现场直播形式，而且演播室里还要有观众。他们考虑把节目做成一个夜间公共论坛，讨论当天的新闻，并至少采访每条新闻的一个当事人。我应该和托尼一起担任顾问，就新闻内容和如何回应提供专业指导吗？那样的话就意味着以后我早晨要在会议室里开会讨论，傍晚就要去温布利①的演播室里做最终决定。要做到这一点，我就必须在白天结束国际出版公司的新工作后，晚上再去做兼职。我猜这个节目的名字一定会以他最喜欢的风格，即自己的名字打头，叫《弗罗斯特计划》。节目将于七个月后，也就是9月推出。只要卡德利普同意我去兼职，我就去——没想到卡德利普真的同意了。

* * *

1966年10月21日上午9时15分，在威尔士的产煤村阿伯凡村②，潘特格拉斯小学的孩子们做完晨祷后，兴高采烈地唱着《万物有灵且美》这首歌走进教室。这个村庄坐落在一个浅谷中，学校在一座小山的正下方，这座小山和威尔士的其他许多山一样，因堆满煤矿废渣变得越来越大。山谷里笼罩着层层灰雾。突然，整个学校开始晃动，如地震刚发生时那样震动。莫名其妙一声巨响，摄人心魄。由于大雾，再加上学校在山腰下，人们并没有看见具

---

① 英国伦敦西北部的一个区域。
② 威尔士南部旧时产煤村庄，1966年矿渣堆坍塌造成该村144人死亡。

体发生了什么。30秒之内一座农舍和其他住户化为乌有,随后学校被淹没在灰尘中。数百万吨煤炭废渣、矿渣、岩石碎屑、泥土和水浆轰然而下,封住了整所学校,如坟墓一般。

几个小时后,托尼·斯诺顿接到了一位朋友从卡迪夫打来的电话。那时,矿难已经非常严重了。学校的几十名学生和老师们都被埋在淤泥下面,根本无法援救,就像古代庞贝城的居民被维苏威火山灰掩埋一样,永远留在了废墟之下。托尼告诉玛格丽特,他必须立即动身去威尔士。她问为什么。他坚定地回答:"因为我是威尔士人。"第二天凌晨两点他到达事故现场,看到人们绝望无助、悲伤欲绝的场面,他心如刀绞。现场的局面已经无法挽回,挖掘尸体需要几天的时间,还需要专门的设备。托尼陪伴饱受丧子之痛的父母数小时,然后前往医院与幸存者交谈。在给玛格丽特的一封信中,他写道:"看到一个个成年男人,那些身强力壮的矿工,如此撕心裂肺地号啕大哭,实在让人心痛。一个人转身对我说:'我的两个孩子都没了——托尼,你也有两个孩子,所以你应该明白我的痛。'"这次矿难最终统计出来的死亡人数为116名儿童和28名成年人。

那天,菲利普亲王也来到村里,两人一起去了现场。看到现场的惨状,他们的脸色如死灰般灰暗。现在已完全看不到学校大楼的痕迹,渗出的矿渣散发着刺鼻的臭味。在无情的自然力面前,人类是如此无能为力。48个小时后,公众开始质疑——发生了这么大的事故,女王在哪里?这是她登上王位以来,在和平时期发生的最惨痛的悲剧。难道她不应该移步事发现场,亲自安慰一下那些失去亲人的人吗？她的出现一定能给这些人带来莫大的慰藉。新闻处以及她的顾问都敦促她去现场慰问一下。但她坚持不去。至于为什么足足等了一周，直到最后一具尸体挖掘出来后她才动身前往，官方从未给出任何解释。她在那里也只待了两个小时，和菲利普一起与失去孩子的父母们交谈，查看了事故发生现场，在公墓里献上了花圈，那里立着81个十字架，标记着孩子们的坟墓。她流着泪说："作为一个母亲，我会努力理解你们的感受。对于你们的遭遇我深表同情。"

对于如此惨痛的悲剧，慰问不应该只停留在礼节、传统或政策的层面，而应是情不自禁由心而发的——如托尼表达的那种真情实意。然而女王没有托尼的那种真情实意。不知是什么让她变得如此麻木不仁。"我会努力理解你们的感受"这句刻板形式化的表达，将她那种心境淡漠、情绪僵化的心态表现得淋漓尽致。这只是她精心策划的一次公关活动，只是为了让公众不至于指责她对事故不闻不问。王宫后来解释说，她是担心自己的出现会妨碍救援工作。不过她的顾问们应该很清楚，这场公关简直就是一场灾难。当然，她的泪水并非虚伪的眼泪。即使是最刻板无情的官僚，看到这样的场景也会情不自禁潸然泪下。然而女王却给人们留下了内心冰冷、毫无同情心的印象。之后，她也意识到自己因此失去了民心。当戴安娜王妃去世时，她也表现出了同样的冷漠，不同的只不过是那场悲剧发生在她的家门口。

阿伯凡矿难是英国煤炭局管理煤矿的国家官员玩忽职守造成的。而威尔逊政府拙劣的回应无异于雪上加霜。事件发生5天后，政府指定了一个法庭对此事件进行调查。威尔逊的首席检察官埃尔温·琼斯随后对新闻界下达禁言令，禁止刊登任何相关的调查报道，并威胁编辑，如果他们敢刚愎自用违背命令，那将面临藐视法庭的指控。那时，《弗罗斯特计划》栏目已经播出6个星期了。评论家们评价这个电视节目引人入胜，富有新意，敢于对每日的新闻提出质疑。就在政府宣布禁言令时，我接到了《星期日泰晤士报》"洞察力"调查小组的老同事罗恩·霍尔的电话。他告诉我，根据煤炭局内部人士提供的线索，《星期日泰晤士报》已经开始调查阿伯凡矿渣山的历史，很显然这是有人严重失职造成的。颁布禁言令的埃尔温·琼斯曾经是一名记者。他曾在纽伦堡审判中审判纳粹领导人时担任过初级律师。以前没有任何迹象表明他有极权主义的思想倾向，但他现在的行为令人愤慨。我给弗罗斯特打了个电话，把从《星期日泰晤士报》得到的消息告诉了他。我们决定当晚的节目由弗罗斯特的独白（我写的）开场，谴责禁言令。舰队街的编辑们都认为如此直接地挑战威尔逊政权太冒险了，但我们还是做了。我们通过无视法庭的威胁来表达对政府的不满，节目最后我们一语中的："这里唯一的蔑视就是政府对新闻自由的蔑视。"演播室的观众们掌声如雷，表示赞同。报社编辑们也终于鼓起勇气争相发表评论。

政府即刻做出了回应。弗罗斯特接到了英国首席法律官、大法官杰拉尔德·加德纳的电话。在此之前，加德纳一直被视为威尔逊社会改革的主要自由主义力量。但这次他一改往日作风，警告弗罗斯特：

你的航行离暴风不远了。我认真考虑后，决定采取行动。我要让你明白——我要让你的制作人和"丽的呼声"公司明白——如果你继续这种性质的评论，你将面临藐视法庭的指控，并将强制执行。

弗罗斯特打电话告诉我这段对话时，我们备感震惊。工党政府似乎采取了如此的反动立场——自动压制一切属于另一个时代的公正声音。但是我们知道，我们的嘴就这样被堵住了。

法庭对阿伯凡矿难调查一年后，最后的结论骇人听闻。这场悲剧是"不自量力之人因笨拙无能而导致的"。他们不仅对各种明显的预警充耳不闻，而且"完全缺乏高层的指导"。国家煤炭局局长（阿尔夫）罗本斯勋爵接受了这一调查结果。罗本斯是一名派对常客，我见过好几次，但就他的能力而言，就算给他一家炸鱼薯条店，也能被他经营倒闭。

哈罗德·威尔逊在日记中这样评价阿伯凡矿难："最值得赞美的人是斯诺顿勋爵。他主动去了事发地，他不是去检查现场，而是去探望死者的家属，握着一位悲痛欲绝的父亲的手，一位母亲静静靠在他的肩头，一靠就是半个小时……"

我感觉威尔逊好像是话里有话。在如此巨大的惨剧中，只有王室中唯一的一位平民表现出了本能的平易近人。人们并不奢望女王能够平易近人，但她如此冷漠无情，着实令她的臣民们大为失望。

第十六章　不忠的婚姻能走多远？

我从未忘记罗宾·道格拉斯-霍姆给我打的那个电话，为我提供了一条神秘线索，调查一个名叫克里斯汀·基勒的年轻女子的故事，正是这个故事让"洞察力"调查小组对普罗富莫丑闻的调查取得了突破性进展。从那时起，他的事业和地位便节节攀升。他成了《每日快报》的一名专栏作家，为法兰克·辛纳屈写了一本传记——他与辛纳屈的关系非常密切。有一次，他生病了，辛纳屈正在英国参加音乐巡回演出，得知他生病了立即停止演出，乘直升机去医院看望他。道格拉斯-霍姆家族在苏格兰有着显赫的血统，可以追溯到公元767年。罗宾是亚历克·道格拉斯-霍姆爵士的侄子，后者是继哈罗德·麦克米伦之后备受争议的一位首相。他娶了20世纪60年代早期的一位形象模特为妻，名叫桑德拉·保罗。他在苏塞克斯有一个别墅，我和妻子与他们在那里度过了一个周末。我还在《星期日泰晤士报》工作的时候，他一直是我们消息灵通的线人，以其完美的个人魅力和从容不迫的心态在上层社会游刃有余。当时我完全不知道的是，他已经深深地爱上了玛格丽特公主，而且难以自拔,但最终以悲剧收场。

结婚7年来,托尼和玛格丽特都有过一系列的婚外情,但都没有严重到非离婚不可的地步。托尼比较随性,和男人女人均有不正当关系。玛格丽特相对来说更收敛,更谨慎,可能也更加老练,更玩世不恭。罗宾·道格拉斯－霍姆恰恰与她相反:他是一个传统的浪漫主义者,非常敏感,当他从一段恋情转到另一段恋情时,有时会在品味新恋情的同时对旧的恋情依然触目伤怀。1965年,因桑德拉·保罗与他人通奸,两人离婚。两年后,他再次遇到玛格丽特。他们有较长时间没见过面,他发现她生活得很孤寂。几个星期前,托尼和《星期日泰晤士报》的一位作家去了日本,报道一项覆盖全国的新闻,之后又从日本去了纽约。这次重逢纯属巧合。道格拉斯－霍姆当时在杰明街的"社交餐厅"兼职,担任酒会钢琴师,那天玛格丽特突然来到这家餐厅。看到他,玛格丽特想起了他们以前在她的沙龙里演奏二重唱和共唱金曲的情景,精神一振。于是玛格丽特邀请他回到肯辛顿宫,和其他人一起参加酒会、享受音乐、共同怀旧。在日本,托尼留起了胡子以防被别人认出,从不给家里打电话或写信。一天晚上,肯辛顿宫的晚会结束后,其他客人都走了,玛格丽特对道格拉斯－霍姆说:"没有你我不知道该怎么办。"后来,他们在道格拉斯－霍姆家族位于苏塞克斯的别墅中共度了几个良宵。玛格丽特给他写了一张纸条:"谢谢你,是你让我重获新生。"

道格拉斯·霍姆也许在心里沾沾自喜,完成了自己一生中最伟大的征服。然而玛格丽特对他给予的安慰只是充满了感激之情,并没有想过放弃自己的婚姻。当托尼听说她与道格拉斯－霍姆产生婚外情时,情况更糟了。他从纽约打电话给她,要求把道格拉斯从肯辛顿宫永远驱逐出去。对于一个自己本身就对婚姻不忠的人来说,他爆发出的这种敌意显然针对性很强。虽然他知道道格拉斯－霍姆是情场老手,但是也没想到玛格丽特如此轻易就屈服了,因此感到愤怒至极。托尼和玛格丽特在巴哈马重聚,并在公众面前上演了一场感情和睦的大戏。有关婚姻状况的问题,托尼有意回避——并且很不诚实——他说:"我不在家的时候——因为报社工作的缘故,我经常出差——常给家里写信和打电话,就像所有深爱着妻子的丈夫们一样。"女王在给托尼的一封信中对他在电视上"娴熟"的表现以及"使事情很快平静下来"的行为大加赞赏。他们回到伦敦后,玛格丽特给道格拉斯-霍姆打电话说她再也不能见他了,接着又写了一封很长的信,信中她明显没有那么坚定,她说:"我会尽量给你打电话。但我害怕他,他忌妒心如此之强,不知道会做出什么事来……"

一年后,道格拉斯－霍姆在苏塞克斯的别墅中自杀。与玛格丽特的恋情结束,使他陷入绝望和沮丧的旋涡中。他曾经是个温文尔雅、无忧无虑的爱情大师,掌控着自己的情感,对自己的魅力充满信心,但是如今他失去了一生的挚爱,也就失去了一切。玛格丽特听到他的死讯表现得无动于衷。她对托尼说:"亲爱的,他和你没法比。"

我和马克·博克瑟都认识这两个人。他比我先知道这件事的始末。听他说了其中的一些细节后,我说我从未见过托尼还有这样的一面——他竟然会因为这顶绿帽子醋意大发,怀恨报复。马克也表示赞同,他说其实早些时候在托尼出差去印度时,也发生过类似的婚外情。当事人还是一个与他们家关系非常亲密的人:安东尼·巴顿,是托尼的一个老朋友,还是他女儿莎拉的教父。和斯诺顿家一样,巴顿也有两个孩子,两家人还曾一起在波尔多度过假。巴顿家族在那里有一家著名的葡萄酒企业——巴顿嘉斯蒂酒庄。安东尼·巴顿不像道格拉斯－霍姆那样敏感、浪漫,直接和玛格丽特上了床——当然是在玛格丽特的示意下——不过两人都认为那是一时冲动。然而,当玛格丽特打电话给巴顿的丹麦妻子伊娃坦白时,伊娃恼羞成怒——她以前根本不知道他们俩之间的事。当时托尼得知后,反应没有那次那么强烈。因为巴顿对他的婚姻没有威胁,而他自己也并非无可指摘,所以此事一过去,两人也就和好了。《每日邮报》的奈杰尔·登普斯特对玛格丽特的这一系列感情冒险经历了如指掌,他引用了巴顿夫妇一位朋友的话:"玛格丽特显然很喜欢扮演红颜祸水这个角色。她是一个典型的狮子座——狡猾,具有破坏性而且忌妒心强。我认为伊娃从未原谅过她。"我想道格拉斯－霍姆可能也没有原谅她。

但是,仅以此来评价玛格丽特,未免太肤浅了。她摆脱了道貌岸然的王宫的束缚,是托尼引导她享受无拘无束的性爱乐趣。她害怕失去那种强烈的快感,也愿意让托尼在自己的性品位上保留一定的自由度。他们公然与那些放荡的夫妇交往。例如,肯尼思·泰南就很乐意邀请他们俩到他家里参加一些具有挑逗性的娱乐活动。一天晚上,托尼和玛格丽特去他家时,遇到了哈罗德·品特①和他当时的妻子薇薇安·莫姗特，还有彼得·库克②和他的妻子。泰南给大家放了几部黄色电影，其中一部是让·热内（Jean Genet）臭名昭著的《情歌恋曲》③，该片深入描写了一群罪犯相互做爱以及自慰的淫荡细节。对于这样的画面玛格丽特明显表示出不适，幸好彼得·库克开始即兴配音，将这部电影台词换成了吉百利雪花巧克力棒的电视广告词，把大家逗得哈哈大笑。

玛格丽特也是一位我所熟知的综合征受害者：《星期日泰晤士报》式活寡妇。托尼经常被报社派去出差，这对他来说是很好的机会，可以在个人安全不受威胁的新闻中崭露头角。我知道当有的记者和摄影师感到婚姻压力大时，就会选择出差离开几个月。例如，许多记者和摄影师就因为参与越南战争的报道而声名大噪。他们的妻子们有可能因此真的成为寡妇，克莱尔·托马林就是一个悲惨案例，她的丈夫尼古拉斯是《星期日泰晤士报》最优秀的作家之一，也是我的一位密友，却在报道1973年的阿以战争中身亡。玛格丽特对托尼的频繁出差感到很不满意，但却又无能为力。她不愿让托尼感觉她永远无法理解或尊重一种职业的召唤。

道格拉斯－霍姆的死是玛格丽特强大诱惑的恶果。这让我感觉到，托尼和玛格丽特擅长以牺牲他人的幸福为代价而独享其乐。

---

① 英国剧作家、导演。
② 英国建筑师、教授、作家。
③ 又名《鲜花圣母》，是让·热内执导的一部同性短片。

事实上，我在他们俩身上看到了斯科特·菲茨杰拉德[①]在《了不起的盖茨比》中塑造的汤姆和黛西·布坎南这对无赖夫妇的影子：他们都是"冷漠之人……出来闹个翻天覆地之后就撤回他们用金钱或极度冷漠或其他将他们俩绑定在一起的东西铸就的城堡中……留下其他人帮他们收拾那一大堆烂摊子"。我心中的终极疑问是：不忠的婚姻究竟能走多远？

*　*　*

当斯诺顿夫妇的婚姻走向尽头时，英国的经济也步入崩溃边缘。威尔逊政府发现，在现实中，当英国作为世界强国的地位不复存在时，仍想保持英镑作为强国时的币值水平实属异想天开之举。但英镑的坚挺与民族精神有着不可磨灭的联系，甚至达到了非理性程度，因此随着英镑的贬值，许多人认为威尔逊的爱国主义精神不足，缺乏英国人强大的自尊。结果，女王不知不觉卷入一场宪政危机的风口浪尖，危机的核心原因涉及君主制的存在——江郎才尽之后，君主制就只剩下一个没有政治阵营、没有政治抱负的国家元首。那么有谁想要一个强悍的军人而不是女王当国家元首呢？

蒙巴顿伯爵可能就想过这个问题。1968年有人策划了一场疯狂的阴谋，企图发动政变推翻哈罗德·威尔逊政府，建立一个"国

[①] 20世纪美国作家、编剧。

家紧急政府",意图推举蒙巴顿伯爵为紧急政府的最高统治者。直到今天,有关这场阴谋的关键细节要么缺失,要么模糊不清。这个问题不可避免地助长了一些"隐形势力"的阴谋论,即复仇主义组织策划反对民主治理的运动。要想弄清楚政变细节,其中一个方法就是看看政变涉及相关人员。这些人结成了非常奇怪的联盟。我对其中的两个人比较了解,都是自私自利、心口不一之人。总的来说,所有同谋者都不是什么风云人物,真正策划重大政变的人都不可能考虑他们中的任何一个人——尤其是蒙巴顿,蒙巴顿自身最大的问题就在于他太高估自己了。

  这场政变阴谋最初产生于一个人的脑海中,他就是塞西尔·哈姆斯沃思·金。你们应该还记得,他是巨无霸国际出版公司的创始人,我曾被聘担任执行编辑。他还是监督《每日镜报》集团的最高权威——正因为此,他才在这次事件中起到了作用。更重要的是,在1965年也就是威尔逊政府执政的第一年,金被选为英格兰银行18名法官之一,并于1968年3月成为英格兰银行财政委员会4名非执行董事之一。这样金就处于一个非常独特的特权地位,能够详细地了解国家财政状况。不幸的是,现实中国家财政状况惨烈。前年11月,威尔逊迫于无奈做出让英镑贬值的决定,英镑兑美元汇率从2.8美元降至2.4美元,降幅达到14%。货币贬值不仅对英国的财政造成了影响,更主要的是打击了英国人民的民族自豪感。威尔逊竭力安抚人民,声称英镑贬值并不意味着"你们口袋里的或者钱包里的或者银行里的英镑贬值了"。同一天,英格兰银行只得屈服于英镑贬值决定,而在这之前,银行花费了近2亿英镑力图稳定英镑币值。威尔逊是一位经济学家,也是一个现实主义者,他知道自己面临的问题有多严重。3年前,他继承了保守党8亿英镑的赤字,但他没有预料到中东危机(导致苏伊士运河关闭)和国内一系列严重罢工所产生的综合影响。

大约5个月后,当金查看银行账目时,情况更不容乐观。此外,他认为威尔逊及其政府还不如一个小学校长,小学校长起码还有点担当,至少会把犯错的学生视为自己的责任。威尔逊上台得到了《每日镜报》的支持,而现在金不愿意再支持他了。不仅如此,他还想把步子迈得更大一些——找一个他认为可以拯救国家免遭灾难的人,建立新政府取代现有的民选政府。后来他听说蒙巴顿伯爵也有同样的想法。于是在休·卡德利普的协助下,他于1968年5月8日下午4时30分在伦敦的家中与蒙巴顿会面——这次会面是整个阴谋的关键,但其间的具体细节仍存有争议。卡德利普和金发现蒙巴顿同时还邀请了第4位参与者:索利·朱克曼爵士。在这4人之中,朱克曼是最不可能成为阴谋策划者的人。他是威尔逊政府的首席科学顾问,自第二次世界大战以来一直是各位首相的顾问,也是战略轰炸的主要倡导者。朱克曼智商位于这一屋子人之首——有人说他"从不与傻瓜交往……因为他根本忍受不了傻瓜"。他一定很快就意识到自己被困在了一群傻瓜之中。金预测迫近的政治和社会将如世界末日般不可救药,卡德利普总结道:"政府将要瓦解,流血事件难以避免,武装部队将会参与进来。"最后,金问蒙巴顿"在这种紧迫的情况下",他是否愿意领导新一届政府。

据卡德利普说,当时蒙巴顿转身问朱克曼:"到目前为止你一句话也没说。你怎么看？"朱克曼的反应是所有后续版本的关键，被描绘得更像是复辟时期的喜剧剧本——朱克曼愤然起身走到门口，快出门时，大声喊道：

这简直是大逆不道。光听到在街角架起机关枪就已经够骇人听闻了。我是公务员，绝不会干这样的事。迪基，我劝你最好也别干！

蒙巴顿的私人秘书约翰·巴勒特这时从楼上的一间办公室下来，正好听见了朱克曼所说的话；巴勒特把朱克曼说的话一字不差地记录了下来，以备后用。

几分钟后，金和卡德利普也离开了。

后来，在这关键的几分钟里所发生的事情，金在日记中写下了一个版本，也是向女王汇报的版本：

索利好像有些尴尬，匆匆离去了……索利走后，蒙巴顿说他中午在皇家骑兵卫队吃午饭时，发现军队士气低落。他还说女王收到了数量空前的请愿书，并都转交给了内政部。据迪基说，对于整个局势，女王很担忧。显然他和女王关系很亲近，女王的这个周末就是在布罗德兰兹庄园度过的。

据金说，蒙巴顿之后问他，他能做些什么，金建议：

未来王权可能会进行干预：武装部队可能会发挥重要作用。

迪基应该低调行事，远离公众视线，以便将来东窗事发时，自己能洗脱干系。他自己也无意进行干预。

整场政变完全是两个不知天高地厚的人自导自演：金和蒙巴顿。其他人都无关紧要。

随着我的调查，我发现卡德利普和金的关系很蹊跷。终于我在蒙巴顿事件中找到了突破点。到目前为止，卡德利普自己虽然一直傲慢自负，但曾公开表示过对金的膜拜之情："他的伟大来源于三个因素，"他在回忆录中写道，"……渊博的知识，对大事精准的把握，以及他的远见卓识。"他为金写的这部圣人传记可谓曲意逢迎到了极点。金的确博览群书，但是却读得含糊不清。他像一个吸尘器一样有什么吸什么，从不用大脑思考。他对世界大事的"精准把握"完全是在大人物的前厅中偷窥来的，基本没有任何学术含量。至于他的远见卓识就更加悲哀，如1968年所示，正是他极度爱国的远见卓识导致他误入歧途。他长得仪表堂堂，行为举止完全是上流阶层的模样，对自己超凡的智慧有着坚定的信念。然而多智者必有不知时，但是他却缺乏那种对智慧的基本谦逊，更容易聪明反被聪明误。要是让他创办一份严肃报纸，时间一长，编辑们就会识破他的真面目。但《每日镜报》并没有这样水准的编辑，卡德利普之所以能够忍受他，完全是出于一种奇怪的需要和本能的屈服，他始终坚持老板就是老板。卡德利普在回忆录中写道："这二三十年来我们在大多数问题上都有分歧，但他始终是掌握最终决定权的那个人。"到了1968年，尽管卡德利普像一个神经质

207

看护者一样和金如影随形，但是显然也难以抑制他最疯狂的冲动。他甚至感觉到，如果对金的疯狂置之不理，就如同给了他一条上吊自杀的绳子。结果，金无视他的建议，犯了一个致命的错误。

与蒙巴顿会晤两天后，卡德利普同意让金在《每日镜报》的头版发表他对威尔逊异乎寻常的个人攻击，题目是《该滚蛋了》。"威尔逊及其政府，"金写道，"已失去所有执政信誉，毫无权威可言。"他抱怨英国已经落后于诸多战败国——日本、德国和意大利。最后他说："现在我们面临着历史上最严重的金融危机。谎称国库储备殷实是不可能消灭这场危机的，只有一个全新的开始才能带领我们渡过危机……"

卡德利普尝试了两次让金删掉"谎称国库储备殷实"这句话——他也知道金的这句话是基于对英格兰银行和财政部数据的内部消息。但每次都被金拒绝了。这句话违背了英格兰银行要求法庭成员保持沉默的要求，几天后，金辞去了银行法庭成员一职。工党的领导层被这篇文章激怒了，不过国际出版公司的董事们认为《该滚蛋了》这篇文章对金产生的负面影响比对首相的影响更大。到了月底，金走了——卡德利普写了一封私人信件将他辞退，然后接替他担任主席之位。

与此同时，蒙巴顿采取了金的建议，一直低调行事。金在日记中提到女王收到了"数量空前的请愿书"，这一点需要他详细阐述，但金没有做出回应。这些是谁写的请愿书？他们是否也想中止民选政府，推翻威尔逊政府？蒙巴顿想让谁在他的领导下以某种准总统的角色来领导一个"国家紧急政府"呢？

最后一个问题在当时的任何文献中都找不到答案,但这个答案一定就存在于某个地方——因为这个答案就如大气压一样存在,只是无法记录下来罢了。现在人们都受制于一种新观念,即当政治家们在管理国家和发挥国家潜力方面无能为力时,就需要一批人才(早已严阵以待)站出来:大企业的领导者们。我知道这种新观念从何而来。6年前,在《星期日泰晤士报》杂志社,我们发表了一篇关于所谓德国经济奇迹的大文章,主要报道了克虏伯[①]帝国、钢铁制造商和大众汽车等商业巨头(都曾主动与纳粹合作过)的发家过程。金不断抱怨德国和日本的复兴,原因如出一辙。我在为他工作时就发现,金一向把自己视为高效经营的典范,同时对具有鲜明现实主义思想的人表示钦佩。商业新闻便是这种自负的附属品。严肃报纸越来越重视这一点,结果抓住了德国经理人为全世界树立了榜样这一点,开始将商业新闻个人化——带动了新一代英国超级经理人的出现。

卡德利普说,蒙巴顿曾提到过许多商人的名字,例如,勇于抡起斧头向过载的英国铁路网大刀阔斧削减铁路设施的比钦勋爵,比钦勋爵也因此饱受赞誉,被称为万能的奇迹创造者。问题是,如果仔细观察那些能拿出来与德国行业相提并论的英国行业,如汽车和现代消费品行业,其管理实际上非常糟糕。蒙巴顿对白厅的高级公务员评价还是很高,虽然他们几乎没有什么实际经营经

---

① 德国实业家和"火炮大王"。

验，也很容易被商业说客们欺骗，例如，以低得离谱的价格出让北海石油开采权。但是，因为在战争中的经历，蒙巴顿也听从了另一个更为险恶的利益轴的声音，酝酿起了政变的想法。这一利益轴包括军情五处和军情六处老一代中只会趋炎附势的那些人，长期以来他们最擅长的就是不择手段地保卫自己的领地，还有那些詹姆斯·邦德式的强健爱国派，包括邦德的创造者伊恩·弗莱明[①]和他的朋友大卫·斯特林（英国空军特别部队的创始人）。

蒙巴顿似乎从没意识到，自己因自负虚荣而参与的政变一旦暴露出来，将会对君主制构成严重的威胁。事实上，根据金的日记，蒙巴顿把女王看到"请愿书"时的慌乱反应解读为一种暗示，因此当她周末来布罗德兰兹庄园和他会面时，他能够向她保证，如果真到了那一步，他有办法解决这个困扰着国家的问题。没有可靠的文件证据表明究竟是谁真正阻止了这一阴谋。人们普遍认为是当天朱克曼本能的恐惧之声（被蒙巴顿的秘书精准地记录了）制止了这场阴谋，然而事实显然并非如此。还有一种理论，但是来源不算可靠。这一理论首次出现在 2007 年出版的一本书中，由阿丽克斯·冯·藤泽尔曼撰写，名为《印度之夏：日不落帝国最后的荣光》。藤泽尔曼声称根据英国王宫中的私人消息，是女王自己阻止了这一阴谋。冯·藤泽尔曼的这一理论，再次出现在安德鲁·洛尼于 2019 年所著的《蒙巴顿夫妇》中。我写信请冯·藤泽

[①] 英国小说家、特工，1953 年以自己的间谍经验创作詹姆斯·邦德系列第一部。

尔曼详细说明她的消息来源时，没有得到她的回复。这个版本彻底改变了阴谋的性质，结果转而有利于王室，然而令人遗憾的是，这一版本缺乏权威信息来源。尽管如此，如果事实真是那样的话，那一定是一个相当重要的时刻。能够刺破"迪基"巨大自负的人屈指可数，女王算其中之一。对于这个备受挫折但永远渴望权力，行为无常的叔叔，女王有她的办法。他在王室姓氏之争中所扮演的角色（加上菲利普强硬的态度）已经让她看清，他的个人心机有多么深。现在，如果真的是女王阻止了这场阴谋，那么她算是救了蒙巴顿一命，同时很可能也是救了自己一命，自救于一场真正灾难性的宪政危机。

* * *

与此同时，当一位舰队街的大亨被强行驱逐时，另一位新大亨出现了。1969年年初，澳大利亚报业大家族的接班人鲁伯特·默多克收购了《世界新闻报》（*News of the World*）。为了在舰队街站稳脚跟，年轻的默多克已经准备好接手这项业务，他知道这项业务具有许多伦敦报纸的通病：管理不善、长期人员冗余、编辑方法老旧。在我看来，虽然那时《世界新闻报》还称不上新闻界的典范，他所爆发出的新思想是十分受人欢迎的。而那个时候，他在舰队街的许多同僚还都是另一个时代的僵化遗物。

此时，大卫·弗罗斯特作为记者在《弗罗斯特计划》中取得了辉煌的成就，已经成了一个集团的主要推动者，为集团赢得了伦敦周五、周六和周日的商业电视特许经营权。我在国际出版集团的杂志大帝国中工作已有一些时日，看明白了其中的情况，知道要花上几年的时间才能确立自己的地位，因此拒绝了卡德利普让我留下来的请求（许多人留下来就是为了能分享一瓶红葡萄酒），加入了《伦敦周末》公司，担任时事主管，并成为《弗罗斯特计划》新一任执行制片人。在头几期节目中，我建议用一整期的时间专访默多克。他实际上仍然不为公众所知。默多克决定出版一本名为《全盘揭秘》的回忆录，作者是普罗富莫丑闻中的交际花克里斯汀·基勒。《世界新闻报》宣传，此书具有启示性；但我自己做过深入调查，清楚地知道，此事已经没有什么新内容可写了。默多克向基勒支付了2.1万英镑购买回忆录的连载权。他没有料到他的这个决定很快就引发了敌意。约翰·普罗富莫在过去的6年里一直在为生活在东伦敦的穷人做好事，以期恢复自己的声誉。伦敦天主教红衣主教希南是众多代表普罗富莫进行抗议的人之一。

默多克欣然接受了我们的邀请。我在演员休息室和他见了一面，显然他对出版这本回忆录非常有信心。我提醒他，弗罗斯特可能会就此对他施压——因为默多克声称，基勒的故事中透露了一些关于政客们如何处理丑闻的重要新细节，这显然是胡说。人们曾引述过他说的话："人们可以尽情地嘲笑我，但我相信我们的报纸将会多售出15万份。"令我担心的是，默多克似乎不知道自己面对的是电视行业最令人望而生畏的采访者。结果，第一阶段的采访结束后情况对他很不利。弗罗斯特摧毁了他的防线，演播室的观众也充满敌意。我们不甘心就此半途而废，决定挖出默多克对新闻的核心信念。所以我做了一件我从未做过的事——在广告休息期间,我去了演播室,告诉默多克接下来要采访的内容。当天早些时候,我们录制了对红衣主教希南的采访,希南代表普罗富莫发表了强有力的讲话,他说基勒仍然对他纠缠不清,是他的耻辱。事实上,默多克本可以辩驳说真正的受害者是被世人抨击而自杀的斯蒂芬·沃德。相反,他从希南的攻击中退缩,编造了一个荒谬的阴谋论,认为攻击他的人是"不想与普罗富莫有任何干系的当权派成员"。这次采访对默多克来说简直就是一场灾难。他走下台后径直冲向我,用手指戳着我说:"从今往后你我势不两立。"他对弗罗斯特同样怒不可遏。第二天,他给我们发了封私信,指责我们"无耻地对他进行了伏击"。弗罗斯特认真地给他回了封信,指出在他上台之前,我们已明确把要提问的问题和希南采访的事告诉过他,而且我又在录音室再次提醒过他采访的要点。默多克偏执地认为是"当权派"在陷害他,这未免太荒唐可笑。作为记者,我们最擅长的就是揭露那些由权力关系网制造的丑闻和灾难。默多克没有这样的资历,但多年之后,他仍坚持以"精英主义者"的身份攻击任何攻击过他的人。更重要的是,他确实对报纸上应该报道什么能够大卖有敏锐的直觉,当他发现王室生活对小报读者极具诱惑力时,他便毫无顾忌地开始满足读者们的胃口。

第十七章　一场伟大的盛会和一部消失的纪录片

随着查尔斯王子年满20周岁，女王决定公开授予他威尔士亲王的头衔——成为拥有这一头衔的第21个王子——1969年7月，在威尔士举行了盛大的国事典礼。王子9岁时，在女王的提议下就获得了这一头衔。1958年，在事先没有告知王子的情况下，女王在加的夫英联邦运动会闭幕式上宣布查尔斯王子获得威尔士亲王这一头衔。高调宣布王子获得头衔是女王的母亲鼓励女王做出的决定。查尔斯在高登斯顿学校参加特种兵训练时，女王的母亲是他的依靠，时常给予他安慰。她在查尔斯身上看到了丈夫乔治六世内心所遭受的心理折磨，因此与丈夫一起培养了关心关爱他人的品质，并帮助国王克服了口吃的毛病，而这种关心关爱的品质显然没有遗传到她的女儿身上，女王有待认真学习这一品质。女王的母亲相信，在公众场合"授封"查尔斯，能为他的形象增加一份庄重感，至少这是他以前所不具备的。

威尔士亲王这个头衔，总是有一些名不副实的成分。先不论威尔士人想不想要自己的王子，这一封号都有一种肆意强加给威尔士的意味。爱德华一世征服威尔士后，于1301年授予他的小儿子这个头衔，并且从未征询过威尔士人的意见。另外这一头衔上也没有多少实质性的利益，不足以鼓励受封之人定居威尔士。但查尔斯王子同时获得的另一个头衔就更加有利可图：康沃尔公爵。康沃尔公爵的领地包括西部国家和伦敦的大量地产和财产（如我们现在所见，查尔斯王子已经把公爵领地变成了一个价值数百万英镑的产业）。

威尔士王子这一头衔并不是自动传给王位继承人的。从技术上讲，如果君主认为王子不适于这个头衔，就可以不予以授封，但在现代，接受这个头衔似乎是一种义务。当然，获得这个头衔的王子也就意味着排在了其他王位继承人之上，这一点意义重大。问题是王子们通常都还没有准备好，就被推上了这个角色。查尔斯可能已经意识到了这其中的风险，他只需回顾一下叔公爱德华王子的遭遇就明白了。

1910年6月23日，爱德华16岁生日时，乔治五世国王在温莎授予他威尔士王子的头衔。爱德华当时还是达特茅斯港口的一名海军学员。当时国王还有些担心爱德华不太成熟——委婉地说他"还是年纪轻轻"。他决心要把爱德华的授封仪式办得如剧场上演的一部巨作一样轰轰烈烈，以让爱德华获得权威。一年后，也就是1911年夏天，授封仪式正式开始……自1616年查尔斯一世之后，威尔士王子就再也没有在威尔士举办过受膏仪式（真实性还有待考证）。威尔士王子应该在威尔士加冕的想法是由大卫·劳埃德·乔治提出的，他是一名自由派政治家，也是一名热情的威尔士爱国者。随之而来的授封大典盛会，像一场吉尔伯特[①]和沙利文[②]共创的歌剧一样，盛大得有点过火。授封地点选在了威尔士西北部的卡纳芬城堡，这是一座中世纪城堡，部分建筑被毁，无人居住，更像是《权力的游戏》世界里的城堡，而不像王室所拥有的建筑。

王子受封时如何着装是没有先例的，于是相关负责人就自创了一套：上身是一件边缘镶着貂皮的紫色天鹅绒外套，下面配一条白色的马裤，头上戴着一顶冠冕。爱德华抗议这身装扮"滑稽可笑"——事实上，他的样子就像《皮纳福号军舰》[③]中的人物——这身装扮一定会引起其海军同学的讥笑，但他的母亲最终说服他穿上了这套服装。时任内政大臣的温斯顿·丘吉尔宣布他获得头衔，他的父亲正式授予他威尔士王子这一头衔。劳埃德·乔治教他用威尔士语说了几句话，其中一句是"Diolch fy nghalon I Hen wlad fy nhadau"，意思是"我从心底感恩父辈、感恩故土"。

托尼·斯诺顿不会说威尔士语（他的祖父会说），但是他在阿伯凡矿难中的表现证明了他和威尔士有着真正的血缘关系。女王因此尊称他为卡纳芬军事总长。我还听说女王决定让他负责卡纳芬的授封仪式，这看似是一种鼓励，实则是一项大挑战。如何能使一些本质上就很古老的东西现代化？当然，这个仪式中唯一真正具有中世纪特色的就只有城堡本身。托尼偏爱雅致脱俗的风格

[①] 英国剧作家、文学家、诗人。
[②] 英国喜歌剧的代表作曲家。
[③] 是一部两幕喜剧，由阿瑟·沙利文作曲，威廉·吉尔伯特创作剧本。

而不喜矫揉造作的场面，因此可以猜到他应该能够避免上一届授封仪式中的那种庸俗。这一次的授封仪式将通过电视直播，这也是王室的第一次彩色直播。从一开始，托尼就和几个保守派针锋相对，他们是：诺福克公爵和作为纹章院①院长控制着所有的国家仪式，还有嘉德勋章②院的第一主管安东尼·瓦格纳爵士。与纹章学和皇家徽章方面的专家们一样，安东尼爵士是个细节方面的学究。托尼选择威尔士龙作为威尔士文化和身份的自然象征，印在鲜红的旗帜上。他想将龙设计成尾尾相交的样子，但是安东尼爵士却说龙尾相交是不被允许的。"拜托，亲爱的嘉德勋章主管，您就不能稍微灵活一点吗？"托尼故意装腔作势地恳求他。这种语气我经常在《星期日泰晤士报》的许多会议上听到。嘉德勋章主管最终在龙尾相交一事上做了让步。但是整个仪式中最庸俗的部分却出自他的手，那就是女王戴在查尔斯王子头上的那顶冠冕。托尼建议用一顶朴素、无华丽装饰的金冠，就像伟大的勇士亨利五世国王所戴的那样。安东尼爵士却说服大家使用他所建议的冠冕，一顶综合了黄金、珠宝、十字架、圆球、天鹅绒填充物和百合花的大王冠。这顶冠冕不仅沉重而且硕大。当女王把它戴在查尔斯王子头上时，把他的眼睛都遮住了，不得不轻轻地向上推一推，才推到太阳穴的位置上。女王对安东尼爵士设计的笨重冠冕并不满意。事

---

① 建立于1484年。负责英国官方纹章的设计和颁发等。
② 历史最悠久的骑士勋章和英国荣誉制度最高的一级。

后她向诺埃尔·科沃德讲述了这件事,把冠冕比作一个蜡烛套盖。

这次仪式中,托尼最大的成功就是电视直播仪式中最大的亮点,草地上铺的是一块威尔士石板台——而不是传统的红地毯——还有为女王、菲利普亲王和查尔斯王子准备的三座简单朴素的石板王座。除此之外,最壮观的还有托尼用普通有机玻璃倾斜搭在悬臂式柱子上形成的一个大华盖,他在肯辛顿宫的装修过程中就尝试过这种造型。这一石板台是对1911年乔治五世作为印度皇帝在德里宫廷中坐过的华丽石板台进行的巧妙改造,托尼改造后的石板台虽然简单,但同样令人望而生畏——减少仪式中的浮夸华丽是托尼真正的成功。这次的授封仪式没有重蹈爱德华王子歌剧式授封仪式的覆辙,反而在全世界的电视屏幕上大受欢迎。在美国,全国广播公司(NBC)电视网因为这场直播获得了有史以来的最高评级。英国广播公司于2019年查尔斯王子受封50周年纪念日时重播了当时的盛况。托尼将中世纪元素和现代元素巧妙结合在一起,这在王室一直都是难得鲜有的。

事实上,这个家庭一直面临着如何处理新旧思想碰撞的紧张关系。威尔逊政府终于兑现了诺言,结束了宫务大臣办公室对戏剧的陈旧审查制度。然而,在一次内阁会议上,威尔逊说王宫曾派人与他就这些事进行了交涉。据出席会议的部长理查德·克罗斯曼说,威尔逊是这样解释的:"他们并不想禁止所有调侃在世名人的表演,但如果有调侃菲利普亲王的表演,他们就会出来阻止,因为这样的表演对女王来说太痛苦了……他们还希望能够禁止专门针对人物暗杀的戏剧。"然而这些种种束缚——除了诽谤法——

都不应该继续保留。而王宫里以科尔维尔中校为代表,认为应该保留这些束缚的人,也随着1968年他的退休而消失。取代他职位的是自信干练的澳大利亚人威廉·赫塞尔廷,他很清楚现在对于君主的公众形象影响最大的是什么——电视。负责监督卡纳芬授封仪式的诺福克公爵,无奈地承认电视已成为无可改变的现实:"既然人们发明了这些东西,"他对托尼说,"你就得忍受。"赫塞尔廷还知道,英国广播公司不再是1957年奥特林厄姆抨击王室时那个趋炎附势的附属品了。1966年,该公司最受关注的时事节目《全景》栏目播出了一期名为"君主制及其未来"的特别节目。节目中揭露了人民对王室存在的意见分歧。宪法学者和大都市评论员都哀叹,奥特林厄姆对王室的抨击并没有引起君主制的根本改变——王室并没有减少浮华和仪式,也并没有增强与现实生活的接触。但是内陆农村地区仍坚持着荒唐的观点:据一项未公布的调查显示,大多数人认为,如果君主和首相的意见发生冲突时,就应该服从女王的意见——首相应该始终服从女王本人。

一家出版商委托《全景》节目的制作人杰里米·默里－布朗撰写一部与"君主制及其未来"同名的书籍。曾让默里－布朗最为愤怒的是,两位对温莎夫妇最直言不讳的批评家奥特林厄姆和马尔科姆·穆格里奇,多年来一直被禁止出现在英国广播公司的节目中。这次他要求两人参加,共同完成本书。奥特林厄姆,现在用的是其平民名字约翰·格里格,同意参编此书。而穆格里奇拒绝了,他说:"一听这个话题,我就烦死了。"格里格又邀请了另外16个人加入,我是其中之一。

在一篇题为《王宫与影像机》的文章中，我把温莎夫妇与美国王室肯尼迪夫妇进行了对比。我曾为《泰晤士报》写过一篇专栏文章，是关于罗伯特·肯尼迪成功竞选到纽约州参议员一席的内容，其中提到了部分相关信息。这篇文章遭到了肯尼迪公关专家的排斥。我在文章中分析，肯尼迪的公关专家们用包装消费品的技术对肯尼迪进行了包装和推销。虽然我的分析遭到了他们的反驳，但事实就是如此。我在书中呈现了肯尼迪家族是如何从强硬的波士顿–爱尔兰反动派政治家转变为风趣、睿智、开明、优雅的白马王子的经过。罗伯特·肯尼迪是家族系列产品中的最新产品，而且还是一款获奖产品。我试问：如果相同的技术应用于英国王室，会如何？我半开玩笑地写道：

玛丽·奎恩特会被誉为服装大师吗？女王会为连·戴顿的惊悚片放弃赛马日程吗？巴克宫①能像镇上其他地方一样摇摆吗？欧洲其他地区是否会发生骚乱，要求复辟君主制，为政府注入新活力呢？哈罗德·威尔逊会出版一本名为《女王的智慧》的书吗？

我自己提出了一系列站不住脚的假设，然后逐一攻破，最后认为包装肯尼迪的技术会把这个王室变成一个荒诞的幻想。因此我建议，在快速变化的社会中，君主政体不应该由那些业余人士

---

① 白金汉宫的俗称。

来领导（通常都是），而应该由有能力判断王室活动后果（包括二级或三级后果）的专业人士来领导。最后我说：

如果女王真的能以真实的自己，不必事先排练，在不那么正式的相关场合下发表一些个人的想法，比如，面对电视镜头，与那些有机会塑造国家的人谈谈她对国家发展目标的想法——这相比那些矫揉造作、毫无用处的圣诞讲话，不是更有价值更有意义吗？

马尔科姆·穆格里奇在《观察家报》过高地赞誉了这本书。他这样写道："欧文先生之大作，掩他人之光辉。"而在我看来，这本书里最具洞察力的文章之一是出自一位年轻的印度作家萨斯蒂·布拉塔之手，他说：

英国社会仍然认为其君主虽然不完全是神圣的，但是应该高于普通人类。由于这种信仰缺乏理性基础，我们姑且称之为神秘之力吧。但这种神秘之力造就了一种不合理的逻辑。我们反对将世袭原则作为社会歧视的正当基础——理论上不应该——然而在社会金字塔的顶端，君主却恰恰体现了这一原则……是君主认可了种姓制度。

我写这篇文章时并不知道白金汉宫已经下定决心，在媒体面前对王室进行改头换面。而他们正好掉进了我以肯尼迪式技术改造王室的假设陷阱中。新上任的"扫帚"赫塞尔廷认为,女王和她的家人已经成为"单面人"①。菲利普亲王也赞同改变,他说:"王室始终保持一种遥不可及或最高权威的感觉,这是完全错误的。如果人们能把王室成员,不管是谁,也不管什么头衔,看作是个体,看作普通人,我想这会让他们更容易接受这个体制,感受到这种体制的一部分。"然而问题就出在这儿。王室品牌的核心品质就是其最高权威。这个词用来描述因出身就能获得如此权威的人来说,本身是不准确的。有此最高权威的人一旦以"个人"或"普通人"的形式被简化为熟人和亲密之人,这种最高权威的品质就会受到损害——仅仅为了让自己看似普通而普通,结果要么会降低自己的档次,要么就是矫揉造作。因此无须再做什么新交易去让人们感受到"体制的一部分"。在我的文章中,我写道,女王从来没有假装自己不是什么样的人。现在,在菲利普和赫塞尔廷的催促和诱导下,她扮演起了两个角色:君主的角色和一个正常的妻子兼母亲的角色。王宫聘请了英国广播公司的一位顶级纪录片导演理查德·考斯顿,创作了一部史诗般的实录电影,并计划在卡纳芬授封仪式前播出。王室抱着一丝幻想,希望通过实录的方式向人民展示女王的工作是多么艰巨。她对巴西和智利的国事访问也将是纪录片的一部分。人们将在电视上看到她在伦敦向世界各国领导人致意的场景;看到她

---

① 是对工业社会一些人的统称,他们只知道物质享受而丧失精神追求,只有物欲而没有灵魂,只有屈从现实而不能批判现实。

在办公桌前处理国家文件的一幕；看到她每周与首相会面情况，看到她组织并主持露天招待会的样子。当然人们也能看到一些她的个人爱好和兴趣，比如她的马和狗。纪录片拍摄历时近一年，覆盖了172个地点。起初，女王出于本能不愿意扮演这个新角色。以前从未有人要求她如此频繁地出现在摄像机镜头前，忍受世人的监视。但在周围人的建议下，她让步了，强忍着坚持了下去。

这部纪录片名叫《王室》，于1969年6月21日播出。英国有4000万观众，国外130个国家的观众总数约有4亿，但就王室品牌重塑而言，这可谓是一场灾难。纪录片中的那些平淡陈腐的场景是对观众的折磨——一家人围坐在厨房的餐桌旁，尽可能显得随意和气；女王洗盘子；女王在巴尔莫勒尔附近和小爱德华王子一起买糖果，却发现钱带得不够。一些评论家借题发挥，根据他们的表演和行程轨迹，乐此不疲地试图给温莎家庭成员定一个合适的社会阶层。有的说他们就是闲话不断的郊区野心家，还有的称他们是沉闷的地主阶级。英国广播公司资深纪录片制作人大卫·爱登堡也是这部纪录片的制片人之一，从人类学角度发表了自己见解。他说，君主制"需要保持神秘感，如同部落一样，酋长就应该待在小屋里足不出户。如果部落里的任何一个成员见过小屋的内部，那么整个部落酋长体系就会遭到破坏，并最终解体"。在首播之后，这部纪录片就从公众的视野中消失了（现在可能可以在视频网站上找到一些片段）。女王本人对此没有发表任何评论，但安妮公主后来说，这本就是一个"馊主意"，这个家庭最不愿意做的事就是接近公众。

用直白的营销行话来说，就是此产品没销路。总的来说，人们对这部纪录片并没有太多敬畏之意。《君主制及其未来》中还有一些针对王室的讽刺漫画插图。其中一张由《伦敦标准晚报》漫画家雅克（JAK）所画。漫画中女王坐在一张俗气的扶手椅上，赤脚泡在放有芥末的浴盆中，一头卷发，手里捧着一本马术杂志《赛场》专心地看着；菲利普站在旁边，懒懒散散好像刚喝了3升酒似的。女王说："我和我丈夫总是在星期四休息一天。"《每日镜报》上刊登了杰拉尔德·斯卡夫的一幅漫画，漫画中女王骑在一匹种马上，背着帝国旗帜，而菲利普则拼命地抓着马的屁股。

在11月初，菲利普亲王无意中卷入一场新的争议中。当时他正在美国访问，有人问起王宫的财政状况。他把王宫描绘成一家濒临破产的企业：王宫已陷入亏损，有可能会卖掉白金汉宫；他们的公共资金水平还是以18年前的消费成本为基础的，早已入不敷出。在公开场合下，哈罗德·威尔逊极力扭转人们对王宫的这一印象，机智地说，王宫账目一直有盈余，只是将来可能会出现赤字。为了解决这个问题，他将任命一个委员会对王宫财政进行整改。然而私下里，威尔逊却要应对3位共和党内阁成员的抨击：理查德·克罗斯曼、罗伊·詹金斯和芭芭拉·卡素尔[①]。红发女王卡素尔直言不讳：菲利普说的那些话简直是一派胡言。克罗斯曼支持她

[①] 英国工党左翼政治家，20世纪五十、六十及七十年代英国最敢言和高调的工党女性政治家之一，长期被视为党内左翼，连同她的一头红色长发，都予人一种形象鲜明的印象，使她有"工党红色女王"（"Labour's Red Queen"）的绰号。

的观点，在日记中写道："女王从不缴纳财产税或遗产税，自这些税种出现以来，君主从未缴过任何税，她是迄今为止英国最富有的人。"虽然威尔逊当时是女王忠实的粉丝，但是对他们的抨击并无异议。他说，大多数有钱人获得财富后，都将很大一部分财富用于慈善事业——只有王室成员认为他们可以把所有私人收入全部揽入囊中，而在公务上可以一毛不拔。当时，威尔逊正在努力设立全国物价标准和收入政策。但在公开场合，对于菲利普的言论，他并没有表现出愤怒，也无意着手让王室纳税。"哈罗德真是忠心耿耿啊。"克罗斯曼义愤填膺地写道。

当王室再次退回其保护壁垒之中时，那个刚出道且最不为人知的报纸所有者，鲁伯特·默多克，推出了一个小报——《太阳报》。他在和大卫·弗罗斯特结下恩怨时，也是我初遇他时，就已经开始计划这一步棋了，这是他创建报业帝国的第二步。周日报纸的种种局限让他深感束缚太多，于是决定创办一份每日版《世界新闻报》。除了默多克，没有人真正预见到他心目中的报纸是什么样的，尤其是我。我在传媒行业杂志《媒体》中这样评论了第一期《太阳报》：枯燥无味、俗不可耐。我的文章中插入了拉尔夫·斯特德曼画的一幅漫画，他比我更具预见性：漫画中，一个身材臃肿，看上去有点醉醺醺的编辑，只穿了件衬衫坐在办公桌旁，一个副编辑冲进他的办公室，手里拿着一铲热气腾腾的大便，大声喊着："留下头版！"默多克从《每日镜报》手中买下的《太阳报》及其印刷厂。《太阳报》是从工党的官方报纸《每日先驱报》演变过来的，是休·卡德利普领导下的一份平淡无奇的大报。当默多克购买了这份报纸后，休·卡德利普松了一口气。但卡德利普却在无意中为《每日镜报》的未来树立了一个强硬对手。《太阳报》创造了丰厚利润，为默多克帝国打下坚实基础，也成了大众新闻加速庸俗化的典范。默多克收购《太阳报》时，其日销量只有80万份。10年后，其日销量高达370万份（主要得益于它对君主制的无底线的报道），销量超过了《每日镜报》。

第十八章　把秘密带入坟墓的国王

1972年春末,女王被迫扮演了一个之前许多英国君主都避之若浼的角色:向法国示好。英国政府就英国加入欧洲共同市场(当时的名称)的条件进行了谈判,并取得了成功。此前,英国政府对该项目并不重视,导致几次加入欧洲共同市场的努力都以失败告终。法国一直反对英国成为成员国。哈罗德·麦克米伦指责夏尔·戴高乐顽固不化,他说,戴高乐将军是因为英国赢得了战争而耿耿于怀——这也意味着,戴高乐是一个忘恩负义的人,因为法国战败时是英国给了他庇护。戴高乐不仅没有感恩,反而断言英国人永远不可能成为欧洲人,因为他们过于依附大西洋彼岸的前殖民地。虽然历史遗留下来了一些对英国的反感情绪,但是女王却证明了自己的实力。法国总统乔治·蓬皮杜同意英国对法国进行国事访问,却没有意识到法国人民并没有完全对君主失去热情。"太阳王"[①]的宫殿凡尔赛宫虽然绮丽豪华,但是宴会上的女王更加耀眼,头

[①] 路易十四,自号太阳王,是波旁王朝的法国国王和纳瓦拉国王。

上的王冠熠熠生辉,她对蓬皮杜说:"我们虽然在道路的两旁行驶,但最终的目的地都是一样的。"与法国总统同乘一辆敞篷车穿过巴黎,当看到排列在林荫道两旁热情欢呼的人群时,女王突然有种法国女王的感觉。

但这次访问也有不为人知的另一面。在动身去法国之前,女王得知她那在外流亡的叔叔温莎公爵患上了喉癌,已进入晚期。此时女王和公爵之间的关系已有所缓和。7年前,她同意公爵去世后可以葬在温莎公园弗罗格莫尔的王室墓地,公爵夫人可与他同葬。在女王进行国事访问前的4个月,蒙巴顿伯爵曾去位于布洛涅森林的公爵家拜访过这位77岁的老人,发现他已病入膏肓,体重不足100磅[①]。公爵对蒙巴顿说:"我敢打赌有一件事你一定没想过:如果我没有退位的话,到现在就已经统治了36年——比我的父亲和祖父统治的时间都长。"女王得知,公爵现在已是生命垂危。

华里丝·辛普森这些年一直被英国王室痛斥策划了一场君主政体所遭遇的最具创伤性的危机,此时只得强装坚强准备迎接女王的到访。公爵躺在床上,手上打着静脉点滴。他坚持不能让莉莉贝特——虽然仍称她为女王——看到他这个样子。他要求拔掉点滴,医生们同意了。华里丝花了4个小时才把他从床上扶起来,给他穿上他那标志性的蓝色西装,扶到椅子上迎接女王。他现在已经瘦得只有85磅,那件蓝色西装松松垮垮地架在萎缩的身体上。

---

① 英美制重量单位,1磅约0.45千克。

女王带着菲利普亲王和查尔斯王子抵达时，华里丝深深地行了屈膝礼。用人将女王引到公爵的房间，华里丝给其他人端上茶水。女王和叔叔在一起共处了 15 分钟，至于他们说了些什么没有任何记录，但一位医生说，当他们分离时，女王的眼里噙着泪水。公爵人生中的最后几个小时是如何度过的，据说有多个版本。5 月 27 日深夜，他想吃一碗炖桃干，这是他儿时最爱的食物。5 月 28 日清晨，他把华里丝叫到了床边。一个版本中说，他所说的最后一个词是"亲爱的"，而另一个版本中说，他一直喊着"妈妈，妈妈，妈妈，妈妈"。

几天后，他的遗体躺在棺材中，安放在温莎圣乔治礼堂中一个定制的灵柩台上。连续两天，公众纷纷到此排队悼念。第一天就来了 3 万人，队伍长达 1 英里。到第二天，前来缅怀的人数共达 5.7 万人。许多妇女刚走到灵柩台就不禁潸然泪下。前来悼念的一个人说："我是君主主义者。公爵的所作所为是为了维护我们大家的君主制。但是这些年，他却一直受到不公正的对待。"他这样说确实是充满了善意，然而爱德华的弱点就是，他从不会把君主政体的利益置于自己的快乐和偏见之上，就像他年轻时的一次旅行中所表现的那样。

* * *

这是 1924 年的夏天，正值纽约咆哮的 20 年代[①]，是《了不起

[①] 是指北美地区（含美国和加拿大）20 世纪 20 年代。10 年间，它所涵盖的激动人心的事件数不胜数，因此有人称这是"历史上最为多彩的年代"。

的盖茨比》、禁酒令、时髦女郎、贩私酒和非法经营酒吧的时代，也是歌曲"我和一个与威尔士王子跳过舞的女孩跳过舞的男人跳舞"的时代。许多人都和爱德华跳过舞："他跳起舞来就像个美国人，精通各种舞艺。他还会打鼓，而且技艺精湛。对了，他还非常聪明。他是最可爱的花花公子。"这是罗西·桃莉对他的评价。她是双胞胎"桃莉姐妹"①之一，齐格菲尔时事讽刺剧团的明星，诱惑了欧洲和美国的许多有钱人。她在排练新节目《格林尼治村讽刺剧》时接受了《纽约论坛报》一名记者的采访。姐妹俩从欧洲来到曼哈顿，比爱德华早到一个月。记者写道："就算威尔士亲王亲吻了桃莉姐妹，她们也不会告发他。"双胞胎姐妹中的另一位，名叫珍妮，1921年在伦敦的一个聚会上认识爱德华后，便和他有了风流韵事，不过两人之前都有过许多伴侣："报纸上说，他不停地订婚，我不知道……我认为他根本不是想结婚的人。"罗西说话的口吻，就好像各类王子、大亨和花花公子都只是生命狂欢中转瞬即逝、变化无常的人而已。

当威尔士亲王乘坐贝伦-加里亚号班轮抵达纽约时，立刻被杰伊·盖茨比的世界所吸引——长岛北岸这个在斯科特·菲茨杰拉德小说中所提到的真实地点和真实社会，因为这部小说而不朽。这里豪宅林立，钢铁、铁路和石油大亨云集，体育项目都是马球比赛、赛马和帆船比赛。当地居民争先恐后地邀请威尔士亲王成

---

① 20年代美国风靡一时的双胞胎滑稽戏舞娘。

为座上宾，就好像他作为战利品的市场价值比他们所交易的任何商品都高———一位百万富翁花了150万美元办了一个1200人的派对，爱德华是主宾。之后，他就消失了。

禁酒令为纽约俱乐部的生活带来了新刺激——随之而来的还有风险。作为公众人物，首先需要知道众多卖酒的夜店中，哪些地方是安全的，能避开纽约警察的突然检查以及被一辆装满稻草的马车拉走的丑闻。知道内幕的行家向爱德华透露，当下最时髦的俱乐部是德州吉南的艾尔菲俱乐部。玛丽·路易丝·"得州"吉南是一位多才多艺的天才，也是第一批从演员转行为导演无声电影的女性之一。但她发现自己真正的事业是在酒吧，因为她能够体现出那个时代精明豪爽、大酒量而且"头脑简单的美女"气质。她先是在酒吧里当了一名歌星，然后成了西47街俱乐部的女主人——俱乐部名字中的"菲"字是原老板的名字，一个叫拉里·菲的匪徒。吉南也是一位慧眼识珠的伯乐：鲁比·基勒、芭芭拉·斯坦威克和乔治·拉夫特都是在艾尔菲俱乐部跳舞时，被吉南发掘的。她的经典口头禅就是："你好，笨蛋！快进来，把钱包放在吧台上。"爱德华和迪基·蒙巴顿以及其他随行人员都难以抵御她的诱惑，连着几个晚上去俱乐部放纵。

吉南和罗西·桃莉的感觉一样，认为威尔士王子是"最可爱的花花公子"，并亲切地称他埃迪。有一天清晨，也就是在俱乐部最疯狂的时候，监督禁酒令的警察破门而入。据吉南说，她提前接到了警告，于是把爱德华从舞池拉到厨房，让他换上厨师的白大衣，佯装煎鸡蛋。蒙巴顿被安排到乐队当鼓手。吉南是这一事件的唯一信息来源,她的阐述也是事后很久才出现,所以这其中很有可能有添油加醋之嫌。但其中有一个细节:为了感谢她,威尔士亲王送给她了一个化妆盒,上面镶满了钻石。当时的《纽约日报》也同样马不停蹄、不加鉴别地关注着王室成员的一举一动,但对于此事他们只报道了参与的电影明星,没有出现任何王室丑闻的迹象。试想一下:如果今天的小报能捕捉到当今哪位温莎王子像爱德华这样在曼哈顿地下娱乐场所放荡不羁的一点风声,那么这桩丑闻将是灾难性的。

未来的国王如此粗心大意和肆无忌惮的行为,让王室随从中的一个人备感震惊,他就是汤米·拉塞尔斯,也就是那个在玛格丽特和汤森德事件中第一个拿道德说事的人。他虽然以亲王的助理私人秘书的身份来到纽约,但实际上,他在代表国王和王室完成一个吃力不讨好的任务,预防一切丑闻发生的可能。拉塞尔斯最为担心的是,爱德华的这次行为并不是年少轻狂的最后一次放荡和轻率:他的性格已经完全成熟,而且昭然若揭。虽然拉塞尔斯年纪不大,但早已是一名"老卫士"了——他在贵族传统中长大,深谙为王室服务的标准,那就是正直和自律。他的智力和文化素养远远超出他的主人。我们可以想象,爱德华的身边有如此一个严厉古板的人如影随形,他一定心感不快。然而,我们无法想象的是拉塞尔斯的感受。他于1929年离开了亲王的家,并告诉大家是因为他不堪忍受他所服务的人,已经到了连看都不想看他一眼的地步。拉塞尔斯说,"体面""诚实""责任"和"尊严"这些词在爱德华身上都是毫无意义的。到了乔治五世统治的最后一年,他又回到王宫为王室服务，之后就如我们所见，升为乔治六世的私人秘书。拉塞尔斯对乔治六世的忠诚和钦佩，足以显示他对爱德华的痛恨，他认为爱德华无论是作为一个君主还是一个人都不称职。他们俩之间的厌恶是相互的。从逊位到流亡，到最后在法国去世的漫长过程中，温莎公爵一直说拉塞尔斯就是他的死对头。拉塞尔斯知道温莎王室的许多秘密，更知道爱德华的任性行为与他弟弟肯特公爵乔治相比，有过之而无不及。

* * *

1940年不列颠之战结束时，丘吉尔向胜利者致敬："从未有如此之少的人，为如此之多的人做出如此之大的牺牲。"英国皇家空军所获得的荣誉不亚于纳尔逊在特拉法尔加战役中所获的荣誉。然而，就在10年前，英国皇家空军不仅没有对抗法西斯，还为那些致力于在英国和纳粹德国之间建立和谐关系的人提供了栖身之地，这一发现与历史记载大相径庭。身着英国皇家空军制服的肯特公爵就是这一阴谋的主要推动者。历史上一直把温莎公爵视为英国王室唯一崇拜希特勒的叛变者，但随着乔治亲德的主张暴露得越多，这种观点的错误性也就越明显。尽管有关乔治亲德行为的记录被人煞费苦心地清除过，但仍有足够的线索证明他长期以来一直存有严重的亲德行为。他不惜一切代价避免战争的渴望与温莎公爵不相上下。

这条线索始于整个传奇故事中最难以捉摸但起到重要作用的人物之一——弗雷德里克·温特博瑟姆。第一次世界大战期间，羽翼未丰的皇家空军当时称为皇家飞行军团,温特博瑟姆负责指挥一个中队。中队中有一名飞行员来自德国波罗的海沿岸的一个贵族家庭,威廉·德·罗普男爵,他于1910年定居英国并加入英国国籍,还娶了一名英国女子为妻。战后的1920年,德·罗普被苏联革命的速度和成功所震撼,担心可能会殃及欧洲,因此回到德国,与妻子定居柏林。他曾是阿尔弗雷德·罗森堡的亲密朋友。罗森堡是右翼民族主义运动的主要推崇者之一,在希特勒的影响下,变身为纳粹党。随后,罗森堡向希特勒介绍了德·罗普。通过罗森堡、德·罗普和温特博瑟姆之间的关系,纳粹与英国那些对纳粹有同情心的人之间的接触早在希特勒上台之前就开始了。

1928年,乔治王子从海军退役后,成为王室成员中第一个开始从事公务员工作的人,这让其父亲极为不满:他在外交部找到了一份工作,充分发挥了他的语言天赋。一年后,他成为第一个获得飞行员资格的王室成员,并在空中找到了自己的真正使命。他加入了"飞行员与领航员行业协会",这是一个由共济会组织的职业俱乐部。由于独特的地位和魅力,他很轻松地就跻身于英国航空业的高层。再加上他在白厅的日常工作,这就意味着他的政治关系比其他任何王室成员都要广泛——同时对任何想要接触王室的人来说,他也是一个明显的目标。

他的生活性质使他形成了多重性格。白天,他是外交部的初级官员,正直诚实;到了晚上,便周旋于各类名媛之间——他征服的对象有非裔美国舞蹈家弗洛伦斯·米尔斯、美国女演员葛洛丽亚·斯旺森和塔卢拉赫·班克海德。他还喜欢和年轻人相处,偏爱金发碧眼的雅利安人，其中一人形容他"艺术而柔弱"，香气浓郁。他的哥哥威尔士亲王密切监视着他的这种双重生活。爱德华努力帮助乔治戒掉了毒瘾。他们两人都住在约克家族圣詹姆斯宫中的豪华单身公寓里，离生活在白金汉宫郁郁寡欢的父亲足够远，可以尽情放荡纵情，无须小心谨慎。

1930年，温特博瑟姆成为军情六处空军情报科科长。当时魏玛共和国仍然坚持遵守战后禁止重新武装的条例，但希特勒却无意继续遵守。那时空中力量被视为新的超级武器，欧洲的空军，特别是英国和法国的空军引领着空中力量的发展。然而，温特博瑟姆的主要兴趣仍在德国。他与以前的德国对手建立了联系，因为他们共同遵守着一种奇怪的骑士准则：战争中人与人的对战就应像骑士间的格斗一样。双方都会举办特殊的葬礼纪念对方的逝者。温特博瑟姆在德国的联系人包括一些为希特勒创建了强大德国空军的战时强将。

1935年，阿尔弗雷德·罗森堡写给希特勒的一份报告中清楚地表明了这种小集团联合对德国的价值：

> 在英国寻找渴望了解德国运动的人的行为可追溯到1929年。1931年我第一次去伦敦，就是我们在柏林的英国特工（他指的是德·罗普）牵线搭桥实现的。我们在伦敦培养了许多联系人，有助于英德双方的理解与沟通。活跃在最前线的是中队长温特博瑟姆，他是空军总参谋部的一员，坚信德国和英国必须建立统一战线，才能抵御布尔什维克带来的威胁。经

过讨论,决定扩大空军总参谋部的联系人队伍,把英国皇家空军俱乐部变成促进英德和平的联络中心。

长期以来,在纳粹立志"教育"英国王室成员的过程中,出现了许多与希特勒个人接触的渠道,这其中罗森堡的影响力不可小觑。罗森堡已经在希特勒的核心圈内活跃了很长时间。1924年,希特勒因领导政变失败入狱5年(9个月后被释放),于是任命罗森堡执掌该党——可能是因为作为接班人他不存在任何威胁。但希特勒长期以来一直不赞同罗森堡建立国家社会主义的建议,他认为这是一种政治宗教,无异于精神邪教。对希特勒来说,这是一个打着科学旗号而且还是一种扭曲的科学建立起来的顽固世俗体系。就希特勒而言,唯一可以存在的邪教就是他自己。然而,罗森堡仍然可以称得上是元首的权威代表。因此,温特博瑟姆最直接的联络人,他的老飞行伙伴德·罗普,由于他与罗森堡的密切关系,也成了整场游戏中极有影响力的玩家。

1933年希特勒掌权后,我们发现德·罗普开始公开访问伦敦,这种行为不亚于在白厅的战争死难者纪念碑上放置一个纳粹党标志性的万字符花环。

更重要的是,由于温特博瑟姆的关系,德·罗普直接会见了两位温莎王子——乔治和爱德华,并向两位王子说明,当新纳粹政权需要巩固其权力时,对他们有什么样的期望。出席那次会议的唯一记者是罗伯特·布鲁斯·洛克哈特爵士(任职于比弗布鲁克的《伦敦标准晚报》),也是英国的前反间谍特工,他在日记中指出,乔治王子"在德国阵营中势力很强大"。

在德·罗普的帮助下,温特博瑟姆得到德国人的允许,参观了德国空军基地,随后会见了希特勒。这种开放政策是德国宣传人员精心策划的双轨策略,一方面大肆渲染德国空军的强大,另一方面又向英国保证,希特勒相信德国和英国是对抗布尔什维克主义的理想盟友。美国传奇飞行员查尔斯·林德伯格深受这一策略的影响,他说无论是英国还是美国的空中力量都不可能与德国匹敌。在伦敦,曾经的也是未来的首相斯坦利·鲍德温也表达了同样的担忧,他对议会说:"应该让普通民众明白,地球上没有任何力量能够阻挡炸弹的袭击。不管别人说得多么天花乱坠,最后扔炸弹的人总是赢家。"

在这场没有硝烟的心理演习战中,希特勒有理由相信,他已经战胜了英国,也赢得了英国王室。1935年1月,罗森堡在日记中写道,德·罗普以"空军部"为渠道,再次在伦敦"悄悄地"与"国王的顾问乔治王子"会面三个小时,乔治随后向父亲乔治五世做了汇报。据罗森堡说,此举"为内阁的重组施加了巨大压力,立场开始朝着德国方面倾斜"。

值得注意的是,此时正值纳粹颁布臭名昭著的《纽伦堡法案》期间,该法案明确规定犹太人不具有德国血统,禁止犹太人和德国"公民"通婚。两名英国官员埃里克·米尔斯和弗兰克·福利前往柏林,就重新安置巴勒斯坦的德国犹太人问题进行了会谈。他们向伦敦外交部报告说:"德国的政策显然是要把犹太人从德国历史中彻底抹掉,为达目的不择手段,目前纳粹采取的主要是处死和驱逐出境的方式。"米尔斯在一封私人信件中写道："我虽然知道犹太人的处境很糟，但也没有想到能像现在我所看到的这般悲惨……犹太人将被彻底消灭，这个国家消灭犹太人的方式更是惨绝人寰。"

这些都不是两位王室王子希望听到的信息。那么问题是——这两位王子到底想从柏林听到什么样的信息，他们才会放心？"想听"在这种情况下是合理的，因为他们有一种自然倾向——几乎有些迫切——认为纳粹德国就是英国反对布尔什维克主义的最佳盟友，无论他们有什么样的暴行。更可悲的是，王子们并非孤军奋战，还有很多人都在这方面达成了共识。英国许多有影响力的人都产生了与两位王子相同的想法，愿意选择绥靖而不是对抗。有影响力的人物可以公开讨论和宣传他们的观点，思想也能载入史册，而温莎王子们在这方面就需要谨慎小心，在建立与柏林联系的秘密渠道和与德国亲戚见面时都必须偷偷摸摸。

1936年，也就是爱德华成为国王的那一年，他便光明正大地加速了和弟弟推崇的亲德行为。例如，有一份详细记录记载了前面提到过的他与查尔斯·爱德华的谈话，查尔斯·爱德华就是萨克斯-科堡-哥达公爵，维多利亚女王的孙子，曾加入希特勒的纳粹党。他向希特勒报告说："英国国王决心把英国和德国团结在一起。"更令人担忧的是，国王周围的一些人看出，爱德华想从政客手中夺取更多权力，意欲独揽大权。当时言语最犀利的日记作者亨利·奇普斯·钱农爵士指出："国王……正朝着独裁者的方向发展，意欲采取亲德反俄的策略……如果他的目标是想成为一位独裁者，我一点也不会感到惊讶……"

但正是1937年10月爱德华（此时已是温莎公爵）访问德国期间，公开对纳粹德国和希特勒示好，才使人们给他打上了傀儡的烙印——更糟的是，是法西斯宣传的傀儡。有人看到他两次向列队接受他检阅的仪仗队行纳粹礼。然后他携手华里丝·辛普森在贝格霍夫会见了元首。贝格霍夫是他在巴伐利亚的休息寓所，从巨大的窗户上可俯瞰温特斯山，横跨巴伐利亚和奥地利边界，有一种瓦格纳式瓦尔哈拉殿堂的神秘感，符合希特勒对自己史诗般命运的感觉。显然，是希特勒主导了这场交锋：公爵和公爵夫人看起来更像是这尊半神的崇拜者。

当爱德华成为明显被利用的纳粹工具时，他的弟弟便处事更加谨慎，但致力于英德和平的努力丝毫未减。1938年9月，内维尔·张伯伦在慕尼黑接受了希特勒的绥靖政策，为他提供了掩护。首相本人都如此主动地接受绥靖政策，因此很难说，肯特公爵坚持暗中与纳粹保持联系是否就属于叛国行为。还有一点需要注意的是，1940年丘吉尔上台时，哈里法克斯勋爵领导的"不惜一切代价实现和平"的游说团包围了丘吉尔，他们和公爵一样希望与希特勒和平共处。1939年9月，大战爆发前的一个月，哈里法克斯支持肯特公爵向他的德国亲戚黑森家族的菲利普亲王递交了和平计划书，以期与希特勒会面。这一切都是在他的三哥国王乔治六世的授意下进行的，国王当时支持张伯伦的绥靖政策，曾在一段时间内将丘吉尔视为鲁莽的好战者。根据我们现在所知，有三位温莎国王先后搭乘了同一列思想火车，力求与希特勒建立友好关系，他们是：乔治五世、爱德华八世和乔治六世。自 1929 年开始，是肯特公爵设定了这列火车前进的方向，并提供了动力。正如我前面提到的一位朝臣所说，公爵在 1942 年的那次飞机失事中英雄般地死去实属幸运。这位朝臣一定知道一切内幕。

安德鲁·罗伯茨在他的丘吉尔传记中一针见血地指出，1940 年丘吉尔的意义所在，并不是阻止了当年德国的入侵，而是阻止了英国政府与德国的和平协议。人们不禁会问，如果真签订了协议，那将是一种什么样的和平？王室会如何处理这种和平？温莎公爵被流放到巴哈马之前与德国人之间的通信表明，他曾抱着一线希望，如果英国投降，希特勒可能会让他重新登上王位。真若如此，他真的准备罢免他的弟弟乔治六世吗？美国人公布的德国外交部文件中，披露纳粹试图在公爵流放到巴哈马之前收买他，公爵驳斥说这是德国人的痴心妄想。然而，强有力的证据表明事实恰恰与他所说的相反。当公爵夫妇在葡萄牙等待乘船前往巴哈马时，里斯本的一位美国外交官赫伯特·克莱本·佩尔邀请他们共进晚餐。他听完公爵夫妇的言论后大为震惊，于是向华盛顿发了一份绝密电报，报告中说："公爵夫妇对英国政府颇有微词……他们说无论丘吉尔愿意与否……（他们）都会为两国的和平做宣传。"爱德华退位时，希特勒说："现在英国再没有人愿意和我们一起玩了。"但是，如果英国真的屈从于德国的统治，温莎家族是否真的能有未来我们不得而知。在希特勒对欧洲拥有绝对权力的情况下，绥靖派中没有人知道英国是否还能继续保留议会民主的模式。法国投降德国后，等待它的命运就是被德国无情地分割。法国北部和西部，包括整个大西洋沿岸，都被德国占领。法国所剩无几的地方也受到了维希傀儡政权统治。由 84 岁的贝当元帅领导的第一届维希政府，简直就是一群无作为又可悲的老古董。虽然英国没有被德国占领，以哈里法克斯为首的未战先败的思想着实令人不齿。若是按照希特勒的命令，英国海军的大型战舰将被击沉，所有的战斗机还没飞离地面就灰飞烟灭了。温莎王子们为了他们所谓的和平付出这样的代价值得吗？

1972 年，白金汉宫中有一个人对这段历史了如指掌，其中有些信息是非常私密的，女王深信他能够保守秘密，这个人就是安东尼·布兰特。然而，这种状态并未持续太久。

第十九章　耻辱之年

1979年5月，玛格丽特·撒切尔就任首相——她不仅是第一位担任首相的女性，也是第一位受到女性君主欢迎的女性。她们也算是同龄人，却有着截然不同的生活背景和性格特点。虽然撒切尔被公众誉为"铁娘子"，在公共事务管理方面特别是执行力滞后的英国机构中引入了新的惩戒方法，但她始终是一个忠诚的君主主义者。她以女王为榜样，激励自己奋进。1952年，她在《星期日画报》上写道："许多人真诚祈祷，如果伊丽莎白二世的登基能够消除世俗对女性的最后一丝偏见，女性也能身居高位，那么我们必将迎来女性的新时代。"

1979年11月6日，一直保护安东尼·布兰特的王室秘密裹尸布被人揭开。安德鲁·博伊尔出版了一本书，名为《叛国风尚：苏联间谍五人组》（*Climate of Treason: Five Who Spied for Russia*），第一次真正深入地调查了剑桥五谍的背景和影响力。不过书中仍然没有透露布兰特和凯恩克罗斯两人的身份。但是前美国情报官员的确向博伊尔提供了他们的名字。博伊尔在此书的序言中写道："如果没有他们的指引，我永远不会发现'莫里斯'或'巴兹尔'，剑桥间谍五人组中第四人和第五人的代号。"布兰特之选择"莫里斯"这个代号,是因为这个代号本身就是英国内部知情人中微妙、典型的暗语。爱德华·摩根·福斯特[①]生前待出版的最后一部小说的名字就叫《莫里斯》,此书于1971年他去世后出版,书中毫不忌讳地讲述了两个男人之间的爱情关系。福斯特之所以决定不在有生之年出版这本书,主要有两个担忧:一是因为书中所描述的这类恋人关系在当时是危险的违法行为,二是因为这本书中暴露了他太多的私生活。军情五处探员马尔科姆·穆格里奇认为,从某种程度来说,同性恋者非常适合当间谍,因为他们知道如何秘密生活。但是,他又说,凡事都有两面性,同性恋者所承受的风险太大,因此很容易受人敲诈。他说,这就是同性恋间谍私人生活地狱般的性质——布兰特却不同,他能够利用一些不为人知的秘密为自己牟利。

我与博伊尔相识是于1963年,当时他是BBC电台新闻节目《同一个世界》的制片人,这是当时收视率最高的节目之一。在《丑闻1963》出版的当天,他让我上节目谈论我们所发现的有关普罗富莫事件背后的秘密。他还邀请了几位BBC的记者来到演播室,他告诉我,这是因为他觉得公司严格要求新闻保持中立的理念抑制了记者对丑闻事件的报道方式,他希望今后他们可以效仿我们的做法,减少对旧势力的尊重,削弱其掩盖不良行为的能力。

---

① 20世纪英国作家,主要作品有小说《看得见风景的房间》《霍华德庄园》等。

BBC新闻最终也有了更为犀利的新声音，博伊尔便是这一变化的先驱。我们一直保持着联系，当他的书出版后，我问他为什么"第四人和第五人的名字"还不能公布。他说那是因为出版商知道，书中的内容诽谤的风险太大，一旦定性将得不偿失。但《私家侦探》采用了一种完美的技巧，那就是以暗藏真相的讽刺故事来揭露事实真相。他们模仿《旁观者》杂志的特点发表了一篇文章，标题是《第四人》，标题下署名"安东尼·布兰特"。

虽然各大报社都知道真相，但他们仍然按兵不动。博伊尔的书出版九天后，玛格丽特·撒切尔结束了这种沉默。她以书面形式回答了议会提出的关于剑桥五谍所造成的危害问题。她说，布兰特曾在剑桥担任苏联人的招募员，并在1940年—1945年间向莫斯科透露了一系列秘密。显然，撒切尔不想再对布兰特表现出怜悯：第二周的辩论中她补充说，他是一个"卑劣、令人厌恶的人"。紧接着，各大报纸才层出不穷地对布兰特展开了谩骂。《星期日电讯报》指控布兰特是导致在欧洲敌后工作的49名英国特工之死的罪魁祸首。这并非事实，但《星期日电讯报》拒绝撤回报道。更可恶的是，这件事引发了公众对同性恋者狂暴的憎恶情绪。布兰特还被指控是一个恋童癖者，《周日快报》的编辑称他是"一个奸诈的共产主义同性恋"。

舰队街的基调自1952年以来没有太大变化，当时《星期日画报》刊登了一篇由两部分组成的报道，标题是《邪恶的男人》，暗示了一种隐藏很深的同性恋共济会："大多数人都知道——《三色堇》①是用来挖苦缺少男子气概、自称同性恋的年轻人。然而这些招摇过市的怪胎和'奇珍异品'只是冰山一角。问题远比大多数人看到的严重,是时候解决这个问题了。"

后来,我认识了一些编写并发表这篇报道的人(他们都是男人)。这些人反映了英国人多种态度并存的奇怪现象。他们对同性恋的憎恶代表了英国资产阶级的态度,害怕威胁儿童的"性变态者",认为这是对自然的冒犯。然而,这些人中又有一些人是社会正义和改革的倡导者——只不过这些改革中不包括将同性恋合法化。他们有时也是伪君子:作为编辑,明知道写作的人是同性恋,还会雇用和提拔他们,但却要求他们在作品中表达和编辑们一样的态度。

撒切尔本人并没有使用如此刻薄的语言。但当她说到布兰特的一系列叛国行为,痛斥其违反道德的行径时,语气中充满了憎恶。她一直秉持质朴的二元对立的道德准则——她曾对一名记者说:"我之所以从政,就是因为在善恶之争中,我相信善最终会战胜一切。"对她来说,没有什么可以减轻布兰特所犯的罪行。因而现在,首相对布兰特的态度与女王的态度形成了鲜明的对比。过去当他的罪行被揭穿后,王室成了他的安全庇护所。他褪下间谍外衣之后,王室还宽容地给了他另一个身份。自此他享受了15年的自由,赢

---

① 由奥利弗·赫曼努斯执导,以20世纪80年代南非共和国的种族隔离政策为背景,探讨了被征召入伍的封闭青年的生活。

得了艺术界同龄人的尊重，大摇大摆地游走于各种社交场合，就好像他那罪大恶极的叛国行为不需要付出任何代价似的。但撒切尔从未透露，她是否认为王室与苏联间谍之间的这种亲密关系就是一种自愿主动忽视其罪行的表现，她也没有逼问他们为什么会对他如此慷慨。事实上，他们对布兰特的保护也就暗示了女王本人希望永远不要"暴露"他的身份。

根据首相和君主之间的关系，出现这样的分歧实属罕见。首相在女王面前总是表现得毕恭毕敬。事实上，一位朝臣甚至说她"过于恭敬"。每周觐见君主时，她总是提前15分钟到达。她总是会从百忙之中抽出时间观看女王向全国发表的圣诞致辞。诚然，首相还需要高效地处理繁重的国家事务，因此很难参与到女王的传统娱乐项目中。女王去巴尔莫勒尔堡避暑时，撒切尔去拜访她，她并没有像男性首相那样随女王一起去射击和钓鱼。此外，她对养马和赛马也不感兴趣。

布兰特战时的叛国行为首次得以披露，除此之外，他还要忍受恐同者们土狼般的声讨。然而，他也并非没有朋友。《伦敦标准晚报》的艺术评论家布莱恩·修耶尔视布兰特为导师，称其是无与伦比的艺术史学家。他悄悄把布兰特带到奇斯威克区的一套公寓中。当着一群复仇暴徒的面，修耶尔对布兰特竟有如此程度的忠诚，也是难得。修耶尔作为评论家，严厉痛斥了现代艺术的很多方面，因而冒犯了许多时髦的伦敦馆长。我在《悦游》（*CondéNast Traveler*）杂志担任编辑期间，他投了几篇精彩的文章，其中一篇是关于他70多岁时骑摩托车游览文艺复兴时期意大利时发生的轶事和其间偶遇的恋情故事。

布兰特的余生都是以隐士的身份度过的。1983年，他死于心脏病，享年75岁。

不得不说的是，布兰特与另一个与他形成鲜明对比的人相比，他所遭受的痛苦程度就显得不足为道了。可以说这个人为英国在二战中取得胜利所做出的贡献无人可比，他就是艾伦·图灵，是他破解了德国的恩尼格玛密码，被誉为"计算机科学之父"。就在1952年女王因父亲去世从肯尼亚返回英国的同一天晚上，两名侦探来到图灵曼彻斯特的家中。图灵承认与一名年轻男子阿诺德·默里有暧昧关系，根据《1885年刑法修正案》第11条，他被指控犯有"严重猥亵罪"。在1931年到1951年之间，对他的起诉又增加了五项。乔治五世显然赞同对他的起诉，因为有记录显示他说过"这样的人就应该自杀"。图灵接受了野蛮的化学阉割治疗法，注射了雌激素（一种蹩脚的对男同性恋者使用的"性别逆转疗法"）。1954年，图灵吃了一个含氰化物的苹果自杀。

在警察马不停蹄地抓捕"同性恋者"时，图灵和其他成千上万的人一样，并没有布兰特那样幸运地有魔法帘幕的保护，可以数十年免受维多利亚时代法律的处罚。而就乔治五世而言，一个儿子肯特公爵，是一个逍遥自在的双性恋者；另一个儿子爱德华，其性取向可以说是混乱的。难道乔治五世就可以对这样的双重标准视而不见？难道双重标准就是君主与生俱来的权利？伊丽莎白二世在处理布兰特问题时，显然受到这种历史悠久的思想的影响，当布兰特的问题暴露之后，她也没有表现出丝毫悔意。

艾伦·班纳特发挥自己的想象力，把许多人想知道却无人可知的事情用语言表达出来：女王和布兰特是如何交谈的？

在一部名叫《归属问题》的戏剧中（后来被拍成了一部电影），时间背景就是在布兰特承认自己是剑桥五谍中的第四人之后以及身份被暴露之前。戏剧中有一幕，女王早早结束一项公共事务返回家中，发现布兰特正从墙上取下一幅王室收藏的画——他说这幅画的来源有问题，想研究一下。女王说这幅画是假的，布兰特不相信，但是他也只说这幅画如谜一般神秘。这一幕不禁让人产生一种感觉：他们两人都受过英国独特艺术的训练，说话总是含沙射影，不会直言不讳。难道这就是王宫里的一种既定制度，用暗语交流双方之间难以启齿的秘密？不管他们的关系如何，对女王来说，布兰特始终是一个知情太多的人。

第二十章　迪基·蒙巴顿漫长的丑闻史

1979年8月27日星期一是个银行公休日。上午11时45分，一艘29英尺①长的渔船"影子五号"停靠在爱尔兰斯莱戈郡马拉莫尔山港口岸壁几百码外，旁边堆放着一些捕捉龙虾的笼具，这些笼具前一天就在这里了。这艘船掌舵的是现年79岁的蒙巴顿伯爵，虽然年事已高，但仍然有着海军少校和司令官的风度。此时，"影子五号"静静停靠在港湾，巨浪袭来船身随波摇曳。突然，一声巨响，船被炸得四分五裂。前一天晚上，临时爱尔兰共和军在此安放了50磅胶棉炸药②，然后守在附近的悬崖上远程将船引爆。蒙巴顿的双腿被炸断，身上的衣服被炸飞，当场死亡。

他的死讯对他称之为"侄女"的女王和她的家人来说，震惊程度不亚于爆炸本身——他是唯一一个在爱尔兰共和军长期的恐怖活动中死去的亲人。据说，这起暗杀行动是马丁·麦吉尼斯下令

---

① 英美等国长度单位，1英尺约等于30.48厘米。
② 以硝化甘油为主要成分的混合炸药，属于高威力炸药。

实施的,后来他在结束这些麻烦以及制定和执行《贝尔法斯特协议》中起到了重要作用。

从时间的角度来说,蒙巴顿之死可以说是女王统治时期最重要的一个转折点。女王家族内部有人忠诚有人抗拒,形成一个错综复杂的关系网,随着我把这张网络梳理得越来越清楚,我发现这张网涉及的不是一个王室家族的故事,而是两个王室家族的故事。第一个家族主要代表是女王、她的父亲母亲——极度传统到了沉闷的地步。但是这个家族总是受到第二个家族的影响,后者勉为其难地生活在第一个家族的阴影下,基本不拘泥于传统。这个家族的代表主要有迪基·蒙巴顿和菲利普亲王,过去与温莎公爵和他的弟弟肯特公爵有着千丝万缕的关系。如我们在激烈的王室姓氏之争中所见,蒙巴顿对温莎的日耳曼祖先有着强烈的依恋之情,这些祖先有着中世纪王室家族的热血和骄傲。蒙巴顿的一位前军事助手谈到他时说:"他之所以与众不同,是因为他是汉诺威王室的一员。他有日耳曼人的意志。"

这个善于操控他人的人,时刻准备着利用一切机会吹嘘他对女王的影响,有真实的也有他臆想出来的。不过关于对查尔斯王子的教育和文化修养的问题,他所说的倒是真实成分大于臆想成分。这也是为什么蒙巴顿的一生存在高度争议的原因之一。对女王来说,生活在这样一种两个家族二元对立的背景中,影响是深远的,以至于她从未完全摆脱或忘记过,而且不定期地反复受到影响。

现在我们可以确定蒙巴顿最典型的特点就是,他是一个双性恋者,一生中大部分时间都过着荒淫无度的生活,而且丝毫不担心自己的行为会被暴露出来。晚年时，他坦率地承认，他和妻子埃德温娜有很大一部分时间都是在别人的床上度过的——但他没有承认他床上的伴侣许多都是男人。由于人们对他这方面情况知之甚少，遮蔽了对他本性的全面了解；更重要的是，人们无法全面了解他是如何在王室内部以及持续活跃的公共生活中利用自己的权力和影响力。

就像20世纪30年代王室与纳粹通信的档案一样，王室也一直试图封存与蒙巴顿有关的档案。这些档案包括迪基和埃德温娜的私人日记，还有他服役期间的大量政治文件。蒙巴顿本人认为，最好不要让别人来改写自己的历史。他对自己在战时的表现尤其敏感，于是确保在自己的有生之年，把自己对事件的描述记录在案，并清除与之相悖的证据。当谈到他那不体面的性生活时，他知道只要他还活着，就可以受到严厉的英国诽谤法和皇家传记条例的保护。

事实证明，蒙巴顿的性生活过于广泛，毫无节制，以至于档案员根本藏不住。他一死，真相就浮出水面，而且不断有人披露真相。2019年，安德鲁·洛尼的传记《蒙巴顿夫妇：他们的生活和爱情》出版后，基本就没有什么秘密可言了。洛尼尽可能全面地收集有关蒙巴顿的轶事证据，基本都涉及他荒淫无度的行为。事实上，洛尼在评论中并没有提到他的荒淫无度，而是在他所引用的一些段落中体现出来。例如，书中引用了蒙巴顿遇刺后不久，《私家侦探》杂志中的一篇报道：

> **有消息称，韦登菲尔德勋爵已与海军历史学家理查德·霍**

夫签约，为蒙巴顿伯爵撰写一个"私密的"全家传记。此消息一出，便引发了人们的猜测：这个传记究竟有多"私密"。书中是否会揭示，比如这位老水手，特别是在他妻子埃德温娜·阿什利去世后的19年里，是一位极端的同性恋？

《私家侦探》的这篇文章中继续写道：在蒙巴顿伦敦的家里，"所有的男性都在嬉戏调情"，他尤其"偏爱年轻军人"，他的偏爱"能为年轻军官的职业发展带来奇迹"。洛尼从另一个资源也获得类似信息，他引用道："在一个小小的用马厩改建成的房屋中……挤满了年轻貌美、肌肉发达的海军各级官员，漫无目的地转来转去。"

那是1979年。然而，社会对同性恋婚姻的最终接受和同性恋生活的完全透明化，现在看来好像隔了一个星球的距离。"极端的同性恋"暗示了当时的很多偏见——偏见发展到一定程度会成为一种禁忌：当某些东西被列为禁忌而受到压制时，人们反而会偷偷摸摸进行，这种性质逐渐发展成为一种偏执，因而才有了"极端的同性恋"之类的词语。

蒙巴顿在生命的最后8年里，和一个男人保持着稳定的同性恋关系。洛尼采访他时，他有点傲慢地说，蒙巴顿是一个"英俊潇洒、衣冠楚楚、谈吐文雅"的人，言语中情人般的爱意溢于言表，不像海军军官们那样简单粗野。这个男人已经70多岁了，"但看起来却异常年轻"。他说他每个月至少和蒙巴顿见一次面——"有时就是在一起聊聊天，有时也做些别的。他是我的良师益友，为我引荐了许多对我有利的人……"

我们现在知道，蒙巴顿的生活所带来的问题并不在于他是一个双性恋，而在于他如何利用自己的特权和影响力去追求情人。洛尼引述了蒙巴顿自己说的大话："你们知道我为什么要当皇家禁卫骑兵团的上校？因为这里有这么漂亮的男孩。"这听起来确实像明目张胆地猎艳。情感交易也有两面性：如他的情人所说，蒙巴顿可以向他们介绍对他们有利的人。

几十年来，蒙巴顿一直毫不顾忌地滥用职权，谋取私利。洛尼发现了一份1944年联邦调查局关于蒙巴顿和埃德温娜的报告，报告中称他们是"道德极其败坏的人"，并断言迪基是一个同性恋者，"对年轻男孩有变态嗜好"。这份文件应该被视为是严肃的告诫：例如，这份文件当时就交到了美国联邦调查局局长埃德加·胡佛的手中。这位局长在性行为方面也是一个十足的伪君子。尽管他自己就是同性恋，但长期以来却利用职权对他人进行政治迫害，尤其是对同性恋者和任何有左翼倾向的人。他的特工们都知道这一点，为了讨好他，即使在证据不足的情况下，仅靠谣言就随便抓捕这类人。胡佛也不喜欢过激的异性恋行为：1963年普罗富莫事件后，他就让特工们挖掘英国政治阶层有关的所有绯闻细节，同时也在追查当时任职的总统约翰·肯尼迪利用斯蒂芬·沃德介绍的应召女郎的谣言（实际并不属实）。

洛尼发现他所采访的许多人提供的信息来源都不可靠，有的需要追溯到20世纪30年代，因此无法考证。但也有一些信息是可信但污秽的，如有一个夏天，蒙巴顿在马拉莫尔山的港口逗留期间，把一些年轻男孩偷偷从贝尔法斯特一个避难所中带到港口附近的一个酒店里。其中有一个男孩，当时只有16岁，清楚地记得在蒙巴顿遇刺前两年，曾在酒店的套房中与他发生口交。当时爱尔兰共和军派了多双眼睛跟踪蒙巴顿在爱尔兰的行踪，因此很有可能是他们发现了蒙巴顿的这一行为，于是将其作为选择他当暗杀目标的理由之一。

在追求性行为的过程中，只有当你具有与生俱来的特权，才可能像他这样行事鲁莽大意。蒙巴顿的一生中，一直坚信凭借自己的特权，他就可以为所欲为。他喜欢吹嘘自己与女王的关系有多么亲密，但事实上，他内心非常蔑视女王和君主制所秉持的传统价值观。如温莎家族许多成员的私生活一样，蒙巴顿性嗜好的根源可以追溯到一个特定的时期，当时伦敦社会和魏玛德国一样颓废，也是安东尼·布兰特还在剑桥的时期。

当时的剑桥大学中成立了一个"使徒社"，是一个自愿参加的知识分子群体，具有邪教性质，支持同性恋，崇尚开放思想和精英主义。布兰特和盖伊·伯吉斯都是成员。该组织的前身可以追溯到第一次世界大战前，当时著名的畅销书作家兼历史学家里顿·斯特拉奇和经济学家约翰·梅纳德·凯恩斯提出了"新修道院时代"的思想。思想的一部分就是普遍接受男人间新型的示爱方式，他们称之为"高级鸡奸"。斯特拉奇预言，鸡奸行为不再以一种罪恶而是以一种纯粹的男子气概和超凡的爱被世人接受，至少需要一个世纪的时间。这并不是变相地歧视女性：女性之间也一样。斯特拉奇和凯恩斯，当时年轻有梦想，富有激情，把使徒社视为可以耕耘的沃土。然而经过一场世界大战的蹂躏和不变的道德准则让追梦人清醒了。尽管如此，那种认为没有女性就可以获得更纯粹的男性气概的思想仍然存在。到了20世纪50年代，使徒社有了新的意义。当选为兄弟会成员的乔纳森·米勒说，使徒社可以帮助会员色诱女孩："就有人这样说：'我是使徒社会员，快把内裤脱了。'"

蒙巴顿和肯特公爵乔治王子也加入了持有这类思想的社交圈，并将这些思想付诸实践。由于他们都生活在王室的保护伞下，不畏惧法律，因此可以肆无忌惮地做这些事。迪基·蒙巴顿没有什么文化，但却十分擅长玩弄女性，他当然不相信什么独一无二的"高级鸡奸"，但也无所谓，他本来就可以为所欲为。事实上，乔治王子和布兰特之间就有直接关系。20世纪30年代初，白金汉宫听到风声，乔治王子在巴黎的一位男友手中有一批私人信件，里面提到了一系列情人的名字，并听说要把这些信件公之于众。于是王宫派了两名侦探到巴黎，闯入这名男子的公寓取回了信件。那些被揭露的王子的情人中，布兰特就是其中之一——比王子小5岁。当布兰特的案子公开后，突然间就将同性恋的忠诚问题和同性恋者网络问题的讨论引向了白金汉宫。不过布兰特并不是因为是同性恋才成为叛徒；他本身就是一个叛徒，只是碰巧是同性恋而已。他的同伴菲尔比就不是"极端的同性恋"，而是一个极端的花花公子。因此，丁是丁，卯是卯，一码归一码。

1988年，约翰·科斯特洛在其开创性著作《奸诈的面具》一书中，描绘了一幅女王统治前和统治期间白金汉宫的情况，揭示了大量内幕：

当布兰特开始努力赢得王室青睐时，他作为同性恋的身份并非不利条件。王室成员自古以来就为同性恋者提供了舒适的安全感，与牛津和剑桥大学那种与世隔绝的飞地[①]中的感觉一样。不仅高高在上的一些朝臣是同性恋，王宫中的许多男性职员也是如此。

　　科斯特洛写道，这其中的潜规则就是"彼此知道，但不公开承认"。科斯特洛接着把这个同性恋秘密网络延伸到王宫大门之外（尽管不太远）的某些确切地点，有白厅、骑士桥、皇家近卫骑兵和英国步兵卫队兵营："有人看到主要玩家们……小心谨慎地前往伦敦的酒吧，那里有'待租'的卫兵……一家名叫帕克南的酒吧是布兰特和王室一行人最喜欢去的地方，可以进行不正当的男性性行为。"

　　《奸诈的面具》是一部严肃的解剖性调查著作，但像这样的段落反映出太多对同性恋群体的随意刻板印象，直到20世纪80年代末这种印象依然盛行——从语气上说，这部作品与《私家侦探》在蒙巴顿死后嘲笑他的作品的口吻一致。"非法男性性行为"这个词已经有些不合时宜了，因为1967年威尔逊政府已经把21岁以上的男性私下自愿发生的性行为合法化了。内政大臣罗伊·詹金斯是改革之父，他本人就是小心谨慎的双性恋者，他认为刑法不应再成为让男人终身背负恶名的工具。他说："那些有同性恋倾向的人，一生都背负着巨大的耻辱。"

[①] 一种特殊的人文地理现象，指隶属于某一行政区管辖但不与本区毗连的土地。

当然，在编撰和夸大蒙巴顿传奇方面，舰队街也是同谋；而他的秘密一直不为人知，舰队街也负有不可推卸的责任。我曾经的两个老板，比弗布鲁克和塞西尔·金，都知道蒙巴顿是双性恋，只是不知道他有多么变态。最具讽刺的是，比弗布鲁克和他还有点私人恩怨，并不是因为他是一个同性恋，而是因为蒙巴顿征服的一个女性战利品同时也是比弗布鲁克的情妇。比弗布鲁克在伦敦的同性恋网络中有一个消息灵通的情报机构。其中最得力的线人叫汤姆·德里伯格，是《快报》威廉·赫基专栏的创始人，后来成为工党极具影响力的成员。德里伯格虽然并不是和蒙巴顿在同一个变态性交易的行列中，但他非常了解蒙巴顿，知道人们送他外号"骑臀（Mountbottom）"。至于塞西尔·金和《每日镜报》，几十年来，他们一直自欺欺人地认为蒙巴顿理应在战争英雄的万神殿中占有一席之地，否则，金为什么会召见他，不就是认为蒙巴顿有杰出的军事才能，所以鼓动他发动对哈罗德·威尔逊疯狂不切实际的政变吗？但是，一旦遭到蒙巴顿唾弃，金便突然转向反对他，并公开咆哮说蒙巴顿是一个变态狂，他的妻子埃德温娜是一个色情狂。

历史对蒙巴顿的最终判定是，他是他坚称的蒙巴顿－温莎王室的耻辱。他是个自恋狂，特别喜欢军装——尤其迷恋皇家海军军官的制服，认为能够彰显王权的荣耀。此外，他爱慕虚荣，善于炒作自己，利用他的阶层和王室特权，伪装成一个富有魅力的领袖和贵族追捧的偶像；但实际上，用历史学家安德鲁·罗伯茨的话来说，他是一个"虚伪、智力有限的骗子"。有关蒙巴顿的名声，还有一个谜团,那就是丘吉尔通常在他的军事指挥官中扮演的是一个铁面无私的法官角色,但他为什么会在第二次世界大战时允许蒙巴顿担任指挥官,我们不得其解。罗伯茨对蒙巴顿的评价是,"他平庸无能,屡战屡败,却能步步高升"。罗伯茨在他的丘吉尔传记中说,1950年,丘吉尔在写回忆录时,对于1942年袭击迪耶普港口的灾难性后果,他毫无疑问地接受了蒙巴顿的说辞,使蒙巴顿轻而易举地洗脱了策划袭击的责任。

他的葬礼,是最后一次公众视他为一位伟大的公众人物。9月5日,经女王同意,蒙巴顿的国葬仪式按照他自己的要求在威斯敏斯特大教堂举行。他的葬礼举办得如一位君王的葬礼一样壮观,国王的马炮兵团连发19响礼炮。

女王是否完全了解蒙巴顿对她家族声誉带来的巨大危害,我们可能永远也不会知道。针对哈罗德·威尔逊的政变未遂之后,他们之间一定有过某种清算。不过,毫无疑问的是,蒙巴顿对女王家族最持久的影响是通过家族中的男性实施的:首先是他对菲利普的培养,引导他接近未来的女王;然后,又以同样的方式抚育了查尔斯。可以说,他对继承人查尔斯的心理和身体发展的影响几乎与对菲利普的影响一样大;对于下一任国王性格的培养,蒙巴顿和菲利普之间形成了默契。但现在蒙巴顿走了,同时消逝的还有女王独特的统治时代——查尔斯也准备听从蒙巴顿的建议,为自己找到一个合适又年轻纯洁的新娘。

第二十一章　光芒四射的王妃

1973年9月初，玛格丽特公主一直闲在家里，无事可做。托尼出差在外，为英国广播公司拍摄照片——他是在几周前她43岁生日那天离开的。反正他们俩最近也不怎么说话了。她的一位老朋友科林·坦南特邀请她前往苏格兰峡谷的一个男爵祖传邸宅参加家庭聚会。坦南特和妻子安妮急忙找了一位男宾陪伴玛格丽特。他们找的是比玛格丽特小了近18岁的罗迪·卢埃林。他是威尔士一个小乡绅的儿子，在纹章局有一份临时的低薪工作，因此他对贵族家谱产生了兴趣。他的相貌特征和年轻时的托尼十分相像，金发碧眼，举止随和，深受年长女性的欢迎。玛格丽特看见他的第一眼就被迷住了。卢埃林是托尼走后的最后一根救命稻草——也唤起了玛格丽特的性欲望。他们的婚外情一经公开，就为各大小报送上了一份厚礼。小报记者们埋伏在卢埃林位于富勒姆简陋的地下室公寓外。他被电视节目摄制组抓拍到，如一个被人控制的木偶一样——羞怯、亲切，小心翼翼但又不可避免地扮演着小报给他定位的角色：玛格丽特的小情人。以前王室从来没有哪一个成员能像玛格丽特那样公开展示自己破裂的婚姻，也没有哪一个王室成员像玛格丽特那样公然蔑视传统。

人们自然都想知道女王怎么看待妹妹的放纵行为，但却无从得知。舰队街的一些编辑决定让玛格丽特感受一下我们现在称之为荡妇的羞耻感：他们无比傲慢地写道，她应该在卢埃林和她的王室职责之间做出选择，如果她的选择是前者，那她就不应该再享受王室专款的待遇。到目前为止，这一事件所造成的最大后果就是，记者和摄影师抛弃了曾经跟踪王室成员时的所有克制，开始变得肆无忌惮起来。默多克旗下的《世界新闻报》刊登了玛格丽特和卢埃林在加勒比海海滩上尽情狂欢的小报照片，为未来狗仔队无底线地跟踪报道王室成员的生活彻底扫清了道路。至此，玛格丽特发现过去那个尊重王室隐私的时代已经结束——尤其是对下一代王室女性来说，不可能再有任何隐私可言。

20世纪70年代后期，一个由两名新闻工作者组成的团队尤其为今后的社会舆论设定了模式。他们受雇于默多克的另一家报纸《太阳报》，这也是所有小报之母。这两个人分别是记者哈里·阿诺德和摄影师亚瑟·爱德华兹。舰队街过去也经常派出记者和摄影师团队追踪王室新闻，但从来没有像他们俩这样如此孜孜不倦：阿诺德和爱德华兹在白金汉宫建立了强大的人脉网络。我以前在《每日快报》时曾惊叹过这种人脉网络，他们在苏格兰场和保安服务部都建立了强大的联系网络。王室已经成为舆论争相竞争的商业市场，阿诺德和爱德华兹的联系网已经深入到那些为女王服务的底层人员。在酒吧里请他们喝上一两品脱酒，再根据他们提供的线索予以一定奖励。

有趣的是，当爱德华兹拿到他最大的独家新闻时，他竟然全然不知。

1980年7月，查尔斯王子在上流社会腹地苏塞克斯的考德雷公园打马球。几个月来，这些小报一直在追逐一些花边新闻，究竟谁最能推动王室报道的销量，即谁能成为查尔斯的新娘和未来的王后。到目前为止，还没有出现任何可靠的候选人。亚瑟·爱德华兹前往考德雷公园，拍了几张查尔斯打球时的照片。与查尔斯同行的人中有一位女士，18岁的戴安娜·斯宾塞小姐，她是在刚刚结束的周末家庭聚会上与查尔斯相识的。爱德华兹离开前没有发现她和查尔斯之间有什么亲密的接触，但有人拍到一两张她与查尔斯同框的照片。马球比赛的照片冲洗出来后就由《太阳报》存档储存起来，并没有使用。

两个月后，爱德华兹和阿诺德仍然坚守自己的职责，持之以恒地追踪王室成员的一举一动。这次他们潜伏在巴尔莫勒尔附近一条小河边的灌木丛中，查尔斯正在那里钓鱼。突然，爱德华兹发现查尔斯并不一个人。还有一个女孩坐在附近的一棵树下，她就是戴安娜。爱德华兹在考德雷公园的人群中见过她。他拍了几张查尔斯钓鱼的照片，戴安娜还是小心翼翼地尽量不与查尔斯有过多接触，当她意识到有人偷拍时，立即跑开了。但是这对爱德华兹来说，信息量已经足够了。哈里·阿诺德是一位大师级的人物，能够基于少数事实构建出大故事。他在新闻头版上刊登了一篇文章，标题是《他又恋爱了》。一个"又"字，暗示了他的前女友，曾一度被认为是王妃的候选人。因此，这是这位年轻女士第一次出现在公众视野,阿诺德还给她起了个绰号叫"戴女士"。9 天过去后,另一家报纸《每日邮报》肯定地证实,这位光芒四射的年轻人有望成为王妃,而且是奈杰尔·登普斯特用他标志性的方式,即通过攀龙附凤的技巧,找到了可靠的消息来源:"两个对查尔斯王子的个人生活有一定影响力且婚姻幸福的夫人,泰伦夫人和卡米拉·帕克-鲍尔斯都认可了王位继承人的新女友。"

那时提到卡米拉·帕克-鲍尔斯的名字并没有太大意义。在当时的社会筛选系统中,她所扮演的角色还是正常的。

然而,报道一出,一切都发生了变化。戴安娜很快开始抱怨:"我的生活整个失控了。无论我去哪儿总有人跟踪。哪怕我在餐馆吃饭或去超市购物,都有人拍照。"到了年底,记者对戴安娜的围攻演变成了对整个王室的围攻,最终导致了《观察家报》所称的"桑德林汉姆府围攻"。当时与往常一样,王室一家人在诺福克庄园过圣诞节,欢庆新年。其实王宫新闻办公室只需做好一件事,即告知媒体,戴安娜是以客人身份参加聚会,并要求保护王室家庭聚会惯有的隐私就可以了,这样报社记者也就没有理由在庄园外的灌木丛中逗留。遗憾的是,王宫新闻办公室却没有这样做。女王和她的一个孙子骑着小马出去散步时被拍,她瞪着记者说:"我希望你们离开。"查尔斯就没有这么客气了。他走到一群摄影师跟前说:"借此机会祝大家新年快乐。但是你们的编辑们一个个都太可恶了。"

这些就是对王室报道道德观转变之初不可避免会发生的冲突。戴安娜并不是唯一的导火索,但她的到来加速了媒体道德观的转变。王室新闻与市场上的其他商品一样,是以需求为驱动力:提供商品的人如果跟不上需求的增长节奏，就会被淘汰。现在整个国际社会都在关注玛格丽特叛逆的生活，这表明，王室成员不再只是英国人关注的对象。与此同时，媒体大亨的野心也越来越大，力求进军全球市场，视野也不再局限于报纸和舰队街新闻圈。鲁伯特·默多克在这方面总是领先于他的英国对手一步。默多克本能地把新闻当成一种商品；他的《太阳报》迎合了大众市场对无拘无束轰动性新闻的需求，开拓了一座小报金矿，王室新闻就是金矿中的金币。默多克把自己的公司称之为"新闻国际公司"是有充分理由的——他打算以最具市场化的形式，按照他的构思，将报纸新闻和电视新闻推向国际市场。在这种背景下，他发现了一个最有利可图的对象：戴安娜。

然而，在1981年初当媒体包围桑德林厄姆的时候，双方都还不清楚究竟会发生什么。例如，为了挽回一丝体面，《太阳报》发表了一篇社论写道："没有人想破坏女王的假期。媒体并不是来迫害她的，而是来拍摄那位可能成为下一任英国王后的女士，这是合情合理的。"《每日镜报》更进一步，恰如其分地探讨了名人的经典悖论——你越是抗拒媒体，媒体就越要追踪你："如果戴安娜·斯宾塞女士要成为未来的英国王后，她就不能指望自己过着葛丽泰·嘉宝那样神秘的生活。"

在戴安娜结婚前的几个月，她所承受的巨大压力远远超出她这个年龄所能应对的范围。一方面，她要学习——或努力学习——在王室这个水晶笼里生活的各种礼仪，以及如何在这样一个不允许以任何形式泄露个人信息的宗族家庭里生活。而另一方面，王室以外的世界意识到她的魅力所在，极力去发掘有关她和她生活的每一个细节。

1981年7月举行的婚礼尘封了戴安娜作为媒体明星的角色和命运。这场耗资巨大的"世纪婚礼"，场面极尽奢华：戴安娜坐着一辆水晶窗马车款款而来，然后和查尔斯坐着一辆敞篷马车一起离开。这是王室继1953年加冕典礼电视转播以来的又一系列公开盛会，吸引了全球7.5亿电视观众。只不过这次盛会是在圣保罗大教堂举行的。在这里举行婚礼比在威斯敏斯特大教堂举行更能接近公众：圣保罗教堂是雷恩爵士建造的英国巴洛克式杰作，坐落在一座小山上，曾经是伦敦的中心。这里一直与都市化伦敦人们的日常生活、工作紧密交织在一起——被伦敦市民视为一个可接近的、几近世俗的圣地，而不像威斯敏斯特大教堂是被建制锁定的圣地。人们还拍摄到了闪电战时教堂楼顶处于火环中的照片。当时28枚炸弹落在大教堂上，其中有一枚炸弹重达500磅。然而圣保罗大教堂就像伦敦人民一样，奇迹般地幸存了下来，战胜了一切挑衅，牢不可摧。1965年，我负责《星期日泰晤士报》对丘吉尔葬礼的报道时，第一次感受到圣保罗教堂对人们的影响。

无论是偶然情况还是有意为之，大教堂的特殊氛围都暗示了下一任英国国王和王后可能也会像仪式一样，比他们的前任更接近人民。这对夫妇达成一致，改变了婚礼誓言，戴安娜的结婚誓词中没有承诺她要"服从"的这一条。至少在那一天，她那光芒四射的神采让人们感到他们是天造地设的一对，当他们站在白金汉宫阳台上，当着所有人的面亲吻时，这一印象便被封存了。

在痴迷的大众面前，查尔斯和戴安娜王妃完成了扮演童话故事中甜蜜幸福角色的使命，便希望公众能够在他们不履行公职时，给他们私人空间。大约在查尔斯第一次见到戴安娜的时候，他就在格洛斯特郡购置了一套豪华庄园，叫海格洛夫庄园，面积约有347英亩，应该能够保护他足够的隐私。婚礼后几个月，王宫称戴安娜怀孕了，她和查尔斯以为生活在海格洛夫庄园就能远离媒体的骚扰。但有人向小报透露，戴安娜非常喜欢吃酒心糖，有时会从庄园溜出去到附近泰特伯里镇的一家商店里买糖果。《太阳报》和《每日镜报》的摄影师拍到她心满意足吃糖果的样子，第二天便在报纸上刊登了这一独家大新闻。

令人惊讶的是，就是这条相对微不足道的隐私曝光，女王选择了亲自干预——这是她唯一一次试图控制媒体对王室的狂热，现在这种狂热在捕捉戴安娜新闻方面已演变成贪得无厌。女王的新闻秘书迈克尔·谢伊把所有全国性报纸的编辑以及英国广播公司新闻和独立电视新闻的编辑都召集到白金汉宫。严肃报纸的编辑们对谢伊都会礼让三分。他别具一格，不同于王宫以往的守护人。他获有经济学博士学位，到王宫任职前，曾担任过15年的外交官，有"左倾"思想。最后所有的编辑都来了，但是《太阳报》的凯尔文·麦克肯兹除外。他借口说这次会议的时间与他和老板鲁伯特·默多克必须出席的一次会议发生了冲突。事实并非如此；麦克肯兹只当了几个月的编辑，就如此无视女王的要求，没有哪个编辑敢像他这样无礼。

对这次会面，描述最详尽的要属默多克的另一位编辑，《泰晤士报》的哈里·埃文斯:"我们沿着红地毯穿过积雪覆盖的前院,经过君主的大理石半身像,走进白色和金色相间的1844会议室,这个房间因那一年沙皇尼古拉住过而得名。"谢伊提醒他们,女王陛下因媒体对待新媳妇的方式感到很不满意,将会直接向他们表达自己的感受。把编辑们引到女王面前之前,谢伊试图唤起编辑们保护家庭的内在本能,他提醒他们戴安娜已经20岁了,因为怀孕患上了晨吐症,加上小报记者们的骚扰,现在很痛苦。他把摄影师们描绘成主要恶人,好像是他们违背了编辑的要求一意孤行。他还引述了20年前几位自由摄影师的例子,他们曾拍摄过女王一边晒着日光浴一边看着玛格丽特公主在皇家庄园滑水的照片。那次事件后,涉事的自由摄影师们受到了报业评议会的公开指责。报业评议会的主要职业就是监督舰队街的道德行为。当时的编辑们十分乐意把这些摄影师当作祭品牺牲。他们不再给这些摄影师分配工作,这无异于让他们失业。埃文斯说,谢伊"对以下几件事却底气不足:一是摄影师们的态度,二是焦急的婆婆的意见。这本就是普通人所遇的困境,而不是什么国家问题"。但谢伊没有意识到的一个事实就是,专职摄影师不同于自由职业摄影师,他们是现在以名人为核心的综合性行业的一部分,在这个行业中,王室成员与好莱坞明星的商品价值一样。此外,那些没有被召集的编辑,比如像默多克这样的媒体所有者们认为,作为人民资助的公众人物,王室成员和电影明星们一样根本不具备享有完全隐私的权利。

走出1844会议室,编辑们又被带到卡纳文会议室与女王会面,女王带着安德鲁王子一起参加了这些会面。安德鲁当时21岁,女王认为这对他来说是一个很好的机会,在他走向社会之前,能够亲身感受到哪些人会对他自己的生活指手画脚。埃文斯不知不觉中向女王讲述了苏联领导人列昂尼德·勃列日涅夫在猎熊时被困在树上的一件事。埃文斯说:"女王竟然对这些事了解得一清二楚,我和其他人都备感震惊。"女王告诉编辑们,她和戴安娜一样痛苦,希望他们能改变工作方式,让她享受自己的私人生活。接下来的这一刻暴露出过去人们对女王的尊重已所剩无几,默多克旗下的《世界新闻报》的编辑巴里·阿斯库表示,如果戴安娜真的想要隐私,那她就应该派一个仆人到泰特伯里镇的大街上去买她的酒心糖。王后淡然一笑,说:"阿斯库先生,这是我听过的最不切实际的评论了。"然后尴尬地笑了笑。

这次非同寻常的会面之后,一切并没有发生改变。双方都没有把对方的意见当成一回事——他们曾经共有的道德约束早已化为乌有。一些报纸发表的文章充满了矛盾和不真诚,比如《每日邮报》说:"我们应该尊重她的隐私,但又不应剥夺读者的乐趣,读者有权分享她的魅力生活。"而另一些报纸,比如《每日电讯报》,力求把自己置于粗俗的小报之上:"我们行业的某些部门过分热情地侵犯他人的隐私,以至于一个深受公众喜爱的人物心灵备受折磨,被迫退缩,躲避灯光。这是多么悲哀啊。"

我们在此看到的是一个处于萌芽阶段的现象,当时涉事的人都不可能知道这种现象能发展到什么程度——尤其是戴安娜本人。唯一可以肯定的是,一切都不可能再回到从前:随着戴安娜的出现，过去君主和媒体之间约定俗成的关系几乎一夜之间全部消失了。世界再一次改变，而君主制面对这一改变时，又一次毫无准备。未来的小报职业道德将由《太阳报》的编辑凯尔文·麦克肯兹来定义，他连王宫的召唤都懒得搭理。他坚持设定最低标准的职业道德，而且毫无悔意。他把目标读者描述为"你在酒吧里看到的那个醉鬼，一个右翼老法西斯分子，想把外国佬送回老家之后再买下他那没用的廉价住房。他害怕工会，害怕俄国人，憎恨同性恋者、怪人和毒贩"。麦克肯兹指出了一种极端的偏执者，而他就是那个偏执者，也是那个为默多克创建了一份他期望已久能够打破惯例的小报。

1936年的那个早晨，爱德华八世在贝尔维德尔堡看着《每日镜报》头版刊登的有关沃利斯·辛普森的新闻时，他感叹的那句"太不幸了"也适用于戴安娜早期与媒体产生的小冲突——这一切拉开了君主制与媒体共存的序幕。

第二十二章　与托尼的最后午餐

这些年来女王的家族中上演了丰富多彩的戏剧，在这些参演戏剧的演员中，托尼·斯诺顿是最可敬的。意志薄弱的普通人如果经历托尼在各种斗争中所受到的摧残，恐怕难以维持生命。他一开始就像一个见习生一样，本来过着真实而正常的生活，突然陷入一个处处受仪式束缚的封闭世界——当时，对他和王室来说，都是一次大胆的实验。他的婚姻从一开始就被赋予了由各种仪式粉饰的童话故事性质，慢慢地在公众的见证下演变成一场噩梦。可以说，玛格丽特和托尼这一对爱人对彼此的要求都太高，因此永远无法满足对方的需要。在这场激烈的婚姻斗争之中，他们伤害了许多人，引发了许多事，直至每个人都精疲力竭，痛苦不堪，才善罢甘休。不过托尼既没有筋疲力尽——玛格丽特那时有一段时间被折磨得毫无力气——据我所知他也没有感到痛苦。更奇怪的是，他的才华得到了蓬勃发展，给他带来了繁荣和名气——尽管他作为王室成员的地位也起到了举足轻重的作用。

在职业上，托尼一直是全身心地投入。起码到我们最后一次见面时，这一点仍是毋庸置疑的。1987年，我加入了纽约的康泰纳仕集团,和哈里·埃文斯共同担任《康泰纳仕旅行家》的创始编辑。位于麦迪逊大街上的康泰纳仕集团大楼,被曼哈顿其他杂志机构称为入侵英国杂志的黑手党之家。那时安娜·温图尔刚刚接任《时尚》杂志编辑一职,而蒂娜·布朗正在努力把经营不善的《名利场》打造成新闻界巨头,她的下一个目标就是《纽约客》杂志。早在很久以前,托尼首先到达纽约,在《时尚》杂志为戴安娜·弗里兰工作,得到了康泰纳仕大师级编辑亚历山大·利伯曼的提携。作为编辑,我们的目标是改变旅游杂志垂死挣扎的现状,刊登优秀的文章和摄影作品。我们委任海明威的传奇女神,也是著名战地记者玛莎·盖尔霍恩执笔撰写关于她的居住地威尔士的故事,而摄影工作的最佳人选显然就是托尼。

  我飞回伦敦,和托尼在肯辛顿的朗塞斯顿宫旁的餐厅共进午餐,这里离他现在住的地方很近,他现在住在乔治王朝时代的一栋漂亮别墅里。伦敦有许多城中村,肯辛顿这一地区从美学角度来说非常符合托尼的纯粹风格——个昂贵但不浮华的城中村。事实上,在他和玛格丽特正式签署分居协议后,是女王花了7.5万英镑为他买下了这栋别墅。托尼在装修肯辛顿宫公寓时投入了大量的时间和精力。朗塞斯顿宫的装修虽然比不上王室宫殿那么华丽,但是,托尼又一次亲自挑选工匠,按照自己的审美标准和品位把别墅装修一番。从某种程度上说,这栋房子也是一种隐喻,暗示了他调整后的生活,从宏伟奢华的王宫到优雅朴素的别墅,他的工作室也设在里面。我知道他在广告公司工作赚的钱远比在杂志社赚的钱多,但他和康泰纳仕集团的关系,无论是在伦敦还是在纽约，对他来说仍然很重要。

那时他已经57岁了。我与他相识将近30年，在成熟的托尼身上仍能看到年轻时托尼的影子——依然头脑敏捷，直言不讳，工作上尽心尽力。他想见一见玛莎·盖尔霍恩——这位定居在威尔士的一位精于世故又成就卓著的美国作家，引起了他的兴趣。他对最新一期《康泰纳仕旅行家》杂志颇有微词，敏锐地发现杂志封面上的一个"盲点"，封面上写着"如何像王妃一样购物"。他问我："为什么不把她的名字写上去？大家都把她的名字写出来了。"

这里的"她"当然指的就是戴安娜。杂志里有6页内容是描述戴安娜在伦敦最喜欢逛的店铺。有些文字写得很幼稚："没有哪个导游能保证你的伦敦之旅能看到这位世界上最受欢迎的王妃，但《康泰纳仕旅行家》能为你提供更好的，那就是消费者指南。"文章中还有一幅插图，是戴安娜买的缎子拖鞋的照片，而且图片大小为鞋子的实际尺寸。托尼笑称这简直就是"壁橱嗅探"。当然，他也讽刺过我。我们计划从两方面入手——既能驾驭世人崇拜戴安娜的浪潮，又不能让杂志看上去像一本名人杂志。突然，我听到他带有一丝敌意地问："你觉得她会怎么想？"说完他停顿了一下。"这个问题以后千万不要问了，但我认为戴安娜并不知道比女王更出名有多危险。她……太喜欢成为聚光灯下的焦点了。"这是他唯一言语轻率的一次。否则，他仍然像往常一样，谨小慎微地把玛格丽特称为玛格丽特公主，现在听起来这样的称呼虽然恭敬但是却很生分。唯一让他愿意回顾的日子，就是我们在《星期日泰晤士报》早期的时光。"现在这份报纸也已今非昔比了，"他说，"默多克无法忍受比他强的人,所以他只能任用马屁精。"一年后,托尼到《星期日电讯报》任职,合同中承诺他每年可得年薪3.5万英镑,是《星期日泰晤士报》的3倍。

他仍然无法容忍英国工业品平庸的外观设计——最近他辞去了设计委员会的工作,因为这里的官僚气氛令他窒息,他还因为英国铁路公司没有考虑到残疾乘客的需要而对他们发起了个人抗议运动。根据托尼一向做事精准的性格,他发现火车的车门是22英寸宽,而轮椅的平均宽度是25英寸。在《英国时尚》杂志的一次采访中,他向英国铁路公司的一位领导人描述了一个坐轮椅的残疾学生被锁在火车尾部的行李车里的情况,没有厕所也没有暖气。托尼的美德之一是,他从不会利用自己的头衔和地位来提升自己,而是用来为无权无势的人争取利益——他很享受这种使用权利的方式。他比其他任何王室成员都更有效地发挥了权利的作用,而且始终如一从未改变。

在圣人托尼旁边如影相随的是浪子托尼。他现在和马乔里·华莱士共事,她是一位致力于关爱精神病人改革运动的领导者。他问我关于她的事,因为他知道她曾在《弗罗斯特计划》节目组工作过。她曾与我的一位密友有过绯闻,导致他的婚姻破裂,并以他的伴侣身份与他生活在一起。我说,一方面,对于她和我朋友之间的行为我确实不敢苟同,但另一方面,她总是尽自己最大的力量奋斗拼搏,为自己的改革运动付出了巨大努力并取得了成效。托尼对我的评价也算认可——他虽然认可,但我可以看出他还是认为我保留了意见,认为我有些自负。我也能看出马乔里·华莱士与他的关系比我想象的更亲密。几年后他们真的成了情人。但这个时候的托尼,似乎已经安于和露西·林赛－霍格的第二段婚姻——她是一位颇有成就的电影导演迈克尔·林赛－霍格的前妻——托尼是在1972年与她相识的。然而她所不知道的是,自1977年以来,托尼与记者安·希尔斯有一段长达20年的婚外情。安·希尔斯虽然已婚,但却是开放式婚姻的推动者,并写了一本书,宣传婚外情的治愈价值。她的确做到了身体力行。

托尼能够把这个秘密保守这么久,足以显示他擅长处理关系的能力。但是他的这种能力并没有让玛格丽特对他产生好感,玛格丽特对自己的婚外情故意不加掩饰,如她和安东尼·巴顿还有罗宾·道格拉斯－霍姆的关系。1980年,她和卢埃林在由卢埃林协助建立的嬉皮士公社度过了几个周末后,和他友好地结束了恋情。玛格丽特声称她从来没有抛弃过任何人,但托尼却不断地抛弃他人。她告诉奈杰尔·登普斯特:"我劝托尼多和老朋友联系,但遗憾的是,他就是一个喜欢抛弃朋友的人。我们结婚后,他几乎和所有的老朋友都断了联系,我再也没见过他们。我不是那样的人,我从不会抛弃任何人。"

玛格丽特所有的朋友中,最持久也是最有影响力的一个是科林·坦南特,正是在这位苏格兰贵族举办的周末家庭聚会中,无意中引发了她对卢埃林的追求欲望。他们之间的友谊之所以如此牢固,原因有二:坦南特的富有和他妻子安妮对玛格丽特的感情。托尼和玛格丽特结婚时,坦南特把加勒比海马斯蒂克岛上最好的一块土地作为结婚礼物送给了玛格丽特。不久玛格丽特让坦南特在那里给她盖别墅，坦南特便照做了。同时，他还成立了一家房地产公司，把另外100块土地以高达4万英镑的价格对外出售。马斯蒂克岛是英国贵族众多的殖民岛屿之一，主要用于避寒（有时也是为了避税）。随着坦南特这样的人把这些岛屿开发后卖给新一代白手起家的百万富翁后，岛屿的这种独特性也逐渐消失。玛格丽特搬进了她在加勒比海的度假胜地，因为她知道她的出现能够提高岛屿的声望，吸引更多人前往，有摇滚明星，还有一些臭名远扬的暴发户，那里的冬天也因此变得热闹非凡。托尼从一开始就不喜欢马斯蒂克岛，称这里就是一个"错误"。这代表了他和玛格丽特的品位之间的一条不可逾越的分界线——随着他们之间的隔阂越来越大，这条分界线也变得越来越明显。而对于女王和白金汉宫而言，托尼的评价总是过于准确，让他们感到不安。

第二十三章　稳坐政坛顶峰的两个女人

执政 7 年后，玛格丽特·撒切尔已将议会民主制中所能获得的权力高度集中在自己手中。男性首相中也没有几个能像她现在这样完全掌握对政党和国家的控制权——丘吉尔曾经表现得像个军阀，但也从来没有像撒切尔那样具有对抗性。1984 年—1985 年间，她以强硬措施压制全国矿工联合会，有时她会以国家警察的身份示人。她甚至把内阁中最坚不可摧的成员都阉割了，即使这不是真的，也是对她强势手段的一种比喻。1976 年，在她上台执政之前，她对苏联进行了猛烈抨击，警告人们苏联意欲统治世界的野心，如果英国不理解这一点（当时哈罗德·威尔逊正在与莫斯科谈判一项贸易条约），最终将"被堆在历史的垃圾堆上"。作为回应，苏联官方通讯社塔斯通讯社给她贴上了"铁娘子"的标签。这个标签非但没有侮辱她，反而颇具预见性。到 1986 年为止，任何见过她的外国领导人都知道她有多"铁"，英国人民更是深有体会。我们也难免会对首相和女王之间的关系感到好奇。历史上第一次有两位女性同时——至少在名义上——成为国家的象征性领袖。维多利亚女王是最后一位对首相行使重要权力的君主，不过她知道权力的限度。伊丽莎白二世践行了君主制的"安慰剂理论"——尽管没有实际权力，但仍然存在。君主制没有实权是因为它超越了权力。哈罗德·麦克米伦一直支持君主制作为安慰剂这一理论，他在回忆录中称赞女王是如何"认真履行职责"，每天坚持阅读红盒子里发给她的所有官方文件。他写道："女王拥有绝对的知情权、批评权和建议权。"随着撒切尔夫人入住唐宁街后，女王的最后两项职责即使不是不可能履行，但履行起来也变得困难了。撒切尔并没有把自己的崛起看作是女权主义的胜利。她毫不关心性别政治，因为这太时髦，而且太具局限性。她懂得什么是权力，也知道如何利用权力。一位女权主义者评论她说，她并不是要证明一个女人可以像一个男人一样强大，而是表明"她不会受到维纳斯女神的约束，不是一个内心软弱凡事苛求之人"。睿智的传记作家雨果·杨说："她没有抛弃女性的本质，而是超越了女性本质。"

然而……这两个女人之间真的存在鲜明的心理鸿沟吗？如阿伯凡灾难事件中，女王很难展现出"内心的弱点"——"展现"一词用得很到位，因为这个词至少没有排除感情因素。女王一直认为，作为女人的她可以感到痛苦，表现得情绪化，但是作为君主的她就必须在这两方面克制自己。毕竟，她的妹妹正是由于无法在这两方面克制自己，因此把一切问题暴露得一览无余。和撒切尔一样，女王也有"铁"的一面：遵循铁一般的训诫，作为女王她就要始终保持从小所学的王权威严。她也是被迫过着维护王权的生活。她在公共场合对这种训诫演练得如此之精湛，以至于人们都无法判断这是否就是那个要求私人空间的女人——是她的全部还是部分。结果，她和撒切尔都以冷漠形象示人，只不过女王的冷漠是被动的，而撒切尔的冷漠是主动的。她们还有一个共同点：都不喜欢文化艺术。唐宁街的诗情画意氛围并不比白金汉宫强。撒切尔把政治作为行动和一种形式——把事情做好的行动——这种方法就不能添加诗情画意的成分。她在牛津大学学习化学专业时，师从诺贝尔奖获得者多萝西·霍奇金，并接受过律师培训，因此简洁明了对她来说是一种信仰。她说世界上根本"没有社会"，因为这个概念过于抽象。她的这句话也饱受诟病。从某种程度上说，女王确实有一种兴趣爱好，还相对比较科学，那就是养马。她最钦佩的男人中有一些就是那些能教会她通过授精培育出在赛马比赛中获胜的纯种马的人。显然，她和撒切尔在这方面是没有共同话题的。

到目前为止，唐宁街和王宫都能非常成功地将首相和君主的关系置之度外。当然，其中的一部分原因是她们之间的既定规约。过去在首相任期内发生首相与女王不和的事件时，他们通常会刻意在两个机构之间传递一种健康舒适的信号，就像丘吉尔和女王关上会议室大门，传出阵阵欢笑声一样。不过，这一次涉及两个女人，一个强悍，一个神秘。当矛盾累积到一定程度时，维系两人关系的面纱很可能会滑落——而且滑落的时候，一定是掷地有声。

1986年7月，《星期日泰晤士报》刊登了一篇报道，说女王与撒切尔在涉及国内国外的许多问题上都存有分歧。根据该报道，女王抱怨最多的就是撒切尔"冷漠无情、挑衅对抗、固执己见"。她的许多臣民可能也会认同这一点，但如果报道所述为实，那么这就表明女王违反了她在位期间坚持了34年的谨小慎微原则，这是前所未有的。当然，如果说女王在位期间从未对首相的行为感到过不满，那也是荒谬可笑的，比如说，安东尼·艾登以虚假借口入侵埃及一事。不过，她的所有首相都知道，她永远不会透露自己的真实想法。《星期日泰晤士报》更进一步报道说，女王实际上是有意想让人们看到她的不满情绪，而且这种不满情绪还延伸到了外交政策，尤其对撒切尔不愿意处理南非的种族隔离问题一事感到不满。王宫迅速采取行动对这条新闻进行澄清。在报道发表后几个小时内，女王致电撒切尔，向她保证报道中的指控都是子虚乌有的。女王的新闻秘书迈克尔·谢伊承认，他与该报的政治编辑曾进行过正常交谈，为一篇报道提供了非公开的指导，他以为这是一篇关于改变君主角色的报道。除了白天的工作，谢伊还喜欢写一些政治惊悚故事，已经出版了十几本。他也不喜欢撒切尔。在一些记者的怂恿下，他将自己的一些政治观点移植到简报中，不过这一点从未得到证实。无论如何，他已经越界，第二年便离开王宫，在一家工业集团担任公关主管。该报的编辑安德鲁·尼尔很享受他所引发的争议，他如此老练世故，怎么可能不知道女王无论遇到什么挫折都不会批准这种违反既定规约的行为，但他向女王推诿说自己对此完全不知情。此后女王与撒切尔的会晤中并没有出现明显敌对迹象。

事实上，朝臣们注意到，当撒切尔每周与女王会晤时，她行的屈膝礼比其他任何人都要深。尽管她以钢铁般的姿态登上了政坛顶峰，撒切尔仍然觉得有必要在这位早在她之前就登上政坛顶峰以及之后仍活跃在政坛顶峰的女性面前屈膝。一位内阁部长的妻子说，撒切尔夫人和其他女性在一起时有一种"蜂王情结"，也就是说只要她能做到的事，其他人也要有相同的决心。但是我们真正的女王就做不到这一点。她们之间似乎还残留着一种阶级感。撒切尔一直费心尽力地忙于向上攀升，几乎没有时间理睬比她低下的阶级，但君主政体是独立的阶级，有坚实的城墙保护，十分安全，撒切尔也无意冲破这些城墙。

接着有趣的事发生了。一旦她打破了一层国家制度，特别是打破了国家应该控制生产资料的残余思想后，破坏者撒切尔就变成了返祖主义者撒切尔，她的思想和女王更加贴近，都厌恶变革。她认为废除死刑是错误的；同样，让同性恋合法化也是错误的。最重要的是，她是一个顽固守旧的沙文主义者，这种思想因担心英国主权会受到欧盟不自量力的联邦党人危害而加剧。英吉利海峡对她的价值就像 1940 年对丘吉尔的价值一样，是用于抵御异族欧洲人的堡垒。她最怕德国人的愿望。当德国总理赫尔穆特·科尔吹嘘说一支德国足球队在英国主场击败了英国人时，她厉声反驳说，英国人"在 20 世纪两次在德国本地击败了德国人"——德国总理力图通过与欧洲合作复兴德国，这句话对他来说杀伤力极大。

撒切尔的沙文主义完全反映了女王自己的世界观，1982 年，当她为了争夺马尔维纳斯群岛（英称福克兰群岛）与阿根廷开战时，女王——不顾一些朝臣的反对——安排安德鲁王子加入派往南大西洋的海军特遣部队。这是最后一次炮舰外交任务，得到了美国的后勤支持。安德鲁担任了"无敌号"航空母舰上一架反潜直升机的副飞行员，返回时和部队其他成员一起受到了战争英雄般的欢迎。后来，部队指挥官桑迪·伍德沃德将军坦言："让一个王室成员上前线，就是一个该死的大麻烦……你必须采取额外保护措施，以防他被击落。"为了对这次作战行为进行辩护，撒切尔引用了惠灵顿公爵的话："大国无小战。"菲利普亲王对此由衷地表示赞同。他认为这次战争展示了这个国家的实力——也证明了安德鲁是这个资深海军家庭的骄傲，也是自己的骄傲。事实证明，撒切尔与女王还有一个共同特点——两位母亲都深切担忧儿子的安全。在非洲举行的一次汽车拉力赛中，她自己的儿子失踪了好几天时，这位通常对那些处于危险中的人铁面无情的首相，当时却泪流满面。和安德鲁一样，当她的儿子毫发无损地再次出现时，也受到了人们英雄般的致敬。愈加明显的是，安德鲁在他母亲眼里是从不会犯错的。

如果说撒切尔维护君主制是因为君主制在自己的阶级壁垒中无法触碰，那么尽管如此，君主制还是发生了微妙的变化。君主制原来秉持的同系联姻的同质性逐渐瓦解。托尼是第一个因婚姻进入这个家庭的平民，即使婚姻破裂后，他仍然是这个家庭的一员，他的孩子们也深受欢迎。但戴安娜却不同，她的家族在英国贵族万神殿中的资格比温莎家族深远得多。斯宾塞家族可以追溯到1478年，与丘吉尔家族有着错综复杂的关系，属于伟大的武士贵族阶层，其杰出程度是任何皇室都无法比拟的。事实上，对于研究皇室血统理论的纯粹主义者来说，温莎家族既不是贵族，也不是真正的本土王室：他们属于暴发户。从本土主义的观点来看，这个家族始于汉诺威王室，特别是1714年至1727年在位的出生于德国的国王乔治一世，以及他的直接继任者们，都被指控力图分别效忠英国和德国。

现在也没有什么必要再深入探究早期乔治国王们的统治情况以及有关他们的情妇、他们的玩忽职守、他们的家庭恩怨的混乱历史。但是他们持久的影响力，似乎是基因退化的奇怪例子，一直持续了几代人。例如，詹姆斯·波普－轩尼诗在1957年对女王的近亲进行彻底普查时，发现乔治五世的三王子格洛斯特公爵亨利（由于他与本书内容无关，因此一直没有提到他）："亨利王子是可供当今研究的最优秀、最真实的种族标本之一。他高大魁梧，有着典型的汉诺威式头部，背部扁平，和威廉四世一样高。亨利是典型的顽固保守分子。"波普－轩尼诗在整理有关他的资料时发现他说过一句话："荷兰这个国家的地形真是怪，太怪了。"有一位高级公务员就查尔斯王子的婚姻问题提出建议："问题就在于查尔斯是个汉诺威人"——这里指的是他性情暴躁、任性放纵的性格特点。恐怕这种汉诺威式苦恼还会出现。

《星期日泰晤士报》关于女王和撒切尔的报道发表三天后，王室承认又有一条外部血液输入了王室。安德鲁王子，因为情人万千，小报送他绰号"好色的安迪"，迎娶了一位平民——莎拉·弗格森。事实证明，她是一个非常普通的平民。这两个人的配对证实了王室求偶程序中的一个重要模式。人们很快就知道了菲姬[①]这个名字，她是罗纳德·弗格森上校的女儿。弗格森上校以前是皇家禁卫骑兵团的骑兵，现在是农民。但更重要的是，他是一名马术运

[①] 在此指莎拉·弗格森。以下同此。

动员，曾与菲利普打过马球，也是查尔斯的马球经理人。这里还有一个小插曲，马球运动使弗格森上校戴上了绿帽子：他的妻子和一位风度翩翩的阿根廷马球运动员一起私奔去了南美。1973年，安妮公主嫁给了一个骑兵，龙骑兵近卫队的队长马克·菲利普斯。人们第一次看到查尔斯和戴安娜在一起时，就是在查尔斯打马球的时候，而且戴安娜并不是马球队俱乐部的会员。

精英家族往往会控制他们的人才库，这是家族血统赖以延续的方法——这就是为什么欧洲皇室的家谱世代都是近亲结婚的原因。但是女王的孩子们都是绕着一个异常狭窄的社交轨道盘旋，这是由她自己对马术的热爱和只喜欢与对马术有所偏爱的人交往所决定的。这与她父亲的交际阵营明显不同，她父亲的社交圈是在战争中形成的，涉及许多政治和军事领导人物。而且，正如我们所看到的，战后乔治六世有意引进像彼得·汤森德这样的局外人来对抗朝臣阶级带来的影响，拉塞尔斯就是一个例子。

当然，生活在公众视线的巨大压力下，女王想要找一个没有挑战的舒适生活区，与有共同兴趣的人交流，放松自我，这也是人之常情。这就是为什么马术界对她如此有吸引力的原因。因此，一种新型的特征明显的乡村资产阶级子阶层出现了，王室的惠顾在英国南部各郡蓬勃发展——现如今亦是如此：剑桥公爵夫人凯特·米德尔顿就是其中一个突出成员。这一阶层的出现还创造了一个欣欣向荣的婚姻市场，涉及许多情况相同的家庭，这些家庭都把自己家的女儿推上名媛舞会，当时这仍然是吸引王室成员和得到认可的一种方式。现在，受到塞西尔·比顿的《窈窕淑女》中服饰风格的影响，妙龄少女们戴上一顶傻乎乎的帽子出现在皇家阿斯科特赛马会，就算是获得了初次亮相夏季名媛舞会的入场券。在英国以外的海岸，这一套做法对那些把赛马会视为上流社会缩影的人有着强大吸引力，尤其是对那些懂得养马的人吸引力更大。女王在美国更是夸张，她有五个私人假期都在有"马都"之称的肯塔基州，与那里的富人一起度过。一位朝臣说："她在肯塔基州感到非常自在……这里有一种我从未在英国见过的随意和欢乐的气氛……客人都来自和马有关的世界；他们的谈话内容也很少偏离纯种马这个话题。"这与海湾国家酋长们的体育运动有着密切关系。王室成员中的赌徒们，比如安德鲁在晚年的时候，就利用这种关系设计了高报酬的付费交往方式。女王在自己的家乡公开对那些喜欢骑马的人表示偏爱——她也因此立即对菲姬产生了好感，而她明显不喜欢戴安娜的原因之一，就是她不喜欢户外运动，也不喜欢她那广泛的文化素养和兴趣。讽刺的是，女王曾告诉玛格丽特，永远不能让公众看到她与玛格丽特和罗迪·卢埃林在一起，虽然卢埃林的父亲是一名著名的马术运动员，但她们的这种相处方式太有伤风化。

只可惜，这三段马背上的恋情都是以离婚告终。安妮公主的婚姻早早就摇摇欲坠了。1989年她和马克·菲利普斯正式分居，1992年离婚。当安妮乘坐不列颠尼亚号环游时，遇到船上的一位军官蒂莫西·劳伦斯，并坠入爱河。他们于1992年结婚，是女王子女中婚姻最稳定的一对，安妮也是子女中最理智的一个。菲姬和安德鲁彼此都不断传出绯闻，于1992年分居，1996年离婚。当然，查尔斯和戴安娜的婚姻很快破裂，成为温莎家族中拖延时间最长、绯闻最多的婚姻。

事情远不止这些。当他们婚姻破裂的消息传出后，戴安娜几乎靠一人之力就为工业级名人杂志的发展提供了生存的氧气。这一变化的主要设计者就是鲁伯特·默多克。凯尔文·麦克肯兹接管了《太阳报》之后，迅速采取行动，按照默多克的想法，大幅度放松了新闻与娱乐之间的界限。相对于舰队街的竞争对手，默多克有一个优势，那就是他是从一个局外人的角度看待英国的一切。"英国佬"嘲笑他是"丑闻挖掘者"，实际上他比他们想的更世俗。当他买下《世界新闻报》时，他那令人生畏的母亲伊丽莎白夫人还担心报纸太通俗了。默多克告诉她，英国人的生活非常悲惨，他们需要娱乐。现在，默多克有两位编辑对君主制存有偏见，他们是麦克肯兹和《星期日泰晤士报》的安德鲁·尼尔。然而，这两个人风格迥异，对新闻的理解也不同：麦克肯兹力求报纸雅俗共赏，而尼尔是一个博学但好斗的苏格兰人，和默多克一样厌恶精英阶层，他的报纸更适合不落俗套的读者群体。但他也知道让君主制出丑的新闻价值，如他过分夸张地报道过女王和撒切尔之间关系不和的相关新闻。他的报纸可以说是文化版的小报。默多克支持他的思路，因为他认为，对王室家族的报道是没有什么底线的。

但是，难道默多克真的想看到君主制的终结吗？1991年，当戴安娜和查尔斯之间上演的肥皂剧已经达到歇斯底里的程度，人们问到他这个问题时，他回答道：

这个问题我也很矛盾。我想你们肯定不愿意看到君主制的终结，因为我认为这个国家目前还没有足够的自信终结君主制……但是，我想问，在现在这个开放且竞争激烈的地球村里，是不是这个制度让我们止步不前？是不是这种制度抑制了国家的发展？我想这些都是值得思考的问题。我认为认真思考一下没有什么错。只可惜现在哪怕是思考一下这个问题，都会成为受人痛恨之人，因为还有一些人对这种制度抱有极大幻想。

细思默多克的话，突出了两件事。首先，他仍是以局外人的身份看待问题，而且显示了他根深蒂固的偏执，认为自己就是一个"受人痛恨之人"。第二件事对他的远大抱负至关重要，那就是他根本不满足于成为英国的地方性媒体大亨，他的志向是："在现在这个开放且竞争激烈的地球村里"。要做到这一点，默多克就要把自己的企业成功地打造成一个全球帝国，把自己在英国报纸中发展起来的名人新闻模式出口到全世界。他们也找到了他们的超级明星：戴安娜。

第二十四章　世界最知名的人

从来没有哪个人如戴安娜这样名声大噪。短短几年内，她就成了世界上最知名的人。当其他人都已经开始解释这一现象时，戴安娜自己还没有完全弄明白是怎么回事。一开始，她似乎什么也没做，名气就成倍增长。就像有人突然跌入急流想要活命一样，她必须首先奋力保持头部露出水面——直到她能掌握各种力的作用，并学会控制这些力时才能拯救自己。

接待了这个了不起的人物反成了王室的一大不幸。但是如果不是王室从多方面与之对立，戴安娜也不会有这么大的力量。简单地说，她与王室成员完全不同。她是美女，而他们是野兽；她柔弱善良，而他们强大又残忍；她代表着未来，而他们却代表了顽固的过去；她慷慨豁达，而他们却尖酸刻薄；她平易近人、和蔼可亲，而他们却高高在上、遥不可及；她是孤独的自然力，而他们是空洞的体制反作用力。基本来说，媒体的摄像机更加偏爱她，她也可以从各个角度反馈媒体的爱，然而媒体越来越贪心，想要更多，于是王室怒气冲冲地逃跑了。

问题的关键并不在于这样的描写公不公正，虽然事实确实如此。问题的关键是，这就是当时公众的认知能力，这种认知能力是用最新的媒体管理和运作工具打造出来的。把戴安娜和王室如此摆在一起进行对比有些过于绝对，但这些信息包含了公认的事实，表面上看是可接受的。公众一旦形成了这种印象，便不可能消除。各大小报都被冲昏了头脑。一种从未出现过的通俗叙述模式产生了，始作俑者就是小报。人们很早就注意到，早在戴安娜和查尔斯结婚之前，记者和摄影师就已经形成了对戴安娜的偏见。女王温和地斥责舰队街编辑这件事，反而助长了这种偏见。这件事并没有阻止媒体对戴安娜的追逐——几个月后，两家小报刊登了怀孕6个月的戴安娜在加勒比海海滩与查尔斯的合影，因而受到了报业评议会的严厉谴责——陷入困境中的戴安娜给人一种柔弱的印象。在她的婚姻关系紧张受人非议时，这种印象依然存在。此外，他们之间出现的任何过错，人们都会理所当然地认为是查尔斯造成的。

  媒体食物链的上层人物出于本能看到了她在未来市场中的价值，因而也开始对戴安娜产生了同情。戴安娜搬到纽约后，就给两本奄奄一息的美国杂志施展了魔法，使之死而复苏。在这之前，蒂娜·布朗正在设法让《尚流》（*Tatler*）杂志起死回生，这本杂志原本是在上流社会贵族间发行的内部刊物，实际上，也是这个时代第一本高档名人时尚杂志。她在日记中记录了《尚流》杂志主编们得到的一份意外收获……

> 戴安娜·斯宾塞女士出现后不断崛起，并征服了查尔斯王子和英国公众。这是自1936年爱德华八世为辛普森夫人放弃王

位以来，20世纪最大的社会新闻。戴女士的世界就是《尚流》的世界。她19岁，我们的大多数员工只比她大几岁……我们可以带着内部人的骄傲来描述她的世界。王室成员的每一个浪漫细节都成了《尚流》必报的新闻。戴女士的故事对《尚流》的意义就像后来的O.J.辛普森①对美国有线电视新闻网（CNN）的意义一样。

这是一个显著的例子，体现了编辑敏锐的洞察力，杂志的影响力超越了时尚杂志的范畴。与一般名人相比，戴安娜为媒体提供了一个更深入、更有价值的研究课题。她最终和玛丽莲·梦露一样，获得了文学研究的光环和潜力。玛丽莲·梦露的生活曾饱受折磨，得到了著名作家诺曼·梅勒②的广泛关注。然而，戴安娜也因此使王室身陷更多危机。任何关于戴安娜的严肃传记都不可避免地提到她所谓的折磨者——温莎家族和他们的家族本领，或者说根本没有什么本领。

这一切发生时，对我来说，戴安娜的名望演变过程中有一些似曾相识的东西。我当时正在为一部电视剧调查研究托马斯·爱德华·劳伦斯的一生，这部电视剧最终获得了艾美奖，名叫《一个危险的男人：阿拉伯的劳伦斯》，主演是年轻的拉尔夫·费因斯，

---

① 前美式橄榄球运动员，后成为影视和广告明星，并担任体育评论员。
② 国际笔会美国分会主席，美国"全国文学艺术院"院士，代表作有《古代的夜晚》等。

扮演劳伦斯。在20世纪20年代早期，不论以什么样的标准评价，劳伦斯都是西方世界最知名的人。但他的名声并不是由他自己创造的——在沙漠中取得丰功伟绩后，他本可以回到他早期的平静生活中，做一名考古学家和古代世界探险家；是美国记者兼战争宣传者洛厄尔·托马斯在阿拉伯发现了他。托马斯拍摄了大量镜头，制作了一部名叫《与劳伦斯在阿拉伯》的纪录片，并在纽约麦迪逊广场花园首映。这部电影反映了沙漠战争激动人心的一面，劳伦斯几乎成了沙漠战争中一个神秘的英雄人物——观众非常喜欢这部纪录片。这部电影非常卖座，托马斯带着它参加了一场横跨美国和欧洲的路演，其中也包括伦敦。起初，面对这场突如其来建立在神话基础上的名声暴风雪，劳伦斯假装表现得有些尴尬和谦虚。但他突然意识到，这种级别的名望能够成为一种政治武器。这也正是电影的核心：劳伦斯在1919年的巴黎和会上利用他的知名度，试图兑现他（和英国政府）做出的让阿拉伯人摆脱英国和法国殖民统治的承诺。然而，最终这个承诺未能兑现，劳伦斯被政客们视为危险的影响，被驱逐出巴黎。他之后一直保持政治中立，以一个悲剧英雄的身份完成了一部杰作《七根智慧之柱》，再次巩固了自己名人的地位。

就戴安娜而言，还没有出现相关文学杰作，但是却引来成千上万的崇拜者。最终也出了一本令人振奋的传记，但是和劳伦斯一样，这本传记中的内容危及与她对立的势力——君主制。"危险"这个词是女王的私人秘书马丁·查特里斯说的，他认为她对王室来说非常危险。劳伦斯是媒体机制下培养出来的名人，戴安娜也是。奈杰尔·登普斯特告诉蒂娜·布朗，戴安娜"花了好几个小时研究她的剪报，好像要弄清楚自己如此知名的秘密"。不论一开始她是否明白，她如此知名的最大后果就是，王室最终失去了对新闻的控制，而且永远无法恢复控制权，这对女王本人来说也是一个巨大的代价。

1992年是一个转折点，这时女王登上王位已有整整40年。《星期日泰晤士报》又一次扰乱了这个家庭的平静，这一次的报道要比那篇关于撒切尔和女王之间出现裂痕的报道可信得多，破坏性更大。这家报纸的报道已经引起了公众对安德鲁和菲姬奢华生活的强烈抗议。现在报纸又报道了一段地狱般婚姻的内幕故事，即戴安娜和查尔斯之间长达10年的消耗战，每一幕都充斥着尖酸刻薄的言辞，难道《灵欲春宵》①的剧本就是基于他们的故事写成的？报纸在两个周末连载了一本书，名叫《戴安娜：她真实的故事》，作者是安德鲁·莫顿。莫顿在《世界新闻报》工作时，培养了小报记者的杀手本能，现在他需要将这些本能与自然流畅的长篇故事结合起来；在《戴安娜》一书中，他发现了能够体现两者结合的完美主题。很明显，书中涉及的诸多细节只可能源自一个人——戴安娜。但戴安娜现在是一个非常自信的伪装者，矢口否认与此书有关。

通过莫顿的书，戴安娜树立了其作为受害者的基本形象。书中引用了她生前使用过的所有比喻，尤其是用于描绘一个被冤枉的女人，一个被蔑视的女人，一个被无情的丈夫和姻亲虐待的女人的比

---

① 由迈克·尼科尔斯执导的剧情片，于1966年6月21日在美国上映。讲述了一对结婚20年的中年夫妇同一对初来乍到的青年夫妇在聚会上发生的种种不愉快的故事。

喻。她所有的痛苦主要来源于她、查尔斯和卡米拉·帕克－鲍尔斯的三角关系。1995年，戴安娜接受英国广播公司《全景》(Panorama)节目的采访时，说了一句经典的台词："这段婚姻里有三个人，所以有点挤。"在这个故事版本中，查尔斯沦为一匹玩世不恭的种马，产下了"一个继承人和一个备用继承人"之后，又回到了他生命中的真爱卡米拉的怀抱中，而没有受到其母亲为他精心准备的冷冰冰的功能性马鞍的约束。《星期日泰晤士报》刊登了第二期连载故事之后的两天，这本书就出版了，而且瞬间成了畅销书。与此同时，女王和菲利普把查尔斯和戴安娜传唤到温莎城堡，告诉他们，为了君主制、他们的孩子、国家和人民，他们应该努力挽救这段婚姻。像往常一样，菲利普再次提到高登斯顿坚忍克己的教条，要求查尔斯坚持到底，而戴安娜就应该逆来顺受地服从，在他写给戴安娜的信中多次强调了这一点。戴安娜否认向莫顿透露过信息，他们也相信了。只有在她死后，莫顿才透露她与他的合作是多么彻底，她刻意为每一个人赋予特定角色，突出自己的一面之词。

在这一段明显难以维系的婚姻背后，这个家庭的凝聚力也出现了严重问题，却很少受到关注。其中一个严重的问题就是由查尔斯引起的。事实证明，为这个继承人工作越来越难。7年内他就换了4位私人秘书。此外，他还打算脱离王宫，建立独立的权力机构，根据他个人五花八门的奇思妙想决定机构的等级层次。例如，有时他会突然想要外部人员的建议，于是便把权力下放给最古怪的人。其中一个怪人就是电视小丑吉米·萨维尔，他的嘴里总是叼着雪茄，一脸淫秽相。后来他的秘密被曝光，他竟然是这个国家最变态的恋童癖者之一。有一位候选人在申请查尔斯的私人秘书一职时，得知他必须首先接受萨维尔的审查，感到困惑不解。之后，查尔斯把菲德尔·卡斯特罗送给他的礼物，一盒哈瓦那雪茄送给了萨维尔，还附了一张字条，上面写着："吉米，没有人知道你为这个国家做出了多大的贡献。"

安德鲁和菲姬的婚姻破裂后，又出现了另一个问题。对于女王的判断力，有一个问题一直困扰着人们，那就是她对安德鲁的纵容为何如此没有底线。她豪掷350万英镑给他买了一栋有50个房间的豪宅。此外，菲姬也总是受到无数大富豪的青睐。小报记者发现，她与一位得州百万富翁关系异常密切。事实上，这些年来看着安德鲁和菲姬之间上演的一幕又一幕大戏，我认为他们的行为完美地诠释了"俗"这个字的含义。他们自己根本意识不到自己有多么粗俗——这种粗俗使他们丧失了所有的礼仪感和优雅的品位。女王容忍了菲姬的公然不忠，就像她容忍了安德鲁的贪婪一样：当《每日镜报》刊登了一篇长达10页的报道，配的照片是菲姬和两个女儿在法国蓝色海岸度假时，她的情人赤裸着上身亲吻菲姬的脚趾的情景。菲利普对此大发雷霆，但女王仍然愿意探望她，因为（据家里的一位知情人士说）她不想和孙女疏远关系。

女王不仅能做到视而不见，还能做到充耳不闻。

1992年11月20日，温莎城堡发生了一场火灾，国事厅受损严重，宏伟的圣乔治大厅也未能幸免。所幸的是当时有些房间正在装修，所以挂在里面的那些价值连城的画都移走了。一支匆忙集结的志愿者迅速行动起来，搬走了其他艺术品、家具和贵重物品，但城堡的整体结构破坏惨重。中午女王从白金汉宫抵达城堡，站在主庭院中央时，圣乔治大厅的屋顶坍塌下来。温莎城堡中的一个视觉悖论就是那些诺曼城垛，看上去阴沉可怕，却包围着最精美的国家建筑珍宝。女王对温莎中世纪辉煌的情感远比她对白金汉宫中维多利亚时代的低俗艺术作品深得多。这座城堡与王室还存在一定象征关系。1917年，英国王室为表自己是英国人的决心时，将家族的姓氏名改为这座城堡的名字。因此，这场大火所造成的毁坏性似乎比这一年女王家人所遭受的人为伤害更让女王痛心。她向母亲寻求慰藉并得到了慰藉，她感谢母亲："经历了那可怕的一天之后，是您让我重新振作起来。"

然而，这场大火也使王宫所有权的模糊性达到了顶点。毋庸置疑的是，温莎城堡是国家的财富。那么这是否就意味着维修城堡的费用就应该由国家承担？现任首相约翰·梅杰准备接受国家出资维修城堡的这一事实。据估计，修复工程将耗资4000万英镑。女王想当然地认为这笔钱应由国库支付。但是人民却不这么认为。以《每日邮报》为首，一场声势浩大的抗议之声此起彼伏：王室不仅应为修复城堡买单，他们还应该缴税了。

这种自发的、来势凶猛的抗议让女王感到失衡，王宫为她拍了一组照片：照片中她穿着雨衣和雨鞋站在院子里，看起来心力交瘁，本是为了让人们看了能够富有同情心。但是宫外的现实残酷，人民还生活在水深火热之中，而那些过着锦衣玉食的人只因他们的几间房子被烧了就端着碗出来乞讨，这怎能激起人们的同情心？梅杰一向是一个头脑冷静的现实主义者，但他对国民的情绪也做出了同样的错误判断。他们两人显然都忘记了戴安娜效应：媒体数月来对戴安娜生活的曝光，让人们对富人和名人的婚姻不端行为有所了解，这显然损害了君主制的形象，而无知的女王现在更是加剧了人们的这一印象。

即使在那时，她还没有明白。火灾4天后，她仍以受害者形象示人。她现身于伦敦市政厅的午餐宴会上，这是为纪念她登基40周年而安排的。市政厅是伦敦市民的古老所在地，也是英国银行家和实业家的聚集地。她在宴会上发表了一段讲话，有两句话让人难忘："回首往事时，1992年不是让我感到愉快的一年。用一位富有同情心的记者的话来说，这是一个多灾之年。"

她又继续用一种饱含伤感和抱怨的语气说："那些善于对所有的大事和小事发表即时意见并以之为生活重任的人都缺乏节制和同情心。"她几乎满怀渴望地补充道，"审查……如果多一点温柔、愉快和理解，也会同样有效。"

听了她的讲话，市政厅里有钱有势的观众们都鼓起了掌，但人民没有。人民严重的敌对情绪最终在一系列的让步中得以体现：女王和查尔斯愿意为他们从兰开斯特和康沃尔公爵领地中所获得的私人收入缴纳所得税（正如我们将看到的，这笔税收其实并不像看上去的那样是这个国家的意外之财）；女王将向政府偿还安德鲁、安妮、爱德华和玛格丽特的公务开支；白金汉宫的国事厅将在夏季向公众开放，收取门票费，筹集的资金用于修复温莎城堡。事实上，开放国事厅所获得的资金足以支付3700万英镑的最终成本，其余部分主要是通过节约成本实现的。

在"多灾之年"的12月9日,约翰·梅杰宣布查尔斯和戴安娜分居。他接着又补充了几句,反让人感到困惑。他说他们并没有离婚的计划,继承权也不会受到影响,而且"没有理由不让威尔士王妃在适当的时候加冕为王后"。

对于小报来说,戴安娜已经是王后了。迈克尔·谢伊称这些小报是"国家软肋上的毒瘤",只可惜他只能代表王宫,代表不了人民。戴安娜以一种女王无法企及的非凡方式与民众建立了联系,这种联系程度不亚于她与小报的关系。对于小报的头版来说,这种纯金般的吸引力也产生了更有价值的光环效应,使她成了最大筹款人,筹集的资金用来资助她所提倡的项目,她也向许多慈善机构捐了款。她还准备投身于其他人没有勇气去捍卫的事业。例如,20世纪80年代流行病艾滋病大暴发时,人们对待艾滋病患者就像对瘟疫一样恐慌,让所有感染者感到羞耻。为了证明艾滋病不是通过接触传播的,她故意不戴手套与一名艾滋病患者握手。她在印度尼西亚的一家麻风病收容所也做了同样的事。玛格丽特也探访了艾滋病患者,只是没有摄影师随行。

戴安娜也成了英国的文化资产。她捕捉到并反映了20世纪90年代的一股文化暗流,这种暗流自20世纪60年代以来从未出现过——伦敦和英国再次"酷"了起来。英国的音乐、电影和时尚焕发出新的光彩。约翰·梅杰领导的保守党政府试图驾驭这股新浪潮。英国国家遗产部宣布:"伦敦是全球公认的时尚和创新中心。欧洲邻国对我们的时尚、音乐和文化羡慕不已。我们有灿烂的文化,丰富的遗产,'酷不列颠'显然是来自世界各地游客的不二选择。"

毫无疑问，世界上拍照最多的女性戴安娜，凭借她那天生的时尚天赋，无须费力便成为酷英国的主要女主角。

但约翰·梅杰一点儿也不酷。《卫报》的政治漫画家史蒂夫·贝尔总是把梅杰描绘成把内裤穿在裤子外面的形象，从而深深地印证了梅杰因自己呆板而产生的不安全感。此外，保守党根本不知道什么是酷。然而，政坛上的一个新面孔真正明白了什么是"酷"——事实上，"明白"是他最常用的词汇之一。1994年7月，托尼·布莱尔当选为工党领袖。布莱尔选择了《每日镜报》的政治编辑阿拉斯泰尔·坎贝尔担任他的个人新闻发言人。这两位才华横溢的人对他们的政党进行了改头换面，将政党改名为"新工党"，就像广告公司用于重塑"改良后的新型"肥皂粉品牌的技巧一样重塑他们的政党。接手该党后的几个月内，布莱尔飞往澳大利亚会见鲁伯特·默多克，并在其高层员工会议上发表讲话，以彰显他在意识形态上的灵活性。他的目的是想在定于1997年举行的下一次选举中获得《太阳报》的支持。默多克对此很感兴趣。他看到了一个赢家——只要布莱尔真的能实现他的计划，把他的政党从左派转移到他们都认为现在大多数美国人所持的政治态度——中间派。

布莱尔大变革的另一个目标是君主制。他建议女王必须做出选择：要么退回到孤立守旧的等级秩序中，要么仿效斯堪的纳维亚模式，如一个现代家庭一样，谦和亲民，并从事一些慈善事业。布莱尔的天赋之一就是懂得隐藏自己稳健的思想，但他领导的政党中还有崇尚威利·汉密尔顿传统的共和党残余——他自己的妻子切丽就是其中之一。他认真校准了自己的位置。他并不想废除君主制。但是他无法判断的是，君主制是否有能力接受任何变化。

查尔斯不喜欢斯堪的纳维亚这个用典，于是把布莱尔邀请到伦敦的家圣詹姆斯宫中。像大多数人第一次见到布莱尔一样，查尔斯也被他的魅力和理性所折服。他还高兴地发现他们俩都很关心环境和教育问题。布莱尔根本没机会解释，他不希望任何王室成员参与政策制定，也不希望王室成员影响政府的政策——这恰恰是查尔斯一直想做的事情。不过，有一位王室成员，尽管已经被边缘化了，但她所从事的事业、所做的公益事业和她优雅的时尚品位都给布莱尔留下了深刻的印象，她就是戴安娜。当布莱尔和坎普贝尔把"酷不列颠"作为他们所要传递的信息时，他们敏锐地发现，如果想取得胜利，那么戴安娜无阶级的联系天赋正是他们所需要的。

这种联系和沟通的天赋在很大程度上解释了为什么当查尔斯和戴安娜于1996年最终离婚时，媒体厌恶查尔斯喜爱戴安娜的偏见持续存在，而且变得更加强烈。戴安娜头上的光环似乎可以在任何一次性冒险中幸存下来。论身材，她变得越来越性感。在她成名的早期，虽然也是月貌花容，但显得有些笨拙和腼腆。她的美貌有一种中性美的感觉，有点大卫·鲍伊[①]的模糊美。随着她逐渐走向成熟，以及儿子出生后，她看上去更像一个好莱坞超级明星。她对自己的诱惑力也更加自信。

第一个爱上她的是皇家护卫队的保镖巴里·曼纳基。哈里出生

---

① 英国摇滚歌手、演员。

后，戴安娜患上了产后抑郁症。曼纳基当时 38 岁，已婚。他们俩的恋情始于 1985 年，1986 年被另一名保镖发现后结束。曼纳基随后被调职，不久后死于一场车祸。这件事刚过去不久，戴安娜便与詹姆斯·休伊特开始了一段长达 5 年的风流韵事。詹姆斯·休伊特是皇家近卫骑兵团的一名军官，酷似维多利亚时代小说中常见的那种可爱的流氓。他们的风流韵事结束后，休伊特在安娜·帕斯捷尔纳克的一本书中揭露了一切，这本书读起来就像一本维多利亚时代小说。继休伊特之后，戴安娜的又一个情人是詹姆斯·吉尔贝，一位杜松子酒的继承人，称她是"小乌贼"，这段恋情只持续了一年。这段恋情只是两人没有深度的嬉戏。她的下一个情人奥利弗·霍尔则完全不同。尽管看起来不太可能，但小报赋予霍尔的角色竟然是弗洛伊德的原型，一个"唤醒"潜在妓女的老人（在此没有刻意使用双关语）。这段恋情的证据主要来源于戴安娜的另一名保镖肯·沃夫。肯辛顿宫一名保镖的生活似乎是在用身体保护主人和通过锁眼偷偷搜集情报之间达到一种古怪的平衡。事实上，用沃夫的话来说，他根本不需要通过锁眼偷窥，因为霍尔的创新之一就是在王宫外的灌木丛中与戴安娜发生性爱关系。另一个需要谨慎小心的地方是，霍尔比戴安娜大 16 岁，3 个孩子的父亲，是一位伊斯兰古董商，长相风流倜傥，更是一个训练有素的少女杀手。当他的法国贵族妻子威胁说不结束婚外情就离婚时，霍尔便答应了。戴安娜对此感到悲痛欲绝。她在深夜给霍尔打了 300 多个"地狱般诡异"的电话，导致霍尔的妻子向警方投诉，警方追踪到了戴安娜。她虽然十分恼火，但毕竟一切都结束了。

到目前为止，戴安娜的情人都是来自她所熟悉的世界，但是她的下一段绯闻与以往截然不同。1995年11月午夜时分，《世界新闻报》的一名摄影师根据线索在皇家布鲁顿医院找到了她。她没有躲避摄影师，坦言说她是来医院探望病人的。摄影师打电话给该报的王室记者，克莱夫·古德曼。他正好还在新闻编辑室，于是与戴安娜通了话。戴安娜告诉他，她经常晚上到医院与生命垂危的病人待上4个小时。古德曼据此写了一篇报道，4天后出版，标题是《我作为天使的秘密之夜》。戴安娜的确十分擅长安慰病人，但是她扮演的这个角色只是个幌子。医院有一位37岁的巴基斯坦心脏外科医生，名叫哈斯纳特·汗，她对他产生了强烈的感情。汗的家人生活在巴基斯坦的拉合尔市附近，也是上流社会阶层，属于一个禁欲主义的穆斯林教派。尽管汗是一个杰出的外科医生，但他自己也是一个禁欲主义者，唾弃一切奢侈品，而这些奢侈品在戴安娜眼里都是理所当然的。她对他满怀激情，甚至背叛自己的信仰，屈从于他对信仰的虔诚。他在切尔西有一个只有一间卧室的公寓，她可以在那里待好几天，洗盘子、扫地，给他熨烫衬衣。当汗的父亲得知他们之间的绯闻时，并没有为之所动。"他不会娶她，"他说，"我们正在为他物色新娘。他的新娘必须来自一个受人尊敬的家庭。"汗对戴安娜也不抱幻想。他说："她来自金星，而我来自火星。"两年后，他终止了这段婚外情。戴安娜遇到的是一个比她自己更具说服力的生命力———一种完全超越她所知的文化和信仰———一旦她看到并感受到这种生命力，她就想要更多。

如果查尔斯的情人和戴安娜的一样多，他一定会背负一个好色之徒的恶名。实际上，当他回到他一生的真爱卡米拉身边时，他是一心一意对待她的。这也有双重标准吗？戴安娜的婚外情都是堂而皇之公开进行的。不仅如此，她把这些婚外情作为查尔斯抛弃她后，她理应得到的必要补偿。然而她是个输不起的情人。当霍尔和汗主动结束他们之间的恋情时，她无法接受被人拒绝的现实，因为她不相信有人会不被她的魅力所感。经历了这些混乱的浪漫之后，36岁的她仍然是世界上最知名的女性，当然，也是最有效的名人活动家。1997年1月，她发起了一场清除世界各地旧雷区的大型运动，为此她前往安哥拉，并被拍到穿越了一个雷区。每年都有数百名儿童因为误入雷区而死亡或伤残。她最大的品质是让人们感受到，通过自己的努力，世界就可以变得更美好。

这种感受得到了新政治福音传道设计师托尼·布莱尔和阿拉斯泰尔·坎贝尔的认同。坎贝尔第一次在社交场合见到戴安娜时，被她迷得神魂颠倒。他在日记中写道："她的眼睛不仅光芒四射，还有一种不可捉摸的神采。你会神不知鬼不觉地就被这种神采完全迷住……她说话的时候，脸庞都散发着光辉，有时我不得不集中精力去听她说话，因为我时不时就会迷失在她的美丽之中。"

后来，坎贝尔在与布莱尔的一次谈话中说，戴安娜认为王室需要根本性的变革，然而他们却没有能力改变——"无论他们发起多少次变革，都是无疾而终"。他们考虑跳过一代继承人，也就是说越过查尔斯，直接让威廉王子继承王位。1997年5月1日，新工党以压倒性胜利赢得政权。如布莱尔所愿，默多克的每日小报《太阳报》全力支持新工党。这一支持为新工党拉了近50万张选票，约占普选的2%。这些选票虽然不是决定性的，但足以让布莱尔和坎贝尔急切地拉拢默多克——这是白金汉宫可望而不可即的。很快，布莱尔办公室感受到了查尔斯一成不变的自大自负。布莱尔曾写信给查尔斯，称呼是"亲爱的查尔斯王子"，落款是"你永远的托尼"。收到信后，查尔斯的一名工作人员立即打电话给唐宁街，要求用正确的形式更改信的格式，称呼应该是"尊敬的先生"，落款要改为"您忠实的仆人"。毫无疑问，布莱尔不拘小节的随性风格与君主制体制的规约格格不入。他从一开始就认为需要对这些规约进行大整改。几周后，布莱尔邀请戴安娜和她的儿子们到他的官方乡间别墅契克斯庄园度假。被戴安娜完全俘虏的坎贝尔认为，戴安娜将是布莱尔现代化十字军东征的实质资产——"对新英国将起到重要作用"。7月初，布莱尔和坎贝尔、查尔斯一起前往香港，将香港正式移交中国。之后查尔斯乘"不列颠尼亚号"返回，这是他退出政治舞台前的最后一次出国旅行。他乘坐英国航空公司的一架飞机抵达香港，不断抱怨豪华舱上的座位："太不舒服了……帝国的末日也是如此。"布莱尔、坎贝尔和一些工作人员坐在头等舱。与查尔斯更近距离接触后，坎贝尔一反常态，表现得异常宽容：他是一个"相当体面的家伙，只是惹了一身麻烦，周围的人也像是来自另一个时代……他一生荣华富贵，受尽阿谀奉承，却不知何故显然有种壮志未酬的感觉"。

一位名叫马里奥·布伦纳的意大利摄影师从没想到自己的运气如此之好。他不是狗仔队成员，也不会刻意寻找拍摄地点追踪和监视王室成员的一举一动。他主要对时尚感兴趣，工作地点在超级富豪的领地摩纳哥。7月底，他在摩纳哥发现了长达200英尺的豪华游艇"约尼卡尔号",这是埃及大亨穆罕默德·法耶德的游艇。法耶德事业心强,在女王最喜欢的商店哈洛德百货快要倒闭时接管了这家商店,并使其起死回生。布伦纳从报纸上了解到,法耶德夫妇邀请了戴安娜作为客人乘游艇前往地中海巡游,只是他在港口并没有看到她的踪影。

两周后,布伦纳在撒丁岛发现这艘游艇停泊在一个偏僻的海湾。他在相机上加了一个长镜头,清晰地辨认出"约尼卡尔号"甲板上的两个身影:戴安娜和法耶德42岁的儿子多迪。他们正在相互涂抹防晒霜相互按摩,如一对恋人一般亲密。戴安娜并不知道布伦纳在远处观察她,似乎很享受这种自由。狗仔队也在其他地方发现了这对恋人,戴安娜有意地给了他们一个机会,拍摄她美丽的一面,例如,坐在跳水板边上,将两条长腿悬在波光粼粼的水面上。游艇船员中一位16岁的年轻女孩说,戴安娜在公共场合和私人场合完全不同——私下里,她"活在当下,活得真实";公共场合下,她就扮演起各种偶像角色,知道如何满足人们对她的期望。但布伦纳捕捉到了一些并非故意摆拍的照片——两人毫无顾忌的亲密瞬间。他的照片被世界各地小报争相竞拍。《星期日镜报》花了30万英镑买下了这些照片,在报纸上刊登了整整10页,并将北美的版权以21万美元的价格卖给了加拿大《环球周刊》。后来据估计,布伦纳那一次拍摄的照片,在全球获得了300万美元的版税。戴安娜身穿防弹衣小心翼翼地穿过安哥拉雷区的照片和她在"约尼卡尔号"甲板上的照片之间只相差7个月,而这7个月就她的圣洁形象和她的情感而言,就是一个深渊。哪一个才是真正的她?

第二十五章　女王在哪里？

"不列颠尼亚号"在最终靠岸成为一个漂浮的博物馆之前，载着女王和家族成员巡游苏格兰西部群岛，完成了最后一次使命。那是8月，女王刚过完71岁生日。巡游结束后，她就去巴尔莫勒尔堡度假，一个对她来说最放松的地方。然而即使在那里，她也无法摆脱家庭成员之间的紧张关系。几个月来，查尔斯坚决要娶卡米拉为妻，于是想方设法克服父母的抵触情绪。他一方面想维系自己作为继承人的权利，另一方面又想与卡米拉共度余生。"我不会再受压制了。"他对一名助手说。今年7月，他特意为卡米拉的50岁生日举办了一场盛大的派对。女王始终不同意他的选择，这一举动也丝毫没有改变她的态度。此外，铺天盖地袭来的还有戴安娜与埃及花花公子的花边新闻。

用于衡量君主制是否受欢迎的标准并不十分科学，这些标准往往过于依赖人们对小报以特有方式所报道的特定事件的自然反应。例如，英国广播公司开播了一档有关年轻王室成员的节目，节目之后进行了一次民意调查，调查显示查尔斯是王室成员中"最令人讨厌"的一个，卡米拉仅次于他。6万名观众说，若查尔斯娶卡米拉为妻，他就不配继承王位。1997年年初的另一项民调显示，人民对君主制的整体支持率下滑至66%，而此前一直保持在75%左右。自从温莎城堡大火一事，女王误读了公众的情绪后，她明显变得更加谨慎，更不知道该如何应对这一切事件。

8月31日星期天一大早，英国驻巴黎大使馆给巴尔莫勒尔堡打来一个紧急电话。戴安娜和多迪·法耶德在一次车祸中受了重伤。几个小时后传来消息，戴安娜去世了，年仅36岁。英国王宫和唐宁街两家机构立即陷入了一种尴尬的合作伙伴关系，这种伙伴关系暴露出两种机构面对民族情绪危机所采取的截然不同的方法。

20多年后再看当时的情况，接下来一周多的时间里所发生的一切，就像是暴发了一场群体性癔症。从一开始，戴安娜就设定好了国民情绪的状态。她的死比她的生影响更为重大。那天早上，查尔斯在巴尔莫勒尔堡的讲话中清楚地表达了她所带来的这种影响力，他说："人们都会怪罪于我，是吗？全世界的人都会发疯。"多年来，戴安娜一直都在与那些所谓折磨她的小报共事。她交给他们什么样的剧本，他们就按什么样的剧本报道。戴安娜的光环从未滑落。她与节俭而敬业的外科医生哈斯纳特·汗的恋情刚一结束，就和新欢多迪走到了一起，多迪也和汗一样缺乏自制，忘我地与她滥情纵欲。这或许能让人们暂时停止对戴安娜的崇拜。但事实并非如此。人们反而认为这是戴安娜因为失望和沮丧，才如此肆无忌惮地放任自己与法耶德滥情，目的是故意向汗或查尔斯展示自己的快乐。但大众轻率的心理并不能真正解决道德问题。她在超级游艇上和花花公子公然地炫耀自己的快乐不仅仅是形象问题,更是自卑和名誉的问题。然而令人惊讶的是,她与法耶德的交往持续了6个星期,名声却丝毫没有受到玷污。

那时托尼·布莱尔才刚上任4个月,几乎没怎么见过女王。但是,他和坎贝尔通过与查尔斯的接触,了解到王室所发挥的作用已出现问题。当时,我看到他们是带着完整的营销和媒体操纵技术的工具箱上台的,我还唐突地在1969年的文章中建议王室也采纳这些技术。这些技术对他们很有效。他们接管工党时,工党的情况与君主制的情况很相似——顽固地与人民脱离联系,甘做传统仪式的囚徒。但是,小组讨论和深度民调并不能产生有号召力的领袖。所幸的是工党就选出了这样一位领导人——他睿智敏锐,而坎贝尔具有对该党的理性基础知识,两人携手,必有作为。他们现在面对的女王,是一位没有号召力的国家元首,对将要发生的事也没有什么预见能力。

就戴安娜去世一事,女王的第一次公开声明简洁而机械:"女王和威尔士亲王对这一可怕的消息深感震惊和悲痛。"当她带着威廉和哈里去附近的克拉西教堂参加常规的礼拜仪式时,都没有在祈祷中提及戴安娜的死,更是凸显了女王的冷漠。在那之后,人们无法改变对她产生的这种印象,如在阿伯凡惨案中所表现的一样,女王是如此冷淡与冷漠。她对戴安娜的死讯表现的冷漠与抵触还体现在白金汉宫没为戴安娜的死而降半旗。事实上,那里根本就没有飘过英国国旗,只有当皇家军队和君主入住时,才有旗帜飘扬。到了周三,当全世界都不理解为什么旗杆上空空如也时,女王和菲利普仍然断然拒绝了降半旗的建议。到了周四,小报大声疾呼:"我们的女王在哪里,我们的国旗在哪里?"《太阳报》质问。

戴安娜去世后几个小时内,查尔斯与戴安娜的两个姐姐飞往巴黎,带回了她的遗体,并于周日下午抵达诺斯霍尔特空军基地英国皇家空军机场,布莱尔现身机场迎接。戴安娜的灵柩上盖着红、金、蓝色构成的棺衣,由人们从飞机上抬到圣詹姆士宫,放置在皇家礼拜堂的灵柩台。这时首相和查尔斯共同表现出的悲痛显然是由衷的。布莱尔跳过王宫所有的混乱,用一句话精准地概括了这一时刻,表达了全国人民的感受——"戴安娜,"他说,"是人民的王妃。"最先说这句话的人并不是布莱尔。这句话是《星期日泰晤士报》的一位作家安东尼·霍尔登在一本传记中创造出来的。坎贝尔首先想起来了这句话,布莱尔引用这句话后在日记中写道:"这句话已经深入人心,并立即成为常用语言。不过,我们必须小心,别让人觉得我们是在写自己的剧本,而不是她的。"这里的"她的"当然是指女王的剧本。布莱尔和坎贝尔敏锐地意识到,成为信息的明显控制者是有风险的。周一上午《纽约时报》欧洲版《先驱论坛报》刊登了一篇标题为《世界共同哀悼人民的王妃》的文章,加剧了他们的担忧。

然而,事实的确如此:唐宁街比女王更敏锐、更顺畅地捕捉到了非凡的大众情绪。布莱尔并不是想体现公众的心在流血,而女王的心如此冷酷,他只是急于保护女王,希望她最终能"理解"。而且公平地说,在女王的整个统治期间,像这种人们对戴安娜自发产生的崇拜之情,她从未遇到过,因此也不具备应对这种情绪的能力。所以查尔斯说的没有错,"全世界的人都会发疯"。在所有君主和战神安歇的伟大的瓦尔哈拉殿堂中,从诺曼人算起,他们死后没有一个人能够激发出人们如此情不自禁的爱与失落感——纳尔逊没有,威灵顿没有,丘吉尔也没有。戴安娜所引起的民族崇拜情绪达到了一种危险的程度,这让巴尔莫勒尔堡的居住者感到困惑,还有一定程度的愤慨。

据说女王是不能动情的。并不是她有心理障碍,这也并不是她的缺陷。所发生的一切都缺乏理性,而女王认为就自己的角色和职责而言,自己就应该保持冷冰冰的理性。没有哪个人能够脱离制度而存在,而制度就需要规则和规范。英国国旗从未在白金汉宫飘扬过,那光秃秃的旗杆则体现了人们对规则的遵守有多么严格。坎贝尔在日记中写道:"不降半旗并没有体现规则……真担心这会成为人民反对王室的理由。"接着他更加担忧地写道,"街道上的气氛非常紧张……甚至变得有些危险,难以控制。媒体不断向人民灌输王室不作为甚至漠不关心的思想。"从周二开始,每小时就有6000人涌入伦敦。在圣詹姆斯宫和肯辛顿宫前面,人们排着长队在吊唁簿上签名留言,阵势超越了正常的哀悼仪式。场面最为壮观的是那些鲜花——白金汉宫外,尤其是肯辛顿宫外摆放着成千上万束鲜花。此时首都伦敦正值阳光灿烂的夏日,阳光下色彩斑斓的鲜花让坎贝尔暂时忘记了他先前所感受到的危险。周五下午,女王和菲利普终于抵达白金汉宫,当他们看到栏杆上堆积起来高达6英尺的花束时,明显感到触目惊心。下午6点,女王发表讲话,并向全国现场直播。只见她正襟危坐,背后是宫殿门外情绪激动的人群。她说："我们正在以我们自己的方式处理这件事。"但是如往常一样，她的这篇讲话稿依然那么做作呆板。阿兰·本奈特鞭辟入里地评论：女王之所以让人感觉做作，是因为她"不是一个好演员，她根本就不是一个演员"。他说，戴安娜和女王之间的区别就在于，一个会演戏，一个不会演戏。这可能也是女王最乐于承认的一点，因为她天生就不是一个庸俗的人。

通常情况下，王室的葬礼都要经过多年的筹划，因为要涉及层层官员和各种委员会。即使是相对较小的国事活动，比如在卡纳芬举行的查尔斯授权仪式，托尼·斯诺顿就和那些坚持传统的疯子纠缠了好几个月。这一次，经历了一段时间的混乱之后，国葬程序在几天内就全部安排好了，基本是按照为女王母亲制定的葬礼计划改编的。只有一个环节是在最后一刻决定的，也是最令人痛心的环节，那就是如何安排戴安娜的儿子威廉和哈里，这让葬礼策划者们十分苦恼，毕竟他们才是这场悲剧最直接的受害者。周五晚上，菲利普亲王建议孩子们跟着他和查尔斯一起走在携有戴安娜灵柩的炮车后面。他们同意了，于是跟着送葬队伍从圣詹姆斯宫一直到威斯敏斯特大教堂——看到这一景象无人不感到痛心。

威斯敏斯特大教堂作为一个国家圣地，其地理位置没有巴黎圣母院或罗马圣彼得大教堂那样引人注目。教堂坐落在议会广场的西侧，就像一座搁浅的哥特式遗迹，在仿造的中世纪议会大楼的对比下，黯然失色。它的光辉无处可见。教堂内部虽然高大宽敞，安置着无数显赫的灵魂，但却显得内敛低调，教堂的四壁将其光辉包裹得严严实实。1997年9月6日星期六，这一切都变了。

阻挡教堂光辉的墙倒了。葬礼盛典不得不屈从于人们自发组织的吊唁仪式。两千人涌入教堂参加了戴安娜的葬礼。教堂内的长椅上坐满了各界显要人物。唱诗班伴着风琴婉转而唱，让人感受到了 18 世纪赞美诗中的爱国主义和祷告美文，感受到了上帝和不列颠尼亚的神圣结合，感受到了英国人民的爱。托尼·布莱尔是一个虔诚的基督教徒，诵读了《哥林多前书》。身材壮硕的艾尔顿·约翰演唱了一首最激动人心的赞美诗，改编自歌曲《风中之烛》（*Candle in the Wind*），他把原来歌词中的"永别了，诺玛·简①"改成了"永别了，英格兰的玫瑰"。这首歌原本是用来纪念神秘莫测的玛丽莲·梦露的，在这里演唱是多么贴切啊。约翰当时非常紧张，担心慌乱中唱成原来的歌词，于是他让人在他的左边放了一个小提词器。

教堂外的人群能够通过扬声器听到里面的声音，从巨大的屏幕上看到里面的画面。教堂的大门敞开着，更能让公众感受到里面发生的一切。我在美国和全世界其他 25 亿人民以及英国 3100 万人在电视上一起观看了全过程。那是一个非同寻常的时刻。我逐渐意识到公众产生了一种新的情感，来势汹汹，毫无人为设计因素——这种情感自然地充斥在教堂外艾尔顿·约翰的挽歌声中，就像从肯辛顿宫一直到林荫路上的鲜花浪潮般，神奇地暗示着伦敦人民的心情。人民的王妃之死引发了一场人民的盛会。人民已

---

① 玛丽莲·梦露的原名。

成为这场圣礼的主导，并以自己的方式重新设计。阿拉斯泰尔·坎贝尔在日记中写道，"本周初，人民给女王和女王家族施加了很大压力……公众的认知发生了真正的变化"。从当时的场面可以明显看出，对于这一时刻，公众远远先于君主开始行动，并按照自己的方式设定了缅怀的方式。

教堂里有人发表了一篇很不和谐的悼词。送葬时，戴安娜的弟弟——第9代斯宾塞伯爵——也和菲利普、查尔斯以及戴安娜的两个孩子一起走在灵柩车的后面。公众对他的面孔并不熟悉，由于命运的安排，他不得不抛头露面出现在公众面前。人们可以从他的悼词中感受到他的愤怒。他的愤怒首先是针对各大小报的："请记住，在所有关于戴安娜的讽刺中，最大讽刺莫过于—— 这个与古代神话中'狩猎女神'同名的女孩，最终却成了现代社会被猎杀次数最多的人。"接着，他似乎找到了一个更直接的发泄对象，那就是王室。于是，他面对着戴安娜的遗体说："我在此向你发誓，我们，作为你的血亲，将尽我们的所能，继续以你那富有想象力的方式，以仁爱之心引导这两位杰出的年轻人，我们不会让他们的灵魂完全沉浸在责任和传统中，而是如你所愿，光明正大快乐地生活。"以前从没有人把戴安娜和温莎家族之间明显的摩擦说成是血缘关系的问题。教堂之外的人民依然沉浸在当天激动的情绪之中，听到这段悼词，不禁鼓起了掌。对女王来说，她对自己家族错综复杂的血缘关系非常敏感，再者说到血统，斯宾塞家族自中世纪以来就不乏英国军事英雄，战绩辉煌，这本身就让女王感到一种攻击性，更不用说悼词中提到威廉和哈里两位王子的灵魂受到"责任和传统"压制的危险，这更让女王难以接受。女王的助手们立即明确表示，女王认为这番话完全没有凭据。

仪式结束后，女王回到了巴尔莫勒尔堡。王宫上方旗杆上的皇室旗帜降了下来。取而代之的是英国的国旗，不过只升到了一半。晚做总比不做强。女王的顾问们对托尼·布莱尔和阿拉斯泰尔·坎贝尔表示了感谢，感谢唐宁街工作人员协助王宫处理公众情绪波动。但布莱尔说，只要和他们谈到君主制未来的改革时，"他们就拉上了百叶窗"。他对坎贝尔说："他们是特定时期的特定人物。他们认为一切就应该原封不动，他们就希望一切保持原样。"

迄今为止，为女王服务的10位首相中，有4任都是坚定的变革推动者。麦克米伦、威尔逊、撒切尔和布莱尔都以不同的方式推动了国家的永久性变革。如我们所见，麦克米伦精心打造的爱德华七世的显贵人物面具之下，其实掩盖了一个激进的现实主义者。在他所代表的政党中，许多人还没有接受非殖民化时，他已经在非洲发表了那篇"变革之风"的演讲。他巧妙地利用女王成功拉拢了克瓦米·恩克鲁玛，她的认可确保了他政策的成功。威尔逊不怎么依赖王室的支持。他为这个国家带来了早就该有的社会和文化自由，但这些变革并没有受到王室的欢迎。撒切尔在意识形态方面从不会妥协，无论人们多么憎恨她，她仍然铁面无情地打破了某些陈规，但是同时又释放出了一种新型的资本主义。她对君主非常恭敬，在内心深处就是一个君主制的忠实信徒。现在的布莱尔在他自己的改革议程中，产生了不打算让君主参与进来的想法。

因此在这个时刻，君主制似乎不是一种制度，而是统治阶级的最后一种立场，为维系僵化的世界而斗争，为自主决定自己的存在而斗争，抑或根本就没有存在的意义。是否改革君主制最终还是由女王自己来决定。相比之下，力求改革的首相所面临的挑战要大得多。若要实现变革，他们必须得到自己的政党、议会和人民的支持。

* * *

周六早上，当载着戴安娜灵柩的炮车驶过白金汉宫时，女王和玛格丽特公主站在门口向灵车致敬。女王及其他人都低下了头，但人们发现玛格丽特没有低头。玛格丽特的私人生活遭受了与戴安娜相似的经历。她的婚外情——最显著的就是她与罗迪·卢埃林之间匪夷所思的闹剧——与戴安娜的婚外情一样明目张胆。毕竟，玛格丽特是第一位挣脱牢笼的公主，在她那个时代，她的名气也达到了好莱坞的名流水平。但她从没有像戴安娜那样利用小报的能力，人们也从未称呼过她人民的公主。她可能觉得，就像《日落大道》里的诺玛·德斯蒙德一样，曾经是她定义了什么是明星，结果却被超新星所取代。玛格丽特一开始其实与戴安娜建立了友谊，但是不知出于什么原因，之后她就有些厌倦戴安娜了。她在戴安娜的继任者卡米拉的问题上与女王产生了严重分歧。戴安娜去世一年多后，查尔斯在玛格丽特的支持下，给自己的母亲施压，想让她接受卡米拉成为他未来的终身伴侣。他和母亲在巴尔莫勒尔堡的会面气氛很紧张，他的母亲不仅称卡米拉是"那个邪恶的女人"，而且明确表示她不想和她有任何关系。令查尔斯痛苦的是，女王指责卡米拉是他和戴安娜婚姻破裂的罪魁祸首。而玛格丽特看到查尔斯和卡米拉在海格洛夫庄园举行的派对，却显得很高兴。这也就让所有人感受到，在这个家庭的裂痕日益加深时，她的同情心是倾向于哪一方的。

但是，查尔斯一定也意识到，得到玛格丽特的支持无异于得到了死神之吻。到目前为止，玛格丽特在爱情方面也是一个水性杨花的典范。不过，她因为在马斯蒂克岛度过了一个漫长的冬季，又为自己赢得了一个臭名昭彰的新名声。在这个小岛上，她成了一群享乐主义崇拜者的中心，这些人中有品格高尚的，也有低俗龌龊的。岛上各种活动的幕后总有一个人，科林·坦南特——准确地说，是格伦康纳男爵，他于1983年继承了家族头衔；正是他把一个蚊子成灾的丛林变成了加勒比海的黄金地产。他的妻子安妮夫人在2019年的回忆录中写道："我能容忍我丈夫的一切。科林有时魅力无限，有时又喜怒无常；他讨人喜欢，幽默风趣，但又有强烈的控制欲；他虽然脆弱但是聪明；虽然娇生惯养但是睿智有趣。"最重要的是，他最恨循规蹈矩，成立马斯蒂克岛公司，买下小岛，赚得盆满钵满。1976年，他卖掉了公司的控制权，此后更是对家里的钱财不善管理，挥霍无度，这让安妮感到非常苦恼。安妮一直是玛格丽特最忠实的朋友之一——她与其他少数贵族保皇党人共同效忠于玛格丽特，对于她在小岛上的各种放纵行为给予了莫大的宽容。而她在这种所谓的涅槃重生过程中，播下了悲剧的种子。

长期以来，女王一直被玛格丽特在马斯蒂克岛的"流浪生活"所困扰。1978年，也就是玛格丽特正式结束婚姻的那一年，她和罗迪·卢埃林在马斯蒂克岛上纵欲狂欢时，正好是议会对王室专款的又一次审查时期。威利·汉密尔顿再次站出来斥责玛格丽特的肆意挥霍以及公然放荡的行为。他的言论得到了另一位议员的支持，他称她是"王室的寄生虫"。更糟糕的是，玛格丽特在马斯蒂克岛交友不慎，有些人到岛上来的目的只是为了提高自己的知名度，因而进一步损害了她的声誉。其中有一个人是来自伦敦东区犯罪团伙中的约翰·宾登。宾登因谋杀罪入狱期间（后来辩称自卫行为后被无罪释放），他吹嘘自己是玛格丽特的情人，并有在马斯蒂克岛拍摄的照片为证。无罪释放后，宾登把他的故事和照片以4万英镑的价格卖给了《每日镜报》。这些有点模糊的照片只能证明宾登和玛格丽特的确曾在一起参加过派对，并不能证明其他什么。玛格丽特辩解说和他只是偶然的邂逅，转瞬即逝。但伤害已成事实，"大弟弟宾登"的故事以及其他许多对玛格丽特不利的故事都成了岛上口口相传的淫秽民间故事。托尼十分厌恶格伦康纳；他责怪是他把那些三教九流的人介绍给玛格丽特，损坏了她的名声。此外，他还不得不向他们的孩子大卫和莎拉解释发生在马斯蒂克岛的丑闻。

到现在人们还是难以理解，为什么玛格丽特会让自己沦为丑闻对象。她原本是王室家庭中最温暖、最活泼、最有文化修养的一个，这个家庭中除了她再没有人具备这些品质。然而她却选择了自甘堕落。到了晚年，她变得脾气暴躁，而且时运不济。这种悲哀难以言喻。她不但酗酒，而且一辈子都是烟不离手。不久身体健康问题开始显现。那个曾经如沙漏般的身材如今也膨胀了起来，苍老的面容记录了无数次宿醉所付出的代价。

1998年年初，玛格丽特和格伦康纳夫妇一起在马斯蒂克岛参加了一个晚宴，晚宴上她突然中风。人们把她送上飞机，前往伦敦的爱德华七世国王私人医院就医，住院两周后，身体恢复较好。然而这是一个先兆。1999年冬天，她又回到马斯蒂克岛，有一天洗澡时开错了水龙头，结果双脚被严重烫伤。中风的后遗症导致她反应迟缓。安妮·格伦康纳独自一人留下来照顾她，几周后她能下地了，就准备坐飞机回伦敦。即使这样，安妮还是不放心地给女王打了一个电话，告诉她玛格丽特的脚还是很疼，无法忍受8个小时的飞机。最终，玛格丽特乘坐了协和式超音速喷射客机返回伦敦。她的常用英国司机兼知己约翰·拉金，一个总是无忧无虑快乐的伦敦人，看到她脚上打着绷带时无比震惊，不禁感叹她是多么脆弱。拉金为她设计了一种特种车，这样她就可以坐着轮椅去看专家，帮助她康复。她再也回不了马斯蒂克岛了。她的儿子大卫把她在岛上的别墅"梦幻水城"以240万英镑的价格售出。2001年1月，她又一次中风，3月再次中风。那年夏天，为纪念母亲101岁生日，玛格丽特罕见地公开露面。看到她坐在轮椅上，左臂吊着悬带，戴着个几乎把脸全都盖住的超大墨镜，人们感到无比震惊。2002年2月8日，她第4次中风，一天后死于爱德华七世国王私人医院。临终前，她嘱咐忠诚的拉金把她和母亲之间往来的所有信件全部烧毁。他把这些信收集起来，塞进一个大塑料垃圾袋中，扔进一个箱子里，然后点燃了火柴。"嗖的一声，化作一股青烟全部升天了！"他回忆道。

女王和玛格丽特在性格方面的差异很早就显现出来了。部分原因是兄弟姐妹之间成长的自然变化决定的，还有部分原因是伊丽莎白注定为君主的命运决定的。从伊丽莎白确定要成为下一位王位继承人的那一天起，她每周要去两次伊顿公学，师从大学副教务长亨利·马滕爵士学习宪法史。马滕爵士学富五车，精通人文历史。但是对伊丽莎白来说，这6年的学习历程非常艰苦。而与此同时，玛格丽特却和玛丽-安托瓦内特·德·贝尔莱格度过了轻松美好的时光。她是一位比利时子爵，在巴黎接受过教育，受聘于王室，主要教两位公主法国文学和历史，两位公主亲切地称她"托妮"。她发现玛格丽特是一个比姐姐更渴望广泛文化体验的人。在那个年代，两位公主接受的都是家庭式教育，没有机会继续上大学，人们认为这是不合理的。托妮带着玛格丽特参观了伦敦最好的美术馆，欣赏了公共艺术珍藏品，使她得到了细致而系统的学习，为她后来购买收藏品打下了坚实的知识基础。因此，她对庞大的皇家艺术收藏的鉴赏力远胜于王室其他任何成员。此外，玛格丽特具有音乐天赋，而且性格外向，因此她有足够的自信与托尼一起在肯辛顿宫创立不拘一格的沙龙——但是一些自负的艺术家却认为，公主对他们作品进行评头论足是无礼的行为。在两位公主的生活中，伊丽莎白是责任，玛格丽特是音乐——然而最后，音乐过量了。

托尼于2017年1月去世，享年86岁，被葬在一个偏远的威尔士村庄兰法格兰村的一处家族墓地中。

玛格丽特死后一个多月，也就是3月底，她的母亲也去世了。

伊丽莎白·鲍伊斯-里昂少女时也是一位天生丽质的美女。与她同时代的一个人说，男人"纷纷拜倒在她的石榴裙下"。然而，待到她20岁参加首次亮相名媛会时,却没有适合的年轻男子。她那个时代的大部分军官级年轻人都在世界大战中牺牲,当时给这个国家的许多大家庭都带来了沉重的打击。至于她最终是如何从现有的富家子弟中选择了国王几个儿子中最不自信的一个,约克公爵伯蒂,从现在的视角来看有点伤感,宛如当代浪漫主义小说中的一个爱情故事。

首先,出现了一个英勇无畏的情人。他就是詹姆斯·斯图亚特,皇家苏格兰团的一位军官,曾因勇敢获得过十字勋章,战争结束后,成了伯蒂的贴身侍从。对于那些为自己的苏格兰血统感到自豪的年轻女子来说,斯图亚特符合她们所有的要求:他的家族是苏格兰最古老、最高贵的精英之一,他本人又毕业于伊顿公学——身上富有那所大学所赋予的神气。

其次,是一次转变。斯图亚特和伊丽莎白在伦敦上流社会的社交季节相遇并一起跳了舞,相互都心生爱慕。1920年,在皮卡迪利大街的丽兹酒店举行了一场庆祝皇家空军成立的舞会,我们这位英姿飒爽的英雄向他的老板伯蒂介绍了伊丽莎白。从那一刻起,伯蒂就被迷住了——据斯图亚特回忆,当时伯蒂说,从那以后,他再也没有对任何年轻女士表现出丝毫的兴趣。

最后,屡遭拒绝。准确说,说话结结巴巴还有些笨拙的伯蒂,不是一个善于追求女孩的人,但是他暗下决心,这个女人就是他愿意与之共度余生的人。然而,他最大的痛苦莫过于,内心已下定决心,但是却没有足够的信心表达出来。当伊丽莎白拒绝他后,她的母亲斯特拉斯莫尔夫人写信给一个朋友说:"公爵变得郁郁寡欢。

我真希望他能找到一个让他幸福的好妻子。"

被心爱的人拒绝让伯蒂陷入极度沮丧的情绪中,他感觉一份伟大的爱就这样从他的手中永远地溜走了。她不仅美丽可爱,而且她在格拉姆斯城堡的生活与白金汉宫的沉闷气氛相比,就像一首田园牧歌——而这位浑身散发着光芒的年轻女子就是一首田园牧歌。另一个爱上她的年轻人回忆说:"格拉姆斯城堡很美,是完美的美。生活在那里就像生活在凡·戴克①的画里一样。"

当然,最后的结局是美满的:在一位朋友的鼓励下,伯蒂再次鼓起勇气向伊丽莎白求婚,但是又遭拒绝,直到有一次他们俩在一座乡村庄园的树林里散步时,她才答应了他的求婚。

相比在成长过程中所遭受的压抑、兄弟们的桀骜不驯以及让他厌烦的王室职责,伯蒂的爱情是非常幸福的。他们于1923年在威斯敏斯特教堂举行了婚礼——这是6个多世纪以来国王的儿子第一次在那里举行婚礼。伊丽莎白·鲍斯-莱昂不仅是一位贤良的妻子,还是一位慈爱的母亲。她是他的磐石。她清楚他内心的恶魔是什么并帮助他控制了这些恶魔,同时帮助他克服了口吃的自卑心理。他们从没想到王冠会落在伯蒂的头上。当事情来临之时,伊丽莎白又给了他一个国王应对未来可怕冲突所需要的坚忍精神,她还为他们的大女儿登基做好了准备。她以同样的毅力支持着她的第一个孙子威尔士亲王,而他的确时常需要这种支持。

---

① 佛兰德斯巴洛克艺术家,英国宫廷画家。

第二十六章　下一任国王

查尔斯王子长得和他的父亲一样，只可惜他生不逢时。在王室的所有家庭成员中，他是被公开解剖次数最多的一个，人们把他的身体和器官一一展开，以期通过基础的解剖学寻找线索，解释他备受折磨的一生。然而，在他的行为中，我总能看到一个熟悉的影子：他的叔父——前威尔士亲王，也是后来的温莎公爵。查尔斯和公爵至少有3个共同的特征。对他来说影响他这一生的就是他对卡米拉的爱。这与华里丝·辛普森对公爵的影响如出一辙，只不过他们之间的性生活是一个私密问题，我们无法完全理解，但就查尔斯而言，该和不该了解的我们都了解了。1992年，《每日镜报》得到了一份查尔斯和卡米拉的谈话记录，谈话内容长达8分钟，并刊登到了报纸上。谈话中查尔斯说"我恨不得住在你的裤子里"，然后发出一种熟悉的病态声音（你可以想象一下无人机发出的嗡嗡声），他还说死后希望转世做一块卫生棉，"要是我幸运的话……被冲下厕所，只是在上面旋转，永远不下去"。有些伟大的爱情如诗一般优美，而有些爱情则暗含着不为人知的肮脏。就像公爵对华里丝·辛普森一样，查尔斯对卡米拉存在着一种强烈的俄狄浦斯情结。在他们的恋情中，卡米拉自然而然从一位体态丰腴的少女变成了少妇。华里丝·辛普森虽然没有母亲般的身体，但是对公爵却有母亲般的关爱。整个世界都被戴安娜那棱角分明的美迷住了，但查尔斯似乎从来不会欣赏这种美——他一直幻想的只是卡米拉柔软的怀抱。尽管戴安娜有时说他是个糟糕的情人，但对于卡米拉而言，他并非如此。

他与公爵共有的第二个特点是，他有一些天赋始终未得到人们的承认，这些天赋本应用于服务国家的，但是却不断遭到政客们的否定，这让他深感沮丧。生活在乡村别墅和宫殿里的王子们力求表达对社会底层的理解和同情时，都存在一个根本问题。最简单的就是，当皇家豪华轿车与平民区环境形成鲜明对比时，这一问题就凸显出来。当20世纪30年代爱德华作为威尔士王子去巡查惨遭大萧条蹂躏的威尔士时，或者20世纪80年代查尔斯开着宾利到康沃尔公爵领视察佃户的生活时，场面是多么不和谐。王室的这类行为通常都会产生一种规定性回应。就爱德华而言，是以一种自上而下的铁腕社会工程形式回应，他发现这种方法在德国国家社会主义即纳粹主义中很有吸引力。就查尔斯而言，这一规定性回应更像是开明的家长作风，在他和政府的合作中得到理想体现。从2004年到2005年，查尔斯给托尼·布莱尔的7位部长写了27封信，就各种各样的问题进行了干预，比如他为猎狐行为辩护，憎恶转基因作物。白厅把这些信件称为"黑蜘蛛备忘录"，因为这些信都是查尔斯的亲笔信，字迹如蜘蛛爬出来的一样歪七扭八。《卫报》花了10年时间采取了一系列法律策略，力求迫使白厅公开这些备忘录，但是当这些信真的公布后，他们却没有发现里面有对政治影响重大的内容。2015年，舆观调查网的一项民意调查显示，54%的公众认为可以接受查尔斯就他所关注的问题发表意见。但是，正如我们将看到的，在现代建筑方面，他一直试图利用自己的影响力和权力摧毁他所不喜欢的部分。

他和公爵共有的第三个特点就是爱慕虚荣。这两个男人都对衣橱里的服饰精益求精，已经超越了虚荣之心，达到了自恋的程度。不过，两人对服饰的偏爱各有特点。服饰彰显了他们作为个人追求奢华的每一个细节，也是他们的职业所享有的特权。查尔斯只要清醒着，侍从们就要严格按照制度根据他的要求服侍他。迈克尔·福塞特是查尔斯的管家兼贴身男仆，也是宫廷里的马屁精，是查尔斯家中监工的榜样，凡事都爱吹毛求疵，从严格规定清晨洗澡水的温度到晚餐使用的亚麻布和餐具，事无巨细，严格到了极点。下级员工只得畏畏缩缩遵从福塞特的指示。查尔斯和公爵一样，都把自己视为萨维尔街①定制服饰的终极大使，西服的袖子必须刚好与衬衣的袖扣齐平，裤子与锃亮的皮鞋必须严丝合缝。公平地说，查尔斯并没有不遗余力地打造有威尔士亲王亲笔签名的支票，或以自己名字命名的领结，但却对胸前口袋里的丝绸手帕等饰品异常挑剔。查尔斯同样对制服十分挑剔。在这方面，他与他的长期导师迪基·蒙巴顿品位相同。事实上，当查尔斯穿着挂满勋章的海军

---

① 世界顶级西服手工缝制圣地。

军服出现时,简直就是活脱脱的一个蒙巴顿。

不过,查尔斯的特点远不止这三点。在公众的注视下,他的性格已被塑造完整,完整程度超越王室任何其他成员。令他极为厌恶的是,那些最能体现他本质的经历,却被小报拿出来在公众场合进行无情审判。因此,为了公平起见,我们不得不问,我们认为我们认识的查尔斯是不是就是真正的查尔斯。对我来说,最复杂的挑战是要弄清楚他究竟生活在哪个世纪,这可能连他自己都不清楚。如果这种困惑只有他自己知道,倒也就罢了,然而事实并非如此,而且有时还会导致严重持久的后果。

20世纪80年代,查尔斯发起了一场反对现代建筑的个人运动。他严厉地批评了公共住房计划,指责这些计划建造的房屋要么是单调的红砖公寓大楼,要么就是摩天大楼,都是勒·柯布西耶[①]这样的乌托邦现代主义者作品的廉价复制品——20世纪建筑中的灾难就是大规模模仿原创经典作品建造出廉价的仿制品。查尔斯决定通过实例佐证他的观点。他委托出生于卢森堡的建筑师罗伯特·克里尔[②]设计一个小镇模型——庞德伯里镇,修建在他的康沃尔公爵领地多塞特郡。他因此成了最蹩脚的建筑业余爱好者,向部长、城市规划师和开发商传授他的理念,提倡通过提供没有现代感的文明住宅和街道来"解放普通人"——这是一种概念冲突,部分源于他

[①] 20世纪著名的建筑大师、城市规划家和作家。
[②] 建筑和城市理论家。

对神秘主义者和精神骗子的敏感，部分源于他认为英国所有的好建筑都在格鲁吉亚人手中终结。像许多传教士一样，查尔斯不喜欢受到挑战，因此他身边聚集了一群谄媚者，形成了一种不容反对的专制正统氛围。

我去多塞特郡参观了庞德伯里镇。我很了解这个郡，当时调研T. E. 劳伦斯的相关资料时，曾追溯了他在此隐居多年时居住的乡村农庄"云雾山"。这里仍然如一幅英格兰田园图一样，完好无损地从工业革命中幸存下来，19世纪形成了稳定的农业文明。这里起伏的海滨丘陵和陡峭的悬崖在托马斯·哈代笔下的《远离尘嚣》中化作了巨大的力量。现代化的气息还没有侵入这里，因此科茨沃尔德小镇看起来更像一个高档的主题公园，一到周末，活力四射的人群便蜂拥而至。庞德伯里镇位于多尔切斯特镇以外几英里处。这里看上去多么奇怪啊。为了避免参考任何20世纪的建筑元素，建筑师——罗伯特·克里尔和昆兰·特里——疯狂地借鉴了从维多利亚时代、乔治王朝时代和摄政统治时期到希腊罗马时期和威尼斯时期的城市形态，在这里开展了一项逆向建筑工程。给我留下印象最为深刻的是房屋的返祖现象——尤其是窗户。显然建筑师们对现代的玻璃装配毫无兴趣。这些房屋的设计在很大程度阻挡了光线的照射，就像18世纪的小屋一样，但那时候是因为农民买不起玻璃。这让我想起了维多利亚的配偶，颇具现代化思想的阿尔伯特王子以及他设计的水晶宫，正是这座大胆创新的建筑宣告了具备工业规模的玻璃生产的到来。查尔斯知道自己有多么违反常情吗？庞德伯里镇整体混杂无章，只可能存在于设计者保守的想象之中。

　　这看着似乎也没有太大影响，只是成了人们旅行中愉快的一点笑料罢了。然而，事实比这更严重。这一件事告诉我们，一个即将成为下一任国王的人，已经给这个国家造成了一定伤害，还可能造成更大伤害。查尔斯已经习惯于用皇家法令来控制公众品位。他在20世纪80年代第一次感到了行使这种权力的美好感觉，当时人们提出了各种可能会使伦敦成为一座现代主义杰出建筑的方案，但是无论这个方案有多么合理，都遭到了他的阻止。

　　1969年，负责伦敦市发展的伦敦金融城公司批准在皇家交易所和齐普赛街①之间的一处黄金地段修建一座办公大楼。这不是一座普通的办公大楼，而是密斯·凡德罗②设计的最后一件作品，他于1969年去世。这对伦敦市来说是一次巨大的变革：密斯是包豪斯风格的天才设计师之一，这座大楼将成为伦敦市所有未来新建筑的标杆。这座大楼可以说是纽约帕克大街的西格拉姆大厦③的缩小版，西格拉姆大厦于20世纪50年代建成，整体呈青铜色，朴素不失精致。在这座大厦中，密斯完善了幕墙技术，在钢结构框架上安装了透明玻璃。就像在纽约一样，密斯在伦敦坚持要求在大厦前面修建一个广场与街道隔开。正因为如此，该项目被推迟到20世纪80年代才开始准备实施，因为修建广场的土地无法一

---

① 伦敦金融中心上的一条街道。
② 德国建筑师，也是著名的现代主义建筑大师。
③ 位于美国纽约市中心，共38层，高158米。

次性全部购买，只得分批购买。正当一切准备工作就绪之时，查尔斯却突然站出来谴责这座大厦就像一座"巨大的玻璃墩"，当时他已是一个活跃的反现代主义活动家。他的干预最终导致这个项目搁浅。当我得知这一消息时，感到惊讶的是伦敦市的市民竟然如此轻易就投降了。我愤慨不已。伦敦市后来修建的许多企业大厦都丑陋无比，包括一座凸显后现代主义风格的大厦，极不雅观，而这里本是密斯计划修建广场的地方。

密斯并没有因为查尔斯在建筑方面的无知而公开抗议，但英国最著名的现代主义者之一理查德·罗杰斯[1]却站出来抗议。他有充分的理由。实际上查尔斯还毁了一个可能成为现代经典的作品。这是一座在切尔西[2]军营旧址上修建的有320套豪华公寓和一些公益住房的建筑。大部分资金来自卡塔尔酋长埃米尔。2009年，在一场涉及开发商和规划者的长期阴谋结束后，查尔斯成功说服卡塔尔王室撤回对罗杰斯设计的投资。换句话说，就是两个封建家庭狼狈为奸抢走了伦敦的一个建筑地标。罗杰斯写信给《卫报》："查尔斯对建筑简直是无知……他之所以掺和进来只是因为他太闲了……一想到他将成为人民的真命天子，我就感到不寒而栗。不过他的确是有钱有势之人的真命天子，这毋庸置疑。"面对查尔斯这种恣意破坏行为，罗杰斯言语还是相对克制的。

---

[1] 英国建筑师。
[2] 伦敦自治城市，为文艺界人士聚居地。

我从来没有问过托尼·斯诺顿他对查尔斯的建筑品位和干涉行为有何看法。他们之间不可能有任何共同点；从托尼的历史记录来看，他是一个既能够尊重过去的辉煌又能预见未来机遇的人。他既有将肯辛顿宫带回古典辉煌的工艺、知识和技能，又有培养像塞德里克·普莱斯这样的新一代年轻建筑师的胸怀。塞德里克·普莱斯与托尼共同完成了伦敦动物园的鸟舍修建工作，并对罗杰斯在内的一代现代主义者产生了深远的影响。更重要的是，托尼对查尔斯在海格洛夫庄园和其所有住所追求极致奢华而感到反感。托尼和玛格丽特最大的分歧之一就源于他对故居的爱，那是一座小别墅，位于苏塞克斯郡面积900英亩的庄园上。这处房产已从他母亲富有的银行家家族梅塞尔家族转交给国民信托基金。托尼把这个小别墅翻修后，租了出去，象征性地收了一些租金。他将别墅重新装修一番，室内许多装修工作都是他亲自完成的，但是这栋别墅对玛格丽特来说就太简朴了。卧室和浴室里都没有暖气。玛格丽特说，她是在城堡里出生和长大的，不可能住小别墅，哪怕是托尼亲手打造的小别墅也不行。

托尼在设计委员会以及后来的工作中，始终是一股务实的创新力量，对人们的生活产生了影响，例如他代表坐轮椅的人发起的运动。相比之下，查尔斯缺乏托尼对人民自始至终、主动且真诚的同情。查尔斯永远无法把别人的生活现实与自己的生活联系起来——在视察庞德伯里镇时，他对只有一栋两居室房子的人们说："我一直坚持一个原则，我绝不会让任何人在这里建造一栋我无法亲自居住的房子。"一个把宫殿般的舒适生活当作一种自然权利的人——玛格丽特也是如此——说出这样的话，委实可笑。

查尔斯这种因循守旧的思想非常奇怪，甚至可以说是一种临床疾病。从某种程度上说，他患有一种恐惧症，害怕那些明显脱离过去并预示着未来的东西。他似乎把这些东西看作是一种个人威胁，仿佛这些东西像一列失控的火车要将他压倒似的，否则，还有什么能解释他对幕墙大厦这样毫无威胁的东西反应如此过度呢？他是在利用建筑思想影射个人幻想。庞德伯里镇，除了其疯狂的混搭风格，也体现了他天生具有民族优越感的世界观。这种世界观让英国处于一种名义上的优势时期，一种没有挑战性、能让上流社会感到满足的状态。在这个特别的幻想中，王子的意愿可以凌驾于法律约束的社会秩序之上。他的这种思想不像奈杰尔·法拉奇等极端脱欧信徒那样仇恨外国人。查尔斯版的英格兰与其说是好战的小英格兰，不如说是奢华的小英格兰。而且，鉴于英国的等级结构，显然查尔斯认为这样的英格兰对他和他理想中的君主政体来说特别安全和谐。他理想中的君主制会是什么样的呢？

2018年，查尔斯70岁生日前夕，他在一部BBC纪录片中讲述了他对现代君主这一角色的一些看法。讲话的主要内容是向我们保证，他知道一旦自己成为国王，就不能再像当威尔士亲王时那样任性地多管闲事了："既然成为君主，就要有君主的样子。因此，我当王储时所做的事，待我当了君主就不能再做了……两者的职责不同。"接着是他的警告：当被问及是否会继续使用他所说的"号召能力"时，他回答说，"这个你们不可能知道……"。是的，你们无从知道。为了更好地了解他这一威胁的真正性质，我们再回到建筑这个话题。你可以厌恶现代建筑,许多人的确不喜欢现代建筑,但你不能毁灭它,羞辱它的主人。这也暗示了他将是一个反复无常的暴君国王,身边围着一群趋炎附势的人,拿那些根本站不住脚的命令来摆脱异见者。他是爱管闲事的人中最危险的一个,只会以无知和个人意愿作为自己的行动指南。

除此之外,还有什么会让我们担心的吗?这就是钱财的问题和他获取钱财的方法。当被问到这个问题时,他直截了当地说:"我认为君主在财政上独立于国家是绝对有必要的……没有这个条件,我就不会当这个君主。"换句话说,他"接任国王一职"的条件(国王应享受公款)是他可以继续过着富豪般的生活。他的这种傲慢令人难以置信,但却是他典型的态度。

如我们所见,1992年时女王同意主动纳税。但是,仔细观察康沃尔公爵领地是如何变成查尔斯的金矿的,就会发现,他们这种自我牺牲的突然转变,实际上与人们所理解的完全不一样。1992年那一年,查尔斯为了设法增加公爵领地的收入,于是想出了通过在领地农场上种植有机谷物生产饼干的主意,并创立"公爵原味"这一品牌,饼干上还印有公爵领地的铁闸门作为标志。他的公司运营一直持续到2008年,世界惨遭经济崩溃时,他的公司顿时亏损330万英镑。查尔斯得到了维特罗斯连锁超市[①]的救助,但是当时他的公司否认这是一次救助(事实其实就是如此)。他们敏锐

---

① 现在是约翰路易斯合伙公司的子公司。

地发现了一个商机，把一家高档皇家连锁企业和一家高档超市结合起来。结果双方都获得了丰厚的利润。公爵领地的产品几乎不再使用来自公爵领地农场的原料，但这已经不重要了。查尔斯和卡米拉偶尔会出现在维特罗斯的一家分店推销新产品，有了王室的大力支持，超市积累了巨大财富。

现在公爵领地的连锁企业年收入超过2100万英镑，而查尔斯从未缴纳过公司经营税。他从公爵领地获得的收入中缴纳了40%的所得税，但却扣除了巨额开支。例如，2012年的利润为1830万英镑，他就扣除了700多万英镑的开支，其中包括28名私人员工的费用，主要有管家、男仆和园丁，以及康沃尔公爵夫人的男仆和园丁，还包括她购买珠宝、衣服和马厩的开支。查尔斯以市价支付了海格洛夫庄园的租金，但这些钱又都直接从公爵领地的利润中返还到他手中，而且不扣除任何税费——事实上，这就相当于自我交易。公爵领地还免征资本利得税和遗产税。

当有人建议查尔斯的财政应该更加透明时，他暴跳如雷。公爵领地审计自己的账目，根本不给政府的监察机构——国家审计署审计的权利。2005年，关于公爵领地的运作情况，审计署提交了一份投诉报告，"应向账目审计单位，特别是议会提供更多的信息和解释"。查尔斯立即反驳说，这份报告就是"一个笑话"，里面"鬼话连篇"。

关于查尔斯的财政状况，人们所知道的大部分都是前政府部长、长期担任议员的诺曼·贝克通过不懈努力了解到的。贝克还将矛头指向了查尔斯的环保情况。诚然，他的确花了很多年的时间和精力告诫人们气候变化的危害，还勇敢地给唐纳德·特朗普发了一份40分钟长的个人讲话。然而他却是说一套做一套。贝克发现，当查尔斯环游欧洲宣扬气候变化时，他乘坐私人飞机飞往罗马、柏林和威尼斯，共产生了52.95吨的碳排放量，而如果他乘坐商业航班就可以减少95%的碳排放量。

2018年，查尔斯和卡米拉的差旅费共计130万英镑。这一年里，整个王室旅行产生的碳排放量翻了一番，达到3344吨。

查尔斯已步入花甲之年，不可能再改变自己的本性。事实上，查尔斯有一种过度自负的特权欲，他认为只有当他登上了王位才能得到满足。他等的时间太久了——时间长得让我们感觉到，我们认为我们认识的查尔斯实际上就是真正的查尔斯，而他的性格确实不适宜登上王位。

第二十七章　戴安娜的儿子们

如我们所见，了解孩子的需要并不是王室的强项之一。查尔斯成年后的大部分时间都在努力寻找一种稳定的指引，正是因为他年轻时缺乏这种指引。但轮到他当家长时，突然间就要面对作为一个父亲所要面对的最艰巨的任务：照顾两个失去母亲的儿子——两个孩子在众目睽睽之下失去了自己的母亲。查尔斯对此毫无准备，家庭其他成员和为他们服务的古老制度也没有准备。

下面的小插曲就能充分体现这个问题。

1951年，当时还是公主的伊丽莎白与菲利普结束了为期5周的加拿大和美国之行后，返回英国。王后、玛格丽特公主和3岁的查尔斯在尤斯顿车站迎接他们。看到儿子时，伊丽莎白只是在他的额头上轻轻地吻了一下，就自顾自地走了。好多在场的人都感觉，查尔斯可能都不知道她是谁。

1981年，查尔斯和戴安娜宣布订婚后，在白金汉宫接受了一次电视采访。有人问戴安娜是否爱查尔斯时，她羞涩地回答说："当然爱。"查尔斯却做了个鬼脸，补充了一句："爱就是一切。"站在他们旁边的一个记者说查尔斯看起来像一个来自17世纪的人。

几年后,戴安娜承认他当时的这一回答使她后来备受创伤。

1997年,哈里走在载着母亲灵柩的炮车后面的送葬队伍里,一位侍从告诉哈里,他不能牵着父亲的手。

2018年,在温莎城堡举行的哈里和梅根·马克尔的婚礼上,美国圣公会的主教、非裔美国人迈克尔·布鲁斯·库里发表了一篇讲道,引述马丁·路德·金的话:"我们必须发现爱的力量,发现爱的救赎力量。有了爱的力量,我们就能把旧世界变成新的世界,因为爱是唯一的出路。"当时圣乔治教堂外聚集了成千上万人,听了这篇布道,人们欢欣鼓舞,赞许不已。教堂内,查尔斯和其他王室成员眼里透着困惑和尴尬的眼神,仿佛是因为布道的时间超过了规定的8分钟而让他们恼怒,抑或是因为主教作为一个局外人谈论的"爱"这个话题,对他们来说超出了在公共场合表达或讨论的范围。

当然,还有一个原因就是萦绕在婚礼上的戴安娜灵魂。是她,公开承受了因为爱所带来的痛苦和负担。

戴安娜童年时的经历给她造成了一定的心理阴影。有一天,家人从报纸上得知,她的父亲要结束和母亲的婚姻。父亲开始虐待她的母亲,兄弟姐妹们让戴安娜前去制止,她上前扇了父亲一巴掌,说:"我是代表全家人扇你的。"她在家里没有得到过父母的拥抱和亲吻,9岁时就被送到了寄宿学校。父亲离婚后,她心系母亲,对继母十分厌恶。

儿时的创伤给她留下了深刻的记忆,也影响到她自己作为母亲对待孩子的方式。她把所有的爱都给了她的孩子们,在她死后,他们似乎是唯一还能够感受到她的爱的人;然而此后的每一天,他们都因为失去了这份爱而痛苦。当这两个孩子还沉浸在丧母的痛苦之中时,查尔斯却完全沉迷于卡米拉的怀抱中(当时一位朝臣形容她是"英国最懒的女人")。

他不断请求他的母亲接受他想和卡米拉共度余生的愿望。于是,王室家族和君主制的未来显然就寄托在了这两个男孩身上:一个是王位继承人,而另一个——被讥讽是"备用继承人"——有望能够辅佐哥哥,将君主制继续维持到下一个世纪。

戴安娜曾说过,哈里和威廉"完全不同"。作为最小的一个儿子,哈里后来承认,母亲的死让他难以接受,以至于接受了心理咨询。在她还活着的时候,他听到了一些也看到了一些令他难以接受的事。他8岁时,戴安娜请了一个声音训练教练,帮助她提高公开演讲的能力。她感觉到自己还没有掌握把演讲稿中的内容以自然的方式表达出来的技巧。她请的教练名叫彼得·赛特兰,他把给戴安娜上课的情况都录了下来。在这些视频中,有时能听到画外哈里哭闹的声音和戴安娜安慰他的声音。没人知道他用这些录影带赚了多少钱。这些录影带后来竟然成为1995年播出的《全景》节目中马丁·巴希尔采访戴安娜的素材。"我小时候有很多梦想,"她在采访中说,"我曾希望我的丈夫能照顾我、支持我、鼓励我,对我说'做得好',但实际上我一样也没有得到。"谈到她和保镖巴里·曼纳基的第一段婚外情时,她说:"他是我见过的最伟大的人。"接着她补充说,她认为那场导致他死亡的交通事故,事实上是王宫安排的暗杀,就是一个8岁的孩子也能猜出来。2004年,美国全国广播公司播出了部分采访内容,标题是《戴安娜揭秘》，2017年在英国第四频道播出。

在威廉和哈里的成长过程中，至少躲过了蒙巴顿／菲利普通过高登斯顿学校学习磨难塑造性格的过程。私立学校毕业后，他们上了伊顿公学，这也是戴安娜家族的传统。然而，在家里，父亲越来越宠爱卡米拉，她俨然成了克拉伦斯宫的女主角（女王的母亲去世后，他们就搬到了这里），这对两个孩子产生了很大影响。威廉和哈里不想与她碰面，只得从仆人的入口进进出出。

查尔斯在剑桥时与休·范·卡特森结下了友谊，后者是一个银行家，继承了桑德林汉姆府附近一处4000英亩的庄园。为了能够摆脱王室的束缚，这里是威廉和哈里两位王子所能找到的最近的地方。就在戴安娜的婚姻破裂时，范·卡特森的妻子埃米莉和她成了朋友，但后来她又站到查尔斯的一边。范·卡特森夫妇有4个儿子，都与威廉和哈里建立了持久的友谊，这种友谊是王室生活中不可能拥有的。范·卡特森的庄园也并不是什么平庸之地：范·卡特森和妻子都是来自弗拉芒地区银行帝国的一员，于19世纪在伦敦市开创业务。

范·卡特森夫妇是英国大地主的缩影，他们对养马和驯马很感兴趣，因而自然而然地进入了女王的社交圈中。范·卡特森既能穿着粗花呢夹克下到马厩中，也能戴上礼帽穿上燕尾服游走于女王的阿斯科特赛马会上。他虽然看着像个有钱人，但实际上是一个开明的地主，倡导野生动物保护。范·卡特森一家的社会地位不断上升，却遭到了埃米莉的姐姐威廉敏娜的妒忌，她酸楚地说："我觉得这样的生活方式会让他们最终入不敷出的，但和有权有势的人交往,情况就是这样,不是吗?"

埃米莉·范·卡特森很乐意成为威廉和哈里名义上的妈妈,但这引起了卡米拉的不满。尤其是当范·卡特森告诉卡米拉,她的儿子汤姆对戴安娜的儿子们,特别是对威廉产生了不良影响时,摩擦更大。当汤姆向《星期日泰晤士报》承认他在一次聚会上吸食可卡因时,她们之间的摩擦达到了顶点——汤姆比威廉大7岁,是威廉的良师益友。起初面对范·卡特森夫人的指责,卡米拉并不当一回事,还称她是"荷兰母牛",但随着彼此相互了解的加深,她们反而相处得越来越融洽了。范·卡特森的两个儿子与威廉关系非常亲密,后来分别成为下一代温莎王子乔治和路易斯的教父。

威廉在伊顿公学表现得很出色,但是哈里学得就比较吃力。2005年,哈里在伊顿公学的一位老师萨拉·福赛斯被解雇,因感到不公平提出了诉讼,在诉讼中,她声称有人要求她完成哈里的一些作业。伊顿公学和哈里都否认存在任何作弊行为,但劳资仲裁法庭判决赔偿福赛斯4.5万英镑,准许哈里获得特殊帮助,达到和威廉一样的水平,以便在桑赫斯特皇家军事学院赢得一席之地。戴安娜王妃的两个儿子在其军旅生涯中,再次受困于传统的温莎教育模式,而不是戴安娜代表的斯宾塞家族模式,不管他们愿意与否,都没有选择的权利。斯宾塞伯爵曾承诺,他们的灵魂不会"完全沉浸在责任和传统中",而是可以像戴安娜希望的那样"光明正大快乐地生活",而这一承诺似乎已是20世纪的事了。这对他们两人来说是一次职业转变,也是王室家庭的惯例,强调了王室中的父亲们在孩子们走向成年过程中的作用。菲利普和查尔斯再次看到他们两人时，深切感受到了军队对他们两人的改变。但是显然易见的，没有人能代替母亲戴安娜在他们心中的地位。幸好，女王作为祖母对他们十分体贴关爱，孩子们也很享受和她在一起的时光。据说她既喜欢哈里的顽皮冒险精神，也喜欢威廉对未来生活的严肃态度。

事实证明，对于军队生活中的种种挑战，两位王子都能应对自如。不过只有哈里去了阿富汗战场的前线，与各级军官建立友谊，也使自己强大起来。随着两兄弟的生活日渐独立，人们对他们俩性格上的差异进行了尖锐对比。哈里在军队时有一种不怕牺牲的热情，这种热情在威廉身上从未体现过。他们都是直升机飞行员，但威廉，作为王位的第二顺位继承人，官方对其安全更加谨慎小心，只给他派了一些在英国沿海巡查和搜救的任务；而令人十分惊异的是，哈里却被派往了战区执行任务。

戴安娜曾经说过"我的哈里就是爱冒险"。2008年，他在阿富汗战场担任空军前进控制员，指挥对塔利班阵地的轰炸时，他的冒险精神达到了极致。他上战场一事，虽然新闻界都知道，但一直未敢披露，后来是一家澳大利亚杂志泄露了这一秘密，结果10周后他被召回。但是很快他又再次回到战场，表现得更为突出。

然而哈里的这段经历并未引起人们的重视，好像他上战场只是冲动狂妄的一种表现。但是，在我进行调研的过程中，惊讶地发现，这段经历才是塑造其性格最重要的源泉。事实上，这段经历展示了他在巨大压力下的高度自律和高超能力——如果打个比喻的话，这种压力相当于一个罗马军团士兵想要达到百夫长的地位。要做到这一点，哈里必须掌握飞行武器库中最威猛的武器之一——"阿帕奇"直升机，这在军队的飞机中是最具挑战性的。与其说飞行员是在驾驶阿帕奇，不如说是在驾驭阿帕奇——首先，他们都要佩戴一个价值2.3万英镑的定制头盔，另外，飞行员的每只眼睛都要对准一个像单片眼镜一样的设备，监控不同的系统。飞行员的眼睛如果不能分别完成独立任务，就无法取得驾驶资格，很多人都因这项测试失败了。实际上，这种体验就像是把自己变身成为一个人形终结者，只要按下一个按钮，就能发射炮弹和火箭组合，击毁任一目标。仅仅是学习驾驶这种直升机的基本技能就需要6个月的时间，掌握其武器系统又需要6个月的时间。为了保护地面部队，阿帕奇直升机必须飞得很低，因此很容易被击落。所以训练中还包括生存技能和不幸被捕的抗审讯能力。

2011年10月，哈里在英国受训结束后，飞到了亚利桑那州一个偏远的美军基地，他们把阿富汗的地形全部复制了下来。在那里，他的教练夸赞他是一个天生的飞行员，具备飞行员应有的反应能力、敏锐度和胆识。休息时，哈里仿照电影《壮志凌云》里的男子气概，前往拉斯维加斯休息娱乐。他的一个朋友说这是一个"有很多美女相伴的疯狂周末"。当时没人注意到这件事。但是2012年8月，他再次来到拉斯维加斯时，一切都乱套了。哈里和一群伙伴人住了永利酒店的贵宾套房。他们在镇上玩了一夜之后，带着一群年轻女人返回酒店。哈里提议打台球输者脱衣的游戏，很快这些人一个个都赤身裸体，场面如一个放荡的罗马狂欢会一样。其中一位年轻女宾拿着手机偷拍了一些照片，几小时内就被贴到了"美国名人消息网"上,几分钟内便在网站上疯传。照片中的哈里,身上一丝不挂,只有一块劳力士手表和项链,手里握着他的"权杖"。《太阳报》刊登了这些照片,因而打破了行规,而其他报社的编辑仍遵循着王宫的要求对此事按下不报。但是这些照片已经遍布所有社交媒体,所以是否遵守行规已不重要了。

几周后,哈里又回到阿富汗战场,担任阿帕奇直升机的副驾驶兼空军中队炮手。而这一次,与他之前上战场的情况不同,他的参战是公开的。王宫和国防部共同对风险进行了评估,认为哈里参战有两个效果:首先他可以为武装部队征兵起到良好的宣传作用;此外他被称为"皇家近卫骑兵团中的威尔士队长",也能展示王室下一代中正义的一面。安德鲁王子在福克兰群岛所扮演的角色不会重演,当时军队为了保护他,分散了整个战斗队的注意力。那场战争只是激烈的常规战斗。相比之下,阿富汗战场是一个典型的非对称作战的例子,是占领军和如幽灵般灵活出没的敌军之间的对战。

阿富汗的地形更是加强了敌人神出鬼没的优势。这种战争形势使占领军很容易低估其危险性,哈里到达后不久各种危险就显露出来。他的中队驻扎在阿富汗南部的赫尔曼德省,那里地形复杂,而且塔利班势力猖獗。巴斯顿军营是第二次世界大战以来英国在海外建造的最大军事基地,可容纳多达12000名士兵。事实上,称之为军营实则是一种误导。它更像一座堡垒城市、一个机场和一个情报中心,被认为坚不可摧。但在2012年9月的一个晚上,一个由15名塔利班突击队员组成的小队,身着美军制服,在美军海军陆战队占领的一个基地突破了外围防线,却没有被发现。塔利班小队分成3个小分队,一队朝海军陆战队总部发射迫击炮和火箭弹,另两队到达停机线,炸毁了8架鹞式战斗机和1架大力神运输机。在接下来的交火中,2名美国海军陆战队士兵被打死,1名中士和1名中校及多名士兵受伤。

这次袭击的严重性是过了很久以后才得以披露。塔利班声称,他们本希望找到哈里并杀死他,但可能性不大,因为他们的情报虽然已经突破了美国的防御系统,但是却没有破解英国的防御系统。一开始,军队说哈里被紧急送到了一个安全屋。后来他们承认在整个事件过程中,他都在睡觉。英国方面透露,当时该基地24座守卫塔中只有11座有人驻守。两位美国将军因此被解除了指挥权。这是越战以来,美国在一次性攻击中,军用飞机损失最严重的一次。哈里在接下来的20周中看到了一些操作,他后来说,这些操作包括把坏人"赶出局",但他的语气中却缺乏激情。阿富汗战争让他深刻地了解到战争对人类生命的践踏。他后来告诉安德鲁·马尔,他和许多重伤者乘坐同一架飞机回家:

> 其中一个人手里拿着一个装满弹片的试管,这些弹片都是从他头颅中取出来的,他就连睡觉的时候都会紧紧抓着。我坐在他们身边待了几分钟,虽然无法和他们说话,但那一刻成了我人生中真正的转折点。

经过8年的行动,截至2014年巴斯顿军营关闭时,共有453

名英国军人在阿富汗阵亡。

哈里在离开军队前做了一件事,以体现他所称的"战争的无形伤害"。他创立了一个勇士不败运动会,这是为受伤和残疾的退伍军人设计的类似残奥会的国际体育赛事,灵感来自"美国负伤战士项目"。运动会最初的资金部分来自皇家基金会,这是一个由威廉和哈里共同建立的慈善机构。运动会取得了立竿见影的成功,大大提高了公众的意识,理解了饱受战争摧残、身心遭受创伤的军人们的需求。

2015年,哈里离开了军队。与蒙巴顿和菲利普不同,他对战争的直接了解可能是短暂的,但却永久地塑造了他的性格——或者更确切地说,是强化了他本就存在的性格,特别是热爱冒险的性格。这也更清楚地彰显了他母亲的一个品质,也是她不辞辛劳地灌输给两个男孩的品质,天生的无阶级性。2020年年初,哈里接到两个俄罗斯恶作剧者的电话,两人自称是瑞典环保少女格雷塔·桑伯格及其父亲,哈里上当受骗。这件事被披露时,小报记者们没有在电话录音稿中发现可以利用的内容。在我看来,里面关键的一句话是:"你忘了吧,我在军队里待了10年,所以我比我的家人们想象的更正常。"

21世纪的英国武装部队远没有"二战"时那样受到阶级制度的重视,但是哈里在这种军事氛围中茁壮成长,不过阿富汗冲突无论是从地理位置还是挫折程度上说,都是对旧维多利亚帝国主义时期的奇怪体现。被摧毁的巴斯顿军营的残存部分,就像许多战争中残存的堡垒一样,代表的是政治家的傲慢,付出的代价是无数士兵的生命。哈里成了这些生命最强大的保护者,也是这种牺牲所代表的无阶级性的典范。他讲话时丝毫没有他父亲的那种伍斯特式傲慢。他是以他母亲的那种原始的、毫无戒备的自发性去感受一切。

母亲、儿子、女儿、妻子、父亲……威廉和哈里在一个家庭价值观极端混乱、婚姻失败的家庭中长大,却无形之中成为真正的男子汉。他们之间的感情是他们最可靠的纽带,有一段时间,威廉扮演了哈里的哥哥和父亲的双重角色。他谨慎周到,而哈里大胆叛逆。这也无妨,因为他的命运没有给他选择的余地。他的爱情很幸福,也是一种幸运。在经历了漫长的——以及短暂的心碎——求爱过程,他发现凯特·米德尔顿是一个稳定而可靠的伴侣。凯特是个平民,但也享有特权,就读于一所私立学校,每年学费3万英镑。有一些小报说她的母亲是个"航空女招待"——这是20世纪60年代的术语,过去用于贬损坐飞机的派对女郎,并不是指当代的空姐。事实上,凯特的父母有自己强大的企业,与温莎大家族也属门当户对。简言之,威廉和凯特是下一代温莎家庭中符合标准并且完全可以接受的代表,他们从未偏离过女王的舒适区。事实上,民意调查一直显示,英国大多数人更希望王室继承权能直接传给威廉——但这又不符合宪法要求。

哈里花了很长时间才找到他的伴侣。他也过了一段自由自在而且快乐的单身汉生活。他连续几任女朋友不仅魅力四射,而且都是名门闺秀,都是他在滑雪场、夜总会、地中海温泉和享有特权的伦敦牧区遇见的。虽然这些女子认为哈里风趣有魅力,但她们也深知成为温莎家族中的一位妻子需要付出多大的代价。鱼和熊掌不可兼得,因此她们一个个选择离开,寻找自己安稳的生活。直到2016年夏天,在伦敦的一次相亲会上,哈里遇到了梅根·马克尔。她身上有一种别样的品质:通达人情,社交面广,不会轻易被温莎的名号所震慑。

戴安娜的两个儿子都找到了与自己性格相得益彰的女人。与长期以来最残酷的王室婚姻轮盘赌记录相悖,在这个没有包办婚姻的时代,威廉和哈里都发现,正如牧师所说,爱是唯一的出路。

第二十八章　苏塞克斯夫妇说再见

近 70 年来，女王一直是君主制的典范，她也一直努力想成为王室家庭的典范——这个家庭已经明显不那么和谐了。结果，在她统治的末期，君主制在人民的心中明显降温，特别是在千禧一代的心中，也就是那些即将成为她继任者的臣民中最有影响力的一代人。舆观调查网在 2019 年进行的一项民意调查发现，在 18—24 岁的年轻人中，赞成保留君主制的人只占 41%。女王本人的总体支持率为 73%。

君主制在人们心中降温，部分体现了人们对这一体制中放纵和挥霍行为的回应，然而这一家人似乎还未意识到这一点。女王是世界上最富有的女性之一，拥有约 200 亿英镑的净资产，其中很大一部分体现了她这一生中土地和房产价值的加速增长。她的经济状况与她父亲统治时的经济状况完全不同。1931 年，世界经济因股市大崩盘而崩溃，新成立的紧急联合政府要求并让乔治五世把王室费用津贴削减到 5 万英镑，当时的威尔士亲王爱德华只得将康沃尔公爵领地的一半收入交给了国家财政部。女王的父亲，当时的约克公爵，为了省钱卖掉了他的 6 匹猎马。现在，几乎没有人注意到，王室已经获得了相当于旧时有产贵族的财富，同时他们也过着像肥胖的俄罗斯寡头或罗曼诺夫家族一样奢华的生活。1969年,哈罗德·威尔逊的内阁正在为菲利普的那句"我们要破产了"而争执不休时,他指出这个家庭根本不会动用自己的财富来承担自己的公务支出,也不从事任何慈善事业,而通常情况下,那些承担公共义务的家庭都会通过做慈善以求好财运。

就在查尔斯王子倡导为了保护我们的地球,每个人都要做出一点牺牲的时候,王室在出行方式方面依然毫无节制。为了掩盖自己过度的消费,他们不断提高旅行成本阈值。20年前,这一阈值是500英镑;到2010年提高到1万英镑;到2016年又增长了50%,达到了1.5万英镑。就在那一年里,通过使用这一伎俩,他们免除了202架直升机和43架包机的费用。人们普遍认为哈里王子继承了他母亲的各种美德,但在出行方面也一样奢侈无度。2018年,他包了一架私人飞机往返于阿姆斯特丹,仅这一次短途飞行的费用就达2万英镑;2019年,为了和妻子一起过情人节,他从挪威乘飞机回家,花了同样多的钱。

2019年时,所有这些矛盾和家庭内部承受的压力都上升到了最高点。女王在93岁高龄时,突然面临在她统治期间最严重的两次家庭危机。两场危机均已发酵了一段时间,只是都没有引起重视。第一场危机——也是后果最严重的一场危机——是由安德鲁王子的贪婪和堕落造成的。多年来,他一直受到杰弗里·爱泼斯坦的盛情款待——2008年,杰弗里·爱泼斯坦因诱使未成年少女卖淫被判入狱——安德鲁曾多次陷入爱泼斯坦在世界各地设计的豪华糖衣陷阱中。爱泼斯坦有一个私人联系电话"黑皮书",里面列出了安德鲁的16个电话号码，有一个是他在白金汉宫的电话号码（此号码未列入电话号码簿），一个是巴尔莫勒尔堡的，一个是桑德林汉姆府的。安德鲁在决定接受BBC《晚间新闻》节目主持人艾米莉·梅特丽丝的采访之前，他的放纵行为也是有案可稽的。梅特丽丝是一位沉着冷静、逻辑性强的主持人。她对安德鲁进行了50分钟一对一的采访，这次采访对他和他的家人来说都是灾难性的。一开始就很明显，在他59岁的年纪，原本是一头公马的他俨然已经变成了一头公牛，思想也与之相匹。梅特丽丝后来披露，就在采访即将开始时，安德鲁问她是否接受过大卫·弗罗斯特的采访。"他本无意吓唬我，"她写道，"但我确实被吓到了。他所指的弗罗斯特，是那个幽默的周日电视节目主持人……而在我的脑海里浮现的却是那个《对话尼克松》电影中让尼克松名声扫地的弗罗斯特。"结果，安德鲁在已过时的弗罗斯特式盘问下，并没有上升到理查德·尼克松的水平，尼克松当时在弗罗斯特的诱导下最终为自己的罪行向美国人民道了歉。但这次采访的反响丝毫不亚于《对话尼克松》的影响。安德鲁在采访中显示出一种反社会者的冷漠。他没有任何悔恨的迹象或道歉的打算，对爱泼斯坦案件中未成年受害者的相关证据不作任何回应，他也根本不在乎这些受害者。据称受害人维吉尼亚·吉弗曾向佛罗里达州法庭表示，她18岁时与安德鲁发生过性关系，就在爱泼斯坦在维尔京群岛中的一个小岛上。她说当时岛上有一场狂欢，有很多年轻女孩参加。她声称，她与安德鲁的第一次性关系发生在她17岁的时候。她所说的这一切，就算不能用作对安德鲁的具体指控，但至少在2020年得到了证实，维尔京群岛检察长援引证据说，当时有许多未成年女孩被当作性奴和囚犯关押在群岛上。至于安德鲁为什么会接受一个被定罪为恋童癖者的款待，他对梅特丽丝给出了一个完全不真诚的解释——他说待在那里很"方便"。他说，爱泼斯坦给人创造了许多"非常有用"的机会。梅特丽丝说，那一刻对她来说是关键时刻，因为她看清了"这个男人——这位王子——不是来忏悔的。他是来这里洗清自己"。

这就是后来的重点。安德鲁为什么会同意接受这次被广传为"车祸"的采访？为什么王宫（代指女王）会同意呢？如果安德鲁完全意识不到自己的道德败坏，那么他周围的人肯定应该意识得到吧？难道这场赌博是因为他们相信，控制损失比承认这一行为的恶名更重要吗？

所有这些问题直接指向女王以及女王与安德鲁的关系。尽管有关爱泼斯坦的大量报道已经将安德鲁收于网中，但是 2011 年，在温莎城堡举行的一次私人仪式上，女王仍不顾一切地支持她的次子，授予他"皇家维多利亚勋章大十字骑士勋章"，以表彰他"为女王提供的个人服务"。无论是女王还是菲利普，从未对他有过责备之意。但是无论他们如何不在乎，也未能在《晚间新闻》采访的余波中幸免。一周之内，安德鲁被迫关闭了他在王宫的办公室，所有与他有关的慈善机构都去除了他的名字，他原定的公开露面也取消了，女王也取消了他的生日派对。把误入歧途的牧师逐出教会时，不应考虑过多，而应当机立断。据说，查尔斯坚持要做出严厉的回应，他显然意识到，君主制受到的损害远比女王想象的危险——他自己的未来也可能受到威胁。

这件事又引出了查尔斯和安德鲁之间不和的问题。他们之间的裂痕早已酝酿了几十年，这件事又把这一裂痕推向了最高点。长久以来，查尔斯一直因为父母对安德鲁的偏袒而感到愤慨，同时他强烈地感到他们（以及全世界）都误解了他。这个问题实际上又回到了王室教育子女的问题和查尔斯不愿意（或不能）按照陈规成为继承人的问题上。无论他采取什么样的方式避免在家庭日常事务中与安德鲁产生联系，但就凭他与安德鲁有血缘关系这一点，爱泼斯坦的丑闻就会波及他。当吉斯兰·麦克斯韦（正是她把安德鲁介绍给爱泼斯坦的）在纽约被指控为爱泼斯坦的狂欢招募和培养年轻女性时，这一点更加突出。

这桩丑闻实际上还掩盖了一个贪欲的问题，贪欲本身就应该受到诅咒。从2001年开始的10年里，安德鲁构建了一个富商联系网，主要是海湾国家和中亚地区的富商关系网，他们都是国际贸易和投资领域中的特别代表。一位在海湾地区见过安德鲁的英国外交官说，由于他既傲慢又愚笨，人们都称他是HBH，即"小丑殿下"。他只要出行，必会乘坐用纳税人的钱购买的私人飞机，带着一个6人的团队，其中包括一名贴身男仆，他的职责之一是携带一块特殊的皇家熨衣板。然而，在小丑形象的背后是他贪婪、唯利是图的本性。安德鲁是王室成员中最不知羞耻的一个，他知道如何利用温莎王子的身份为自己牟利。他建立的富商网络为他创造了丰厚的利润，比如时任哈萨克斯坦总统的女婿、亿万富翁铁木尔·库利巴耶夫，他花了1500万英镑从安德鲁手中买下苏宁希尔庄园，这是女王在他迎娶菲姬时送给他的房子，这个价格在没有其他竞拍者的情况下比最初要价高出了300万英镑。这栋豪宅从未有人住过，于2016年被拆毁。

当安德鲁与爱泼斯坦丑闻纠缠不清，成为全世界的头条新闻时，哈里和苏塞克斯公爵夫人梅根也经历了一场他们自己的危机；这场危机虽然不涉及安德鲁那样的道德败坏，但是2018年他们在温莎举行婚礼时给人们留下的欢欣鼓舞的记忆，都被这场危机洗刷得所剩无几。更严重的是，人们曾认为他们是王室中能够代表21世纪开明思想的先驱，然而现在他们已经难以维持人们的这一思想了。当然，如果说他们认为这种思想与玛格丽特和托尼结婚时人们产生的思想一样的话，那只能说是他们的错觉。这场危机不仅是哈里和梅根的问题，还牵涉到整个温莎家族。当哈里向小报公开宣战时，也标示着苏塞克斯夫妇的幻想已基本破灭。他开始对《太阳报》和《每日镜报》提起法律诉讼，诉讼中提到了电话窃听的整个历史，用于提醒人们，多年来有数百起窃听案件一直处于法律管制状态，这些案件最终都没有上法庭而是悄无声息地私下解决，报纸损失巨大。旗下有《太阳报》和《世界新闻报》（曾因丑闻封杀）的默多克集团，到2019年已支付了4亿英镑的赔偿金，《镜报》集团支付了7500万英镑的赔偿金。通过这些案件，哈里并不只是为了索取赔偿金，而是想重新激起公众的愤慨。他说：

> 可能这一（我的）措施并不是安全的措施，但却是正确的……我经历过当我所爱的人被商品化到不再被视为真实的

人时会发生什么。我已经失去了我的母亲,现在我不能眼睁睁看着我的妻子同样成为这种强大力量的牺牲品。

哈里知道公众一定会对他的这种特别抗议方式产生同情心。他以前也用过这种方法——其实,这种抗议也表达了一种他无法控制的原始痛苦,从小到大这种痛苦一直伴随着他,也是永恒的戴安娜悲剧的结尾。然而这只是故事的一半。的确是狗仔队的穷追不舍引发了那场悲剧,但在巴黎那个温暖的夏夜,杀死戴安娜的人并不是只有他们。直接的人为原因是司机酒驾,而戴安娜当时没有系安全带。但是真正造成这一事态的是名人效应。戴安娜玩弄它、追求它、利用它,从中退缩但又难以放弃,最终这种效应吞噬了她,成为这种效应的最大成功。她在《人物》杂志的封面上出现了58次,这是美国名人周刊中最时尚的杂志,刊登了她死亡消息的那期是有史以来第二畅销期刊,仅次于报道911恐怖袭击的那一期。

哈里从来不会让事情变得如此复杂,这有多种原因。首先,他本性活泼,无法忍受这样的复杂性——太微妙、太公开、无法辩解。就像《复仇女神》中的情节一样,哈里有自己的方法,也有自己明确的目标:小报。"现在看着我的妻子成为受害者"这句话说明他遭受的痛苦经历也扩展到了梅根身上。哈得提出法律诉讼后,梅根也对《星期日邮报》提起法律诉讼,指控该报出版了一封她写给久未联系的父亲的信,这种行为侵犯了版权和隐私权,这一案件将不可避免地引发公众的争议,公众究竟是否有权了解公众人物的私生活。

但梅根对待对手的态度不像哈里那样绝对。她作为演员的职业生涯让她非常了解名人处理事务的方式——山姆·高德温[①]说过，"不存在负面宣传这一说"……再说她也不会做得太过分。在接受英国独立电视台（ITV）采访时，她坦言，有人警告她，如果嫁给哈里会有什么后果："当我第一次见到我现在的丈夫时，我的朋友们看到我很开心，他们也为我感到高兴。但我的英国朋友对我说：'我承认他很出色。但你最好不要和他交往，因为英国的小报会毁了你的生活。'"然而，她在这方面经验丰富，能够区别随着权利、名气和财富而来的一切，什么是隐私侵犯什么是合法审查："只要公平公正，我都可以接受。"但是对于苏塞克斯夫妇的一些奢侈生活，人们用批评的眼光看待也是公平的，比如他们随意使用私人飞机，以及从肯辛顿宫搬到温莎皇家庄园一座有10间卧室的弗罗格莫尔别墅时，仅装修费用和安保费用就花了240万英镑。至于哈里，过去有过许多放荡不羁的行为，比如认为穿着纳粹制服参加化装舞会并无大碍，或者在拉斯维加斯玩裸体打台球的游戏。从这些事给他带来的影响中，他应该能够总结出，不给小报提供头版材料的最好办法，就是提高自我判断能力和自我控制能力。不过，还是有很多迹象表明人们对梅根存有偏见。《卫报》回顾了在2018年5月至2020年1月期间14份报纸上发表的843篇关于她的报道。根据新闻标题的语气评估人们的偏见可以看

[①] 电影制作人。

出，其中：43%是负面的，36%是中性的，20%是正面的。再将这些数字与同期凯特·米德尔顿的报道进行比较——和她有关的报道只有144篇（或许这本身就传递了一种信息）。在这144篇报道中，45%为正面的，47%是中性的，8%是负面的。

事实上，从梅根正式与哈里订婚的那一刻起，许多小报评论中就涌现出一股种族主义的暗流。只是他们在评论中从不会明确表示这一态度，因为那不是小报的风格。在小报和民众的微妙种族偏见意识中，在贵族的客厅里，他们的种族主义思想都是通过推断和影射的方式表达出来的，就像一个永远游弋在血液中的细菌一样。在一个典型的例子中，人们引用了梅根的血统影射种族歧视："如果她和哈里王子结合的话，温莎家族稀薄的贵族血液就会更加浓稠了，不仅有斯宾塞苍白的皮肤和姜黄色的头发基因，现在又增添了一些丰富的异国基因。马克尔小姐的母亲是一个贫民阶层中蓄着发辫的非洲裔美人……"

这是鲍里斯的妹妹瑞秋·约翰逊——她自己的基因里就有健康的土耳其基因成分——在2016年《星期日邮报》中发表的一篇文章。这也是"别误会我"倡议的一个机会——"混血儿与此无关，她是个美国人，"紧接着一句是"她是个演员，所以爱出风头"。英格兰人往往有一种"王室归英国人所有"的自命不凡，时常代表王室抵制"局外人"，认为"局外人"是一种自然的腐蚀力量，但他们忘了温莎家族的亲戚中还有纳粹分子。因此，这种对外人的厌恶症，使得公众能够大方地原谅哈里的不端行为，因而也就有了"都是她让他这么做的"这种思想。

所有这些对苏塞克斯夫妇不满的滚滚暗流，在2020年1月他们联合宣布他们"受够了"时，爆发了出来。他们宣布，他们不再是王室的"高级"成员。他们宣布要在经济上独立，大部分时间会到另一个国家——加拿大度过。消息一出，便掀起了各种程度的疯狂。《太阳报》称之为"内战"。《每日镜报》说，这对夫妇宣布这一消息并未事先通知女王，这种先斩后奏的方式对女王来说就是一种侮辱。不过，至少在公开场合女王还是需要顾全大局："我和我的家人完全支持哈里和梅根这对年轻人追求新生活的愿望"，她说，然后和她的顾问们坐下来想办法应对此事。我在纽约关注着这一切，很快发现大西洋两岸对此事的反应有很大不同。在英国，人们感到愤愤不平，情绪低落，舰队街那些每日大叫大嚷的人更是难以接受这种背叛。而在美国，人们有一种获得感和同情感——不仅是因为苏塞克斯夫妇搬到了北美（很可能会在好莱坞设立分公司），而且如《纽约时报》在一整版社论中所指出的那样，"（哈里和梅根）应该成为下一季里的英雄，作为现代王室成员能够放弃一定程度的特权来到现实世界中自谋财富。愿他们从此生活幸福"。很明显，"下一季"一词暗指的是网飞公司（Netflix）拍摄的电视剧《王冠》，这部电视剧揭示了许多美国人对王室的看法。在英国，君主制是每天实实在在存在的一种体制；而在美国，它是来自另一个世界的顶级娱乐节目，堪比《第一家庭》中的各种剧情，而且比原作更具吸引力。事实上，哈里和梅根在美国很受欢迎，并成为《王冠》的下一季或更多季中描写的主角，直到电视剧剧终。因而我们就有了这种感觉：现实和幻想紧密交织在一起，孰真孰假，难以辨别。

与此同时，隐约出现了一个道德问题。哈里和梅根一方面着力打造自己的现实生活，另一方面也在利用人们对他们的幻想所产生的市场价值推销自己。他们宣布退出"照片墙"（Instagram）社交平台的几个月前，创建了一个带有"苏塞克斯皇家"（Sussex Royal）商标的网站。这个网站刚投入使用，便打破了照片墙社交平台吸引了100万粉丝的纪录——仅仅在不到6小时的时间内。他们雇用了一家品牌代理公司，营销团队沾沾自喜：他们估计"苏塞克斯皇家"品牌在开业的第一年里至少可以赚5亿英镑。梅根几乎不费吹灰之力就实现了植入式广告的效力。她与哈里在2017年的多伦多勇士不败运动会上首次公开亮相后，她所戴的太阳镜系列瞬间飙升至设计师销售额的80%。到2020年1月，哈里和梅根在照片墙社交平台上至少拥有1100万粉丝，一家研究公司的报告显示，梅根的搜索量差不多是碧昂丝的3倍。这期间的讽刺性太过明显，不容忽视——一方面，他们致力于打造一家高消费的明星连锁店，另一方面，这两位明星又在极力要求公众给予他们高度的隐私权。他们最激进的一步是从皇家新闻（Royal Rota）系统中撤出，这是王宫批准的专门报道王室各项活动的媒体库。到2020年，该系统中包括《每日快报》《每日邮报》《每日镜报》《每日电讯报》《泰晤士报》《太阳报》和《伦敦标准晚报》。这个系统是报道王室新闻的各级媒体，而《卫报》则很明确是共和党人的喉舌。这种安排所能达到的最佳效果就是，就如何划分新闻和隐私侵犯之间的界限，人们达成了一定共识，纵然这种共识并不稳定；而对于那些不知道这两者区别的人也不会存在什么障碍。随着苏塞克斯夫妇引发的危机日渐白热化，王宫的简报会试图通过皇家新闻体系引导事态发展的方向，但是由于王室本身在控制事态结果方面就存在问题，因而未能如愿。但以女王的名义发表的声明与往日的陈词滥调有所不同。特别是其中的两句话，让人感觉是出自女王本人之口："哈里、梅根和阿奇永远是我至爱的家人"，以及"我为梅根能够如此迅速地融入这个家庭而感到自豪"。

哈里和梅根撤出皇家新闻体系后，在苏塞克斯皇家网站上制定了他们自己与记者合作的规则。他们说，他们准备"与草根媒体组织和年轻、积极进取的记者们合作；邀请专业媒体……给予这些媒体更多自由来了解他们的事业；欢迎专注于客观新闻报道的可信媒体"。在我看来，这是非常幼稚的行为，而且更糟的是，他们是想完全按照他们自己的条件另创一个新闻业。这是公司在其公共关系中使用的一种"软性"审查制度，在这种情况下，被选的新闻记者必须首先接受公司的规章制度才有采访和报道的权利，只有那些没有自尊的编辑才会考虑这种方法。这种方法怎么可能实行呢？那些准备被选的"年轻、积极进取的记者"在哪里？

他们想通过这种方式让自己设计的故事获得认可，然而这并不是一个好办法。这让寻找他们优点的记者们感到不满——他们其实有很多优点。除了植入式广告，哈里和梅根在支持慈善机构和非营利组织方面产生了无与伦比的影响力。最初，他们计划创立一个"全球慈善品牌"，用于支持那些致力于他们所倡导的领域内的组织，包括心理健康；生态保护和野生动物保护，特别是非洲的生态保护和野生动物保护；儿童福利；以及为缺乏饮食和儿童健康指导的社区制定健康计划。鉴于他们在这些方面的努力，一些评论员把他们与金·卡戴珊[①]和格温妮丝·帕特洛[②]等幼稚的"影响者"相提并论，无疑是一种冒犯。其实，苏塞克斯夫妇倒是可以效仿一对夫妇——奥巴马夫妇。梅根和米歇尔·奥巴马本就是志趣相投的两个人。他们在非洲问题和儿童营养问题上产生了共鸣。在2020年3月底，哈里和梅根正式开启他们的非王室生活时，不得不放弃"苏塞克斯皇家"这个品牌名，不过这已经不重要了。他们两人名字的认可度已无人能及。

值得一提的是，将君主制商业化的想法并不是从他们开始的。早在2008年至2009年，"公爵原味"公司就陷入了财务困境，最终亏损330万英镑。美国的银行家乔·奥尔布里顿是这家公司的最初投资者之一。总部设在华盛顿特区的里格斯银行因在加州和其他西部各州的一系列储蓄和贷款银行倒闭而遭受损失，这一丑闻还牵扯到了许多政治领袖。1993年，奥尔布里顿辞去了该银行首席执行官的职务。这家银行在美国首都具有独一无二的地位，是处理美国政治王国和外国大使馆财务的地方，银行的一些官员与中情局有一定牵连。奥尔布里顿家族一直掌管着这家银行，直到2005年，该银行因未能制止智利前独裁者奥古斯托·皮诺切特

[①] 美国娱乐界名媛，服装设计师，演员，企业家。
[②] 美国演员。

的洗钱行为而服罪。他们支付了1600万美元的罚款,银行业务最终由匹兹堡金融服务集团(PNC)接管。与此同时,乔·奥尔布里顿本人在"公爵原味"公司投资了大约50万英镑的种子资金。虽然发生了银行丑闻,他还是成功地与查尔斯王子建立了良好关系。2007年,他和妻子在阿斯科特时,有幸坐在女王身后的第四辆马车上。当世界金融危机来袭时,"公爵原味"公司也从盈利转为亏损,查尔斯再次求助于奥尔布里顿,希望通过贷款申请在美国生产王室美食的权利。结果,由于维特罗斯超市介入,他也就不需要这笔贷款了。运用了超市的营销技巧,查尔斯的企业成了英国最成功的一家品牌企业。

事实证明,正是"公爵原味"所获的利润才保证了哈里和梅根所宣称的"经济独立"。哈里的大部分收入都来自查尔斯,也就是来自公爵领地的收入。苏塞克斯夫妇答应要偿还翻新弗罗格莫尔别墅的费用。他们的新生活中不会存在资金困难的风险:哈里30岁生日那天继承了戴安娜的部分遗产,通过投资,已经增长到1000多万英镑,而梅根在电视剧《金装律师》扮演一个律师助理角色,收入也非常可观。但是,现在笼罩在整个王室家庭财务问题上的层层迷雾还未散去,也就是说最终谁需要给谁多少钱,这些钱从何而来,这些都是一个未知数,最终要看账本由谁保管。

在我看来,苏塞克斯夫妇最不切实际的想法就是,努力实现一种永远无法实现的新常态,即一种所谓的半皇室生活。这让我想起了试图逃离这个家庭的两个人。玛格丽特从来就没有过所谓的"半皇室"生活,她对"正常"的生活一点也不感兴趣。她以自己的方式挣脱了束缚，在波希米亚的荒野之地尽情游荡，并没有为舒适生活或者财富做出过任何个人牺牲。"经济独立"是她想都不敢想的事。戴安娜正好和她相反，她是从水晶笼外走进了这个牢笼，当她发现王权是强加于你身上的而不是你与生俱来的，要想摆脱就没那么容易了。不过，她没有摆脱王权，而是以自己的形象重新构想了一种王权，赋予它一种新的感染力，这种感染力对她来说最终是致命的，对王室家庭来说更是一种诅咒。

要是戴安娜看到自己的儿子也被同样的诅咒缠住，一定会很难过。早在哈里宣布离开王室之前，就有消息传出兄弟俩几乎都不说话了。有很多迹象暗示了这一消息。哈里和梅根从肯辛顿宫的大院里自我驱逐到弗罗格莫尔别墅，他们兄弟俩明显不像在剑桥时那样能够共同享受同一个世界了。但这并不意味着兄弟之间就产生了不愉快。他们的生活本来就注定不同，就像玛格丽特和女王一样，性格、兴趣或生活都各不相同。凯特和梅根的成长背景和生活经历迥异，但这应该使她们的关系更加活跃，而不是恶化。无论如何，两兄弟之间的故事——如其他许多关于温莎的故事一样——大部分都是通过有限的通俗性小报叙述的，没有人真正知道其中有多少是真实的——当然，除了他们的佣人们。默多克的两份报纸上报道的关于两兄弟之间的新闻，使他们之间的不和传闻达到了新高度。《泰晤士报》声称，威廉对哈里和梅根的"欺凌"是导致他们不和的部分原因。《星期日泰晤士报》根据匿名线人提供的线索，引述了威廉的话：

我和弟弟一直都是相依相偎，而现在不能再这样继续下去了；因为我们是两个独立的实体。对此我很难过。我们所能做的，我所能做的，就是努力支持他们，希望有一天我们所有人都能同唱一首歌。我希望每个人都能齐心协力。

这听起来像是真的，但也只是在一定程度上佐证了前几个月小报上宣传的那些无法证实的报道。威廉和哈里也受够了。他们授权发表了一份声明说："虽然已明确表示过否认，但是今天英国一家报纸刊登了一篇臆测苏塞克斯公爵和剑桥公爵之间关系的虚假报道。那些如此关心我们心理健康问题的兄弟，使用这样具有煽动性的语言是一种冒犯行为，而且也是有害的。"

温哥华岛是哈里、梅根和他们的儿子阿奇在大西洋彼岸建立的第一个避风港。温哥华岛是不列颠哥伦比亚省一个景色宜人的近海小岛，与苏格兰的西部群岛非常相似。经历了伦敦媒体的"精彩马戏"表演后，这里的确是理想的减压场所，但我认为这里不可能成为他们永久的家。在这里的确可以享受自然的田园生活，但却不是他们可以开启和管理未来职业生涯的地方。果然4月初，由于冠状病毒的蔓延，加拿大和美国的边境被封锁，这家人悄悄地离开了加拿大，来到了梅根真正的家乡洛杉矶的一个僻静庄园。没过多久，他们便在那里签署了一份利润丰厚的协议，为网飞公司制作节目——而网飞公司凭借电视剧《王冠》，把真实的和幻想中的温莎王室生活融为了一体。

第二十九章　没落中的君主制

总的来说，在我看来，无论哈里和梅根的命运如何，君主政体都会以其领导者女王的名义，按照自己的方式再存续一段时间。我在2017年6月24日《每日野兽》的专栏中写道：

> 以下是一位91岁高龄的老妇人上周日常工作的一部分：她急忙赶去安抚那些在格伦费尔大楼火灾中失去家园的人们，和他们交谈了足足45分钟，有时几近泪目。然后她花了两个小时检阅了一场完美无瑕的军事仪式，这是为庆祝她的生日举行的，仪式结束后为火灾受难者默哀一分钟；接着在这个史上最热的一天，乘坐敞篷马车参加了一场她最喜欢的体育赛事宏伟的开幕仪式；之后，她读了一篇毫无美感的枯燥文章，开启了世界上最古老的议会的一天。她完成了这一系列工作。只要生命不停息，她的每一分钟都必须履行作为英国女王的职责。

现在的女王不同于以往，不再是那个在阿伯凡悲剧发生时，退缩了一个星期才去探望悲痛中的父母的女王；也不是那个在戴安娜去世时，人民期望她能出现在伦敦而她却留在巴尔莫勒尔堡的女王。格伦费尔大楼火灾造成72人被困最终死亡。她到达大楼后，时任英国首相特雷莎·梅才紧随而来。梅的到来只是为了敷衍了事，显得非常不近人情——《伦敦标准晚报》说，这本应是"体现一个有远见的领导人应变之才的时刻，而她又一次错过了"。

我写过一句话："女王的角色在陈旧的仪式和情感的自然流露之间有时似乎是相互矛盾的。"她去格伦费尔大楼视察时，惊人之处在于，她所流露出的情感是自然的，显示了一种人性的温暖，而这种温暖以前人们很少从她身上看到。和她同去的还有威廉王子，他们同时现身发出了另一个信号：在这一刻君主制跳过了一代人，从某种程度上说，两人合体现身更加鼓舞人心。奇怪的是，我觉得我们已经十分了解威廉了，而女王却好像还想对我们隐瞒威廉的个性。原因是她总是会让自己的个性屈从于自己的职责。她对君主的角色和作用的理解还停留在理论上，即君主能做什么，不能做什么。最有说服力的一个例子发生在2011年5月，她决定访问爱尔兰，她将是一个世纪以来第一个访问爱尔兰的执政君主。人们都认为这次访问就是一场赌博。诚然，《贝尔法斯特协议》签订之后，北爱尔兰实现了和平，因此进一步促进爱尔兰共和国和联合王国之间的新友谊的想法是有意义的，然而两国之间毕竟存在太多悲痛历史，这一点很难克服。让女王来做这件事的绝妙之处就在于，这次访问并不代表国家元首之间的政治认同，而是两国人民的会晤，会晤中女王是代表英国人民发言。双方的强硬派都很冷静。但是，当女王在都柏林城堡举行的国宴上站起来发言，并对过去所发生的事情致歉："如果时光能倒流，我们希望能够改写历史。"听了她的这番话，全场起立并鼓掌。《爱尔兰时报》代表都柏林媒体对女王表示赞誉："伊丽莎白女王依靠自己的努力成了一代女杰，这个岛上相当一部分人仍效忠于她，最重要的是，她是两个独立但紧密相连的国家相互关爱和共同利益的象征。"

所以，对女王这一代人来说，作为君主最终是要扮演一个角色，而不是一个有个性的人。她小小年纪时就要学会扮演这个角色。她本是一个候补演员，却突然在一部要求很高的作品中担任主角。她登上王位之前的1947年至1949年间，约翰·科尔维尔是她的私人秘书，他说过，她"有着最甜美的性格，但是不懂得主动与人交谈，除非晚餐时有人坐在她旁边。她的价值并不只是表面的，我认为是非常真实的"。戏剧的导演们——也就是她的朝臣们——将她团团围住，按照他们自己对剧本的严格理解对她进行严厉的排练。一位长期密切关注她的人说，她一直有一种学校里女生代表的那种勤奋。她非常努力地丰富了这个角色，然而人无完人，她也有自己的局限——1957年奥特林厄姆勋爵已无情地指出了她的不足。除了"戏剧导演"们，还有一个人总是以另一种方式告诉她该如何去做——她的父亲。他一直都在她的心中，她也常常会寻求他的指引，想象着他会提出什么建议。"我父亲会怎么做？"她有时会大声问自己。

这虽然是一个非常考验人的角色，但她从来没有放弃过——自己在公共场合应该如何扮演这个角色，她非常谨慎，因为她知道这个角色需要她体现的不只是她自己。路易十四曾说过："我就是国家！"虽然女王不是绝对的君主，但她的王位具有象征意义，说明她和太阳王一样，有责任树立国家的形象以及国家的处事理念。夏尔·戴高乐总统也如路易十四一样，将国家所有权据为己有，但鲜为人知的是，在这种姿态背后，他并没有那么自信。他向一个助手吐露：

> 实际上，我们正站在一个剧院的舞台上，从1940年起我就产生了这种幻觉。我想让法国看起来像一个稳固、坚实、自信和不断扩大的国家，但实际上它已是千疮百孔，只能顾及自己的安危，不想惹上任何麻烦……

没有证据表明女王能像这样对自己坦诚相待。但在一开始，有太多东西需要快速掌握，而且她确实深深地、全身心地融入了角色中。就她看来，她和这个角色已融为一个整体，她就像一个已经能够永久性地演绎出最精彩表演的演员。然而，长期的表演也产生了一个严重的问题：她意识不到这个体制的陈旧感。女王对她所体现的君主制中不可改变的东西深信不疑，以至于她不可能真正接受任何变化。有明显的证据表明，她长久以来一直竭尽全力与变革做斗争，因为她不相信变革的理由及其倡导者——她认为所有变革都是轻率之举。2002年，在她登上王位50年之际，她在威斯敏斯特大会堂向议会两院发表了讲话。其中有一句很关键，她警告说："随着时间的流逝，昙花一现的东西都会被过滤掉，留下的才是永恒持久的。"

她清楚地感到，无论一切如何变化，一个国家的自我意识中都应有一个永恒不变的东西——一个稳定的认同核心和民族独特性，她的首要职责就是坚守这一永恒。那次的讲话中，她还说道：

> 我们的国家拥有悠久而自豪的历史。这不仅让我们有了稳定可靠的框架继续缓和变革进程，而且还告诉我们什么是持久的价值……能够持久的就是我们作为一个国家的特色和指引我们的永恒价值。

这番话之后，她又向大家分发了一剂处方迷幻药，这也是一个世界强国几十年里一直稳步衰落的解药。最初开这个处方的是另一位伟大的演员，他在女王的使命感中留下了永久的印记：温斯顿·丘吉尔。20世纪40年代的丘吉尔，用个人意志和国家勇气进行了一场独立的历史创造——成为一个举足轻重的传奇。丘吉尔的余生就靠着那个传奇而活。在许多人心中，这个传奇的力量几乎从未减弱。玛格丽特·撒切尔的任职后期也受此影响。托尼·布莱尔谈到他掌权时的英国是一个"重拳出击"的英国。此外，更具讽刺的是，鲍里斯·约翰逊援引了同样的内容作为英国脱欧的基础。因此，女王不认为自己是顽固的反动派，而是那种伟大和恒久的重要守护者，并认为自己能够本着闪电战的精神以己之力"过滤掉了那些昙花一现的变革"。她有这样的思想倒也不足为怪。

她的固执也有令人钦佩的方面。事实上，她所抵制的一些变革更多的是时尚，而不是持久的体制改革——"摇摆的伦敦"和"新工党"结果都是昙花一现的承诺，而不是永久性的进步。

* * *

在温莎家族（和我们）经历了各种家庭闹剧之后，女王却是家族中唯一一个从未真正被小报毁掉的人，这不得不值得我们深思。无论有多少风暴来袭，她始终保持着冷静和坚忍。

自第二次世界大战以来，她生命中，也是我们所有人生命中最大的风暴悄声无息、毫无征兆地降临了，给我们带来了致命的打击。她的政府和国家在奋力遏制和击败这场肆虐的现代瘟疫——冠状病毒时，人民呼吁女王把她那独特的镇定品质带给她的人民。于是，2020年的圣枝主日[①]，她坐在温莎城堡的一个房间里，与一个穿着全套防护服的BBC摄影师保持了一定的距离，她沉着冷静，精神振作——她向全国人民发表了一段电视讲话，全文共用了523个字[②]，体现了她这一生中面对接二连三发生的各种危险时的从容。"让我们齐心协力，"她说，"共同应对这次疫情。我向你们保证，只要我们团结一心、坚定信心，就一定能战胜这场疫情。"接着，她援引了敦刻尔克大撤退之后丘吉尔演讲时的语气，继续说：

> 我希望在不久的将来……，我们的子孙后代能够自豪地说，这一代英国人和先辈们一样坚强。我们在抗疫中的自律、乐观的决心和同情心，将成为我们持续发扬的英国精神。身为英国人的骄傲不会只停留在过去，还将定义我们的现在和未来。

---

① 即复活节前一个主日的星期日。
② 在此指电视讲话中英语原文的字数。

这时电视讲话中女王的形象切换到了她和玛格丽特1940年在温莎城堡拍摄的一张黑白照片上,当时,她们正在广播上向那些被迫离开家到安全地方暂避危险的孩子发表讲话。"今天,许多人再次感受到了与亲人分离的痛苦。但现在,和那时一样,我们深知这样做是正确的。"

讲话中的最后一句话,巧妙地引用了战时鼓舞士气的流行歌曲:"我们应该感到欣慰,虽然我们还要忍受更多苦难,但美好的日子终将会来;我们将再次与朋友欢聚;我们将再次与家人团聚——我们将会再次相聚。"

这是一场无可挑剔的表演,巧妙融合了女王的率直、沉着和爱国精神,就是最具抗拒性的灵魂也会受到鼓舞。事实上,这次讲话还深深打动了昔日对女王和君主制保守主义持批评态度的阿拉斯泰尔·坎贝尔的灵魂,他在《每日电讯报》上写道:"我认为这次讲话有可能会使女王成为这个星球上,即使不是最卓越的人,也最卓越的人之一。"他还说了一些我无可厚非的话:"她是这个星球上人们描写得最多,但实际上我们却并不十分了解的一个人。"

我发现了一个视频短片,完美地诠释了这一特点。安德鲁丑闻爆发时,菲利普亲王在伦敦短暂住院。女王知道他讨厌人们去医院探望他,于是从利物浦街乘普通通勤列车前往桑德林汉姆府。视频中,到达桑德林汉姆府后,她从火车上轻快地走下站台,没有人搀扶,穿着粉色外套,戴着头巾——这是她这一生中在非正式场合下最喜欢戴的头饰。这段视频拍摄得很杂乱,很难将女王与周围拥护的人群区分开来。看护她的人都谨慎地保持着距离,好像只是按照礼节行事一般。如果你不知道她是谁，你会认为那只是一个穿着整洁的乡村夫人，和马普尔小姐①差不多，喜欢健康的运动，对自己年龄应对自如——谁也看不出她是一个 93 岁的君主。视频时长 30 秒。我反复观看了好几遍，一想到我对这个女人已经研究了很长一段时间但是却并没有真正了解她，内心备感沮丧。事实上，随着这本书情节的发展，我觉得她对那些想把她带到现实生活中的剧作家毫无帮助。最明显的例子是《王冠》，这是一部非常优秀的肥皂剧。创作者彼得·摩根是一位天赋异禀、富有创造力的剧作家，但当这部电视剧演到女王中年时，就连他也无法填补剧情中的大窟窿；虽然演员们也有出演不到位的地方，但女王的确除了做一个有效而枯燥的女王之外，实在没做什么别的事，只是偶尔对她那一大家孩子们进行严厉的说教，要求他们也应该让生活变得枯燥。显然，没人把她的训诫当回事。

---

① 阿加莎·克里斯蒂所创造的乡村侦探，是侦探小说中为数不多的女侦探之一。

后　记

白金汉宫用了几个世纪的时间学习掩盖丑闻的艺术。军情五处从1909年才开始学习这项技能。

——彼得·赖特《抓间谍者》

当彼得·赖特审问安东尼·布兰特时，如我们所见，遭到了警告，不能就布兰特1945年的任务提出任何问题，该任务的目的是找回20世纪30年代温莎夫妇和他们的德国亲戚之间通信的文件，以及温莎公爵与希特勒和其他纳粹头目会面的记录。我已经从现有的资料中尽可能地厘清这一丑闻的来龙去脉，但是缺乏官方记录的佐证，整体来说还是不完整。不完整的资料和没有资料没什么两样。至少基本没什么两样。因为这些资料中删除了实际参与者的证词；这些资料中删除了他们当时"感觉到的"不合时宜的内容——当时的经历和当时的氛围，这些细节可以揭示他们所承认的压力，而这些压力我们从现在这个距离是无法感受到的。不幸的是，这种刻意过滤王室历史档案的行为一直持续到今天。英国《每日邮报》的保罗·达克雷对公共档案管理政策进行了一次审查，之后又进行了一些改革。英国国家档案馆里的公务员都兢兢业业，尽职尽责，正在快马加鞭公开重要历史档案。然而，温莎城堡的皇家档案却被视为私人档案，直接由君主控制。王室对英国国家档案馆仍存在一定影响。几十年前，我第一次开始搜索温莎公爵与纳粹关系的档案时，发现档案中有大量重要文件缺失，我得到的简单解释是，这些文件"被清除"了。王室自由审计员诺曼·贝克经过不懈的努力发现，英国皇家档案馆有3600多份关于王室的档案仍未公开。有趣的是，其中一个档案主题内容就是关于是否把王室的名称改为蒙巴顿－温莎的长期争斗，记录在唐宁街的通信中。皇家档案馆的政策是不公布任何与现任女王统治有关的内容。也没有迹象表明王室统治结束后会发生什么——档案清除工作是否隐瞒了更多的丑闻，以后这些档案会以什么样的速度公开，根据白金汉宫的要求哪些内容仍须保密。君主制并不是一个家庭的财产，虽然王室的行为一直与之相悖；君主制应该属于那些为之付出代价的人民。他们的历史就是我们的历史，他们这种压制和清除信息的行为在很大程度上破坏了国家历史档案的平衡。如果君主制要作为一个人民接受的国家机构存续下去，就应该像其他国家机构一样具有一定透明度——尽管这些机构做得也并不完美。也没有证据表明王宫官员是否接受了这一要求；现代民主信息自由的概念每向前迈出一步就会遭到他们的抵制（在英国，这一概念从未达到美国接受的标准）。与所有的审查制度一样，我们最大的疑问是：他们究竟想隐藏什么？

参考书目

Bedell Smith, Sally, *Elizabeth the Queen* (Random House, 2012)
Bouverie, Tim, *Appeasing Hitler* (The Bodley Head, 2019)
Bower, Tom, *Rebel Prince* (William Collins, 2018)
Brown, Tina, *The Diana Chronicles* (Broadway Books, 2007)
Carpenter, Humphrey, *That Was Satire That Was* (Victor Gollancz, 2000)
Costello, John, *Mask of Treachery* (Collins, 1988)
Davenport-Hines, Richard, *Enemies Within* (William Collins, 2018)
De Courcy, Anne, *Snowdon* (Weidenfeld & Nicolson, 2008)
Dempster, Nigel, *HRH The Princess Margaret* (Quartet Books, 1983)
Donaldson, Frances, *Edward VIII* (J. P. Lippincott, 1975)
Greenslade, Roy, *Press Gang* (Macmillan, 2003)
Higham, Charles, *The Duchess of Windsor* (McGraw-Hill, 1988)
Lownie, Andrew, *The Mountbattens* (Blink, 2019)
Picknett, Lynn; Prince, Clive; Prior, Stephen, *Double Standards* (Sphere, 2002)
Vickers, Hugo, *The Quest for Queen Mary* (Hodder & Stoughton, 2018)

索引

Aberfan disaster 179–81, 258
Adeane, Sir Michael 137, 163, 166
Aga Khan, Prince Sadruddin 124
Al Fayed, Dodi 283–4, 286
Al Fayed, Mohamed 283
Albert, Prince 80–81, 143–4
Allbritton, Joe 334–5
Altrincham, John Grigg, 2nd Baron 47–50, 53, 62, 203, 341
Anatomy of Britain (Sampson) 76
Anderson, Mabel 152–3
Andrew, Prince, Duke of York
    childhood and education 152
    and Epstein 324–7
        Falklands War 261–2
    honeymoon 123
    journalists and 248
    marriage and divorce 263, 265, 274
    Special Representative 327
Anne, Countess of Rosse 86
Anne, Princess Royal 35, 76, 123, 152, 263, 265
Armstrong-Jones, Antony (Tony) *see* Snowdon, Antony Armstrong-Jones, 1st Earl of (Tony)
Armstrong, Louis 83
Arnold, Harry 242–3
Askew, Barry 249
Astor, Bill 105
Astor, David 74, 105–6, 115
Attenborough, David 207
Attlee, Clement 17, 37, 162

Bailey, David 107, 125, 151
Baker, Norman 310
Baldwin, Stanley 10, 220
Barratt, John 192
Bartholomew, Harry 10–11

Barton, Anthony 187–8
Barton, Eva 187
Bashir, Martin 313
Baverstock, Donald 147
BBC (British Broadcasting Corporation) 32, 48, 67, 71, 146–51, 202, 226
Beaton, Cecil 59, 60, 78, 84
Beaverbrook, Max, Lord 11, 46, 55, 56, 57, 71–4, 238
Bell, Steve 278
Bellaigue, Marie-Antoinette de 297
Bennett, Alan 93, 94, 164, 230, 289
Bertie, Prince of Wales (*later* Edward VII) 143–4
Beyond the Fringe (West End show) 93
Bindon, John 295
Blair, Cherie 279
Blair, Tony 278–9, 282–3, 287–8, 290, 292–3, 343
Bligh, Timothy 137
Blunt, Sir Anthony 113, 155–66, 224, 225–30, 236–7
Bocca, Geoffrey 120–21
Boothby, Robert 67, 128
Boulting, John 151
Boxer, Mark 107, 115, 116, 125, 175, 187
Boyle, Andrew 225–7
Bradford, Bishop of 10
Brata, Sasthi 205
Brenna, Mario 283–4
Britannia, royal yacht 121–3, 283, 285
British Rail 253–4
Britten, Benjamin 19
Brooke, Henry 166
Brown, Tina 252, 270, 272
Bryant, Sir Arthur 30

Buckingham Palace 78, 145–6, 277
Burgess, Guy 155
Butler, Rab 75, 133–4, 137, 138–40

Cadogan, Sir Alexander 162
Cairncross, John 155–7, 225
Cambridge Apostles 236
Camilla, Duchess of Cornwall
   Charles and 281, 285, 294, 301–2, 312–13, 314
   and van Cutsems 314–15
   Diana and 244, 273
   expenses 309
   travel costs 310
Campbell, Alastair 279, 282–3, 287–9, 291–2, 345
Cartier-Bresson, Henri 172
Casson, Sir Hugh 122
Castle, Barbara 208
Catherine, Duchess of Cambridge 120, 264, 320–21, 330, 336
Cawston, Richard 206
Chamberlain, Neville 161, 222, 223
Chan, Jacqui 61
Channon, Sir Henry 'Chips' 222
Charles II 121
Charles Edward, Duke of Saxe-Coburg Gotha 160, 221
Charles, Prince
   architecture and 304–6
   birth 35
   Blair and 279, 282, 283
   and Camilla 281, 285–6, 294, 301–2, 312–13, 314
   childhood and education 101, 151–2, 311
   death of Diana 286–91
   Duchy of Cornwall 200, 302, 304, 309–10
   engagement 311
   first marriage 120, 245–6, 263, 270, 272–3, 302
   honeymoon 123
   invested as Prince of Wales 199–201
   journalists and 244
   Mountbatten and 232, 240, 303
   next king 301–10
   portraits 57, 60
   possible brides 242–3
   separation and divorce 265, 277
   shared traits with Duke of Windsor 301–3
   travel costs 310
   working for 274
Charlotte, Queen 90
Charteris, Martin 272

Chatto, Lady Sarah 295
Churchill, Clementine, Lady 23, 38
Churchill, Randolph 132–6, 169, 170
Churchill, Winston 14–16
   Blunt and 159
   Butler and 139–40
   coronation and 19
   and creative arts 80
   guest of Onassis 124
   later life and death 169–72, 246
   legacy 343
   Mountbatten and 37, 239
   Prime Minister 216, 222–3
   Randolph on 132–3
   rapport with Queen 43
   second term as PM 37–8
   Townsend and 23
   Ward and 110
   Windsors and 11, 165–6, 201
civil list allowances 27, 121, 242, 295, 323
Clarence House 146
Clark, Sir George 93
Cleland, John, *Fanny Hill* 70
Cliveden 105
Cold War 95–6
Colville, Sir John 'Jock' 11, 22–3, 28, 34, 35, 166, 341
Commonwealth 45, 68, 73, 86, 97
Condé Nast 251–3
Condé Nast Traveler 229, 251, 253
Cook, Peter 93, 94–5, 188
coronavirus 337, 344
Costello, John, *Mask of Treachery* 237–8
Coward, Noël 149, 202
Crawford, Marion 'Crawfie' 152
Crossman, Richard 202, 208
Crown, The (Netflix) 67, 331–2, 345
Cudlipp, Hugh 25, 177, 178, 179, 191–2, 193–5, 197, 209
Curry, Bishop Michael Bruce 312
Cutsem, Emilie van 314
Cutsem, Hugh van 314

Daily Beast (news website) 3–4, 339
Daily Express 11, 25, 46–7, 49, 57–9, 66, 71–4, 108–9
Daily Herald 209
Daily Mail 29, 128, 275–6
Daily Mirror 8, 10–12, 25, 28, 128, 191, 209, 245, 249, 274, 328, 331
Daily Sketch 25–6, 28, 33
Daily Telegraph 249, 345

Dawson, Geoffrey 10
Deighton, Len 126
Dempster, Nigel 29–30, 31, 188, 243, 255, 272
Diana: Her True Story (Morton) 273
Diana, Princess of Wales
  adoration of 253, 269–73
  affairs 279–81
  Aids and 277
  childhood 312
  death and funeral 53, 181, 286–92, 328–9
  engagement and marriage 120, 311
  honeymoon 123
  marriage 120
  minefields and 281–2
  motherhood 4, 312–13, 335–6
  royal life 243–50, 302
  separation and divorce 265, 277
  voice coach 313
Disraeli, Benjamin 148
Dolly Sisters 213–14
Douglas-Home, Sir Alec 130–41, 166
Douglas-Home, Robin 108, 185–8
Douglas, Sharman 20
Driberg, Tom 238
Dublin Castle 340–41
Duchy of Cornwall 200, 302, 304, 309–10, 323
Duchy Originals 309, 334–5
Duff, Michael 119

Eden, Anthony 26, 27–8, 30, 51–3
Edgecombe, John 108
Edward I, King 199
Edward VIII, King *see* Windsor, Duke of (Edward VIII)
Edward, Prince, Earl of Wessex 152, 206
Edwards, Arthur 242–3
Elizabeth, Queen, the Queen Mother
  101st birthday 296
  Charles and 199
  death 297–9
  marriage 298–9
  Mountbatten name 36
  as Queen 14
  Townsend and 21, 24
  Wilson and 146
  Windsor fire 275
  Windsors and 6
Elwyn Jones, Frederick 181
Epstein, Jeffrey 324–7
Ernst Augustus of Hanover, Prince 35
Evans, Harold 128, 129, 136, 247, 248, 251
Evans, James 109

Evening Standard 95, 207, 340

Fanny Hill (Cleland) 70
Fawcett, Michael 303
Ferguson, Maj. Ronald 263
Fielding, Henry 91
Fleet Street 25
Foley, Frank 221
Forsyth, Sarah 315
Frederica, Duchess of York 90
Frederick III of Prussia 160
Frogmore Cottage 330, 335
Frost, David 147–9, 175–6, 181–2, 197–8, 325
Frost Programme, The (BBC) 179, 181, 197
Frost Report, The (BBC) 176
Fry, Camilla 65, 86
Fry, Jeremy 65, 86
Fry, Polly 65, 86

Gardiner, Gerald 182
de Gaulle, Charles 77, 211, 341–2
Gellhorn, Martha 252–3
George I, King 262
George II, King 89
George III, King 19, 90
George V, King 5, 36, 200, 202, 223, 229–30, 323
George VI, King 4–6
  becomes king 14
  Duke of York 323
  Hesse family and 158
  Hitler and 223
  Lascelles and 216
  libido 102
  marriage and family 6, 298–9, 341
  Royal Navy 16, 42
  stutter 199
  Townsend and 21
George of Cambridge, Prince 315
George, Duke of Kent 5–7, 216–20
  Blunt and 236–7
  Hitler and 15, 161–2
  letters from Duke of Windsor 159
  pro-German advocacy 223
  Royal Navy 42
  sexuality 230
George, Prince of Wales 90, 91
Gilbert, Martin 132
Gilbey, James 280
Gilliatt, Penelope 81–2
Gilliatt, Roger 65, 81
Gillray, James 89–90

Giuffre, Virginia 325
Gladstone, William 131
Glamis Castle 298–9
Glenconner, Colin Tennant, 3rd Baron *see* Tennant, Colin
Goodman, Clive 280–81
Goon Show, The (BBC) 151
Graham, Kay 177
Greene, Hugh 148
Grenfell Tower 339–40
Grigg, John (Lord Altrincham) *see* Altrincham, John Grigg, 2nd Baron
Guardian, The 330
Guinan, Texas 214–15
Gunn, Bert 25, 26

Hahn, Kurt 41, 42, 43
Hailsham, Quintin, Lord 133–6, 138
Haley, Sir William 32–3, 34
Halifax, Edward, Lord 139–40, 224
Hall, Ron 107, 111, 181
Hamilton, Denis 106, 107, 115, 118, 131, 170, 173, 177
Hamilton, Willie 118, 122–3, 279, 295
Harrison, George 83
Harry, Prince, Duke of Sussex
    and Camilla 314
    character 313, 315, 316, 320
    childhood and education 279, 313–15
    death of mother 287, 290, 292, 311–12
    Invictus Games 319, 332
    leaves the royals 327–37
    marriage 3–4, 120
    meets Meghan 321
    military career 315–20
    Sussex Royal 332, 333
    takes legal action 328
    travel costs 324
    and William 336–7
Heenan, Cardinal 197–8
Henry, Duke of Gloucester 5–6, 263
Heseltine, William 203, 205, 206
Hesse family 157–9, 160
Hewitt, James 280
Highgrove House 246, 294, 307, 309
Hills, Ann 254
Hitler, Adolf 161–2, 217–24
    Duke of Windsor and 8–9, 157, 160
    Philipp of Hesse 158
    plans 13
    royal family and 15
Hoare, Oliver 280

Holden, Anthony 288
Hoover, J. Edgar 235

IPC Magazines 179, 190, 194, 197
Ivanov, Eugene 109, 111, 112, 127

Jay, Tony 178
Jenkins, Roy 208, 238
John, Elton 290–91
John, Prince 5–6
Johnson, Rachel 330

Keeler, Christine 105, 107–12, 127, 197
Kennedy, Jackie 76–9
Kennedy, John F. 68, 76, 77, 96, 138, 235
Kennedy, Robert 204
Kensington Palace 118–20
Keynes, John Maynard 236
Khan, Hasnat 281
Khrushchev, Nikita 68, 138
Kilmuir, David, Lord 27
King, Cecil Harmsworth 176–8, 190–95, 238–9
Knightley, Phillip 112
Kohl, Helmut 261
Krier, Léon 304

Lady Chatterley's Lover (Lawrence) 69–70, 71
Lang, Ian 147
Larkin, John 296
Lascelles, Sir Alan (Tommy) 12–13, 22–3, 29, 34, 48, 70, 215–16
Laurence, Timothy 265
Lawrence, D. H., *Lady Chatterley's Lover* 69–70, 71
Lawrence, T. E. 271–2, 304
Leggatt, Hugh 100
Legh, Francis 117
Legh, Sir Piers 21
Leitch, David 173–5
Lightbody, Helen 152
Lindbergh, Charles 220
Lindsay-Hogg, Lucy 254
Linley, David, Viscount 116, 295, 296
Llewellyn, Roddy 241–2, 255, 295
Lloyd George, David 200–201
Lockhart, Sir Robert Bruce 220
Loesch, Karl von 161–2
London Weekend Television (LWT) 197
London Zoo 85, 307
Look Back in Anger (Osborne) 81
Loren, Sophia 100
Louis XIV, King 341

373

Louis of Cambridge, Prince 315
Lownie, Andrew 196, 233–4

McCullin, Don 125
MacKenzie, Kelvin 247, 249–50, 265–6
Maclean, Donald 155
Macleod, Iain 135, 137, 138–9
Macmillan, Lady Dorothy 67, 95, 128
Macmillan, Harold 66–8, 94–8, 127–31, 135–9
   agent of change 292–3
   Churchill and 169
   de Gaulle and 211
   Prime Minister 53
   Profumo and 108
   publisher 80
   on the Queen 258
   royal name issue 75
Mail on Sunday 330
Maitlis, Emily 325
Major, John 275, 277–8
Manchester Guardian 52, 71
Mannakee, Barry 279–80, 313
Margach, James 128, 131
Margaret, Princess 115–20, 293–7
   affairs 185–9, 241–2, 255
   Aids and 277
   childhood 14
   Coward and 149
   friends of 149–51
   honeymoon 67, 122
   journalists and 248
   marriage to Snowdon 63, 65–6, 82–3, 86
   and Old House cottage 307
   portraits of 150
   riding pillion 91–2
   separation 251
   sister's wedding 20
   Snowdon and 60
   Townsend and 21–4, 26–32
Marina, Princess, Duchess of Kent 7
Markle, Meghan *see* Meghan, Duchess of Sussex
Marshall, Sir Archie Pellow 112–13
Marten, Sir Henry 134, 297
Martin, Arthur 155, 157, 163, 164
Mary II of England, Queen 118
Mary, Queen 5, 12, 35
Mask of Treachery (Costello) 237–8
May, Theresa 340
Meghan, Duchess of Sussex 3–4, 75, 120, 321, 327–37
Messel, Oliver 119

Middleton, Kate *see* Catherine, Duchess of Cambridge
Milford Haven, David 40
Milford Haven, George, Marquess of 40–41
Miller, Jonathan 93, 94, 236
Milligan, Spike 151
Mills, Eric 221
Monarchy and Its Future, The (essay series) 203–5, 207
Monroe, Marilyn 79
Moore, Dudley 93, 94
Morgan, Peter 345–6
Morgenpost 28
Morshead, Sir Owen 157, 158–61
Morton, Andrew, *Diana: Her True Story* 273
Mountbatten, Edwina (née Ashley) 232–3, 234, 239
Mountbatten, Lord Louis 'Dickie' 35–9, 192–6, 231–40
   Beaverbrook and 73–4
   King and 14
   in New York 215
   Philip and 42, 153
   Suez Crisis 52–3
   Wilson and 190
   Windsor and 212
Mountbatten-Windsor, Archie Harrison 75–6, 333, 337
Mountbatten-Windsor name 38–9, 75–6
Muggeridge, Malcolm 92–3, 94, 159, 203, 205, 226
Murdoch, Rupert 196–8, 208–9, 244–5, 253, 265–7, 278, 282
Murray-Brown, Jeremy 203

Nahum, Sterling Henry 'Baron' 103–4
Nash, Capt. Kathleen 158–9
Nasser, Gamal Abdel 51–2, 95
National and English Review, The 46–7
Neil, Andrew 260, 266
New York Journal 9
New York Post 26
Newby, Frank 85
News of the World 196–7, 242, 266, 280, 328
Newsnight (BBC) 325, 326
Niarchos, Stavros 123–4
Nixon, Richard 325
Nkrumah, Kwame 95–7, 292
Norfolk, Bernard, 16th Duke of 201, 203
Not So Much a Programme, More a Way of Life (BBC) 175

Observer, The 52, 71, 74, 76, 93, 105–6, 115

Onassis, Aristotle 124
Osborne, John, *Look Back in Anger* 81
Otto of Bavaria, Prince 39

Panorama (BBC) 203, 273, 313
Parker, Mike 102–3
Parker Bowles, Tom 314–15
Paul, Sandra 185, 186
Pell, Herbert Claiborne 223
People magazine 328
People, Sunday 22
Pétain, Marshal Philippe 224
Philby, Kim 129, 155, 156, 237
Philip, Prince, Duke of Edinburgh 99–105, 110–13
    Aberfan disaster 180
    British goods and 86
    Charles and Diana 273
    children's nannies 152
    death of Diana 290, 291
    on Falklands War 262
    family background 39–43
    Fergie and 274
    hospitalised 345
    journalists and 173–5
    marriage 17, 70
    meets Elizabeth 42–3
    Mountbatten and 38–9, 40, 240
    Prince Consort 38
    on the royal brand 205–6
    and royal finances 207, 324
    Royal Navy 42
    Townsend and 23–4
Philipp, Landgrave of Hesse 158, 160
Phillips, Mark 76, 123, 263, 265
Pinter, Harold 188
Plunket Greene, Alexander 58
Pompidou, Georges 211–12
Pope-Hennessy, James 12, 49–51, 53, 87, 263
Portal, Sir Charles 21
Poundbury 304–5, 308
Powell, Enoch 137, 138–9
Price, Cedric 85, 307
Pritchett, V. S. 171
Private Eye 150, 226, 233–4
Profumo, John 105, 108–9, 111, 127–9, 132, 197–8
Prytz, Björn 139–40

Quant, Mary 58, 61, 107
Queen Charlotte's Ball (debutantes) 61–2
Queen (magazine) 59, 107

Quest for Queen Mary, The (Vickers) 49–50

Rees-Mogg, William 136–7, 138
Ribbentrop, Joachim von 9, 162
Rice-Davies, Mandy 107, 110, 112
Robens, Alf, Lord 182
Roberts, Andrew 16, 223, 239
Rogers, Richard 306, 307
Rohe, Mies van der 305–6
Ropp, Baron Wilhelm de 217, 219–20
Rosenberg, Alfred 217, 218–19, 220
Royal Air Force (RAF) 216
Royal Family (BBC) 206–7
Royal Flying Corps 217
Royal Marriages Act 23, 27–8
Royal Navy 16, 224
Rushton, Willie 147

St George's Chapel, Windsor Castle 3–4, 312
Sampson, Anthony, *Anatomy of Britain* 76
Sandys, Duncan 96, 161
Sarah, Duchess of York ('Fergie') 123, 263, 265, 274
Sassoon, Vidal 125
Savile, Jimmy 274
Scarfe, Gerald 169–70, 207
Secombe, Harry 151
Sellers, Peter 151
Sewell, Brian 229
'Shaw' (Keeler affair) 111–12
Shea, Michael 247, 260, 277
Shrimpton, Jean 107
Simpson, Wallis 7–15, 162, 212–13, 222, 301–2
Sinatra, Frank 185
Snowdon, Antony Armstrong-Jones, 1st Earl of (Tony) 57–63, 65–7, 81–6, 115–20, 124–6
    Aberfan disaster 179–80, 182–3
    affairs 185–9
    'Baron' and 103
    Charles and 306–7
    death 297
    engagements on motorbike 91–2
    friends of 149–51
    and Glenconner 295
    honeymoon 122
    investiture of Prince of Wales 201–3
    later life 251–5
Spencer, Charles, 9th Earl 291–2, 315
Spencer family 262, 291–2
Steadman, Ralph 208
Strachey, Lytton 236
Straight, Michael 156–7, 163

Stuart, James 298
Suez Crisis 19, 51–2
Sun, The 208–9, 242, 244–5, 249, 282, 317, 328, 331
Sunday Express 227
Sunday Mirror 284
Sunday Pictorial 227
Sunday Telegraph 227, 253
Sunday Times 30, 47, 107–11, 115, 146, 169, 173, 259–60, 272, 336
Sunday Times magazine 105–6, 124–6, 194–5
Sunninghill Park 327

Tatler 270–71
Tennant, Anne 241, 255, 294, 296
Tennant, Colin 241, 255, 294, 296
That Was the Week That Was (*TW3*) 146–9
Thatcher, Margaret 225, 227, 228, 257–62, 293, 343
Thatcher, Mark 262
Thomas, Lowell 271
Thomson, Robert Currie 161–2
Thomson, Roy 105–6
Thorpe, Jeremy 65
Thursday Club (Wheeler's) 104–5, 110
Times, The 9–10, 29, 30, 32–3, 336
Tomalin, Claire 188–9
Tomalin, Nicholas 188–9
Topic (magazine) 107
Topolski, Feliks 104, 110, 111
Townsend, Peter 20–24, 27–32
Tunzelmann, Alex von 196
Turing, Alan 229
Tynan, Kenneth 71, 81, 93, 149, 150, 188

Vanity Fair 252
Vickers, Hugo, *The Quest for Queen Mary* 49–50
Victoria, Princess Royal 160
Victoria, Queen 13, 80–81, 131, 257–8
Vidal, Gore 77–8, 84
Vogue 252

Wagner, Sir Anthony 201–2
Waitrose 309, 335
Wallace, Billy 86
Wallace, Marjorie 254
Wallington, Jeremy 107, 111, 112, 128, 136, 175
Walpole, Robert 89, 91
Ward, Stephen 99–100, 104–5, 107–13, 127, 198
Warwick, Christopher 29
Waugh, Evelyn 133

Wells, John 150
Westminster Abbey 290–91
Wharfe, Ken 280
White House, Washington 78
Wilhelm II, Kaiser 16, 36, 160
William III, King 118
William, Prince, Duke of Cambridge
    and Camilla 314
    character 315, 320
    childhood and education 313–15
    death of mother 287, 290, 292
    future king 4, 282
    and Harry 336–7
    and Kate 120, 320–21
    military career 315
    and Tom Parker Bowles 315
Wilson, Harold 140–41, 144–6, 172–3, 189–91, 193–4
    Aberfan disaster 182–3
    investiture of Prince of Wales 202–3
    Labour leader 135
    on the Queen 153
    and royal finances 207–8
Windsor Castle 3–4, 275–6
Windsor, Duke of (Edward VIII) 6–15, 101–2
    abdication 4–5, 7, 12, 13
    Beaverbrook and 72–3
    and brother George 218, 219, 221–2, 223
    Charles and 301–2
    Hitler and 8–9, 160, 161–2, 222, 223
    illness and death 212–13
    letters and 159
    in New York 213–16
    Prince of Wales 200–201, 302, 323
    sexuality 230
Windsor, Wallis, Duchess of *see* Simpson, Wallis
Winterbotham, Frederick 217–20
With Lawrence in Arabia (documentary) 271–2
Wolfe, Tom 150–51
Wolfenden Committee on Homosexuality and Prostitution 68–9
Wolfgang of Hesse, Prince 158
Woodward, Adm. Sandy 261–2
World in Action, The (ITV) 175
Wren, Sir Christopher 118–19
Wright, Peter 163, 166, 347

Young, Hugo 258

Zuckerman, Sir Solly 191–2, 196